TEORIAS DAS COMUNICAÇÕES DE MASSA

TEORIAS DAS COMUNICAÇÕES DE MASSA

■

Mauro Wolf

Tradução
KARINA JANNINI

wmf martinsfontes

SÃO PAULO 2018

Aos meus genitores

1ª edição *2003*
6ª edição *2012*
2ª tiragem *2018*

Tradução
KARINA JANNINI

Preparação do original
Ivete Batista dos Santos
Revisões gráficas
Renato da Rocha Carlos
Maria Fernanda Alvares
Dinarte Zorzanelli da Silva
Produção gráfica
Geraldo Alves
Paginação/Fotolitos
Studio 3 Desenvolvimento Editorial

Dados Internacionais de Catalogação na Publicação (CIP)
(Câmara Brasileira do Livro, SP, Brasil)

Wolf, Mauro, 1947-1996.
Teorias das comunicações de massa / Mauro Wolf ; tradução Karina Jannini. – 6ª ed. – São Paulo : Editora WMF Martins Fontes, 2012.

Título original: Teorie delle comunicazioni di massa.
Bibliografia.
ISBN 978-85-7827-617-1

1. Comunicação de massa 2. Comunicação de massa – Pesquisa 3. Interação social I. Título.

12-09477 CDD-302.23

Índices para catálogo sistemático:
1. Comunicação de massa : Sociologia 302.23

Rua Prof. Laerte Ramos de Carvalho, 133 01325.030 São Paulo SP Brasil
Tel. (11) 3293.8150 e-mail: info@wmfmartinsfontes.com.br
http://www.wmfmartinsfontes.com.br

Sumário

SEGUNDA PARTE

NOVAS TENDÊNCIAS DA PESQUISA: MEIOS DE COMUNICAÇÃO DE MASSA E CONSTRUÇÃO DA REALIDADE

Introdução

Como bem sabe todo consumidor de mídia, as comunicações de massa são uma realidade feita de muitos aspectos diversos: regulamentações legislativas sempre ineficientes no que concerne à organização jurídica do sistema televisivo; complicadas operações financeiras em torno da propriedade de alguns meios; episódios célebres sobre a falta de realização de um programa considerado "incômodo"; crises, quedas e triunfos das várias estruturas de produção cinematográfica; recorrentes polêmicas sazonais sobre os efeitos condenáveis que a mídia exerceria sobre as crianças; entusiasmos e alarmes pelas novas tecnologias e pelos cenários prefigurados por elas. A lista poderia ser ainda mais longa e serviria para reforçar que os meios de comunicação de massa constituem, ao mesmo tempo, um setor industrial de máxima relevância, um universo simbólico que é objeto de consumo em grande escala, um investimento tecnológico em contínua expansão, uma experiência individual cotidiana, um terreno de conflito político, um sistema de mediação cultural e de agregação social, uma maneira de passar o tempo etc.

Tudo isso, obviamente, reflete-se no modo de estudar um objeto tão proteiforme: a longa tradição de análises (sinteticamente indicada com o termo *communication research*) seguiu os diversos problemas que vez por outra afloravam, atravessando perspectivas e disciplinas, multiplicando hipóteses e abordagens. O resultado foi um conjunto de conhecimentos, métodos e pontos de vista tão heterogêneo e diferente, que tornou não apenas difícil, mas talvez insensata, qualquer tentativa de chegar a uma tese satisfatória e exaustiva. Por outro lado, deixar de seguir todas as linhas de pesquisa para prestar contas "apenas" das tendências mais difundidas e consolidadas, daquilo que nesse campo complicado tornou-se ou está se tornando uma "tradição" de estudo, faz com que a tentativa pareça possível.

Este livro representa justamente um esforço de proceder nessa direção, analisando os principais modelos teóricos e campos de pesquisa que caracterizaram os estudos da mídia. O trabalho não segue uma divisão baseada em cada meio (imprensa, rádio, televisão etc.), mas nas teorias que influenciaram com mais intensidade o trabalho de pesquisa. As ausências, os aspectos subestimados ou negligenciados poderão parecer numerosos, embora na interpretação da história, da evolução e da situação atual da *communication research* eu tenha procurado fornecer, simultaneamente, uma resenha exaustiva desse setor de pesquisa.

Antes de ilustrar as diversas teorias da mídia, convém descrever sumariamente a situação da disciplina por volta do fim dos anos 70, período que representou um verdadeiro ponto de mudança. O primeiro capítulo reconstrói o percurso que levou a essa alteração, enquanto os capítulos seguintes analisam razões e motivos que permitiram à pesquisa da comunicação orientar-se em "novas" direções. Na segunda metade dos anos 70, à constatação acerca da complexidade do objeto de pesquisa correspondia, entre os estudiosos, um acordo unânime sobre a situação de profunda crise em que o setor se encontrava. Todos concordavam em salientar as insatisfações, as frustrações e os limites de um trabalho de pesquisa que se revelava cada vez mais carente. O campo disciplinar inteiro parecia dividido por tendências contrastantes: de um lado, o problema imediato era o de repensar as principais coordenadas dentro das quais a pesquisa havia sido desenvolvida, para poder modificar profundamente todo o setor. Do outro, ao contrário, a pesquisa continuava a ser feita, de modo mais ou menos tradicional, independentemente do debate teórico-ideológico em curso.

A crítica mais difundida nesse debate era a impossibilidade de chegar a uma síntese significativa dos conhecimentos acumulados, a uma sistematização orgânica desses conhecimentos num conjunto coerente. Um crescimento de análises e pesquisas quantitativamente relevante, porém desordenado, não conseguia transformar-se num corpo homogêneo de hipóteses verificadas e de resultados congruentes. A fragmentação – por vezes subjetivamente transformada em desinteresse por esse tipo de estudo – constituía um obstáculo difícil de ser superado, sobretudo por dois aspectos. Em primeiro lugar, com respeito ao problema de definir qual seria a área temática de principal competência dos estudos da mídia; em segundo, com respeito à escolha de qual deveria ser a base disciplinar capaz de unificar a *communication research*. Em outras palavras, o que estudar e como estudá-lo.

Tratava-se de determinar um nível privilegiado de análises, uma pertinência mais significativa do que outras, que permitisse homogeneizar o campo. Paralelamente, também era necessário elaborar uma abordagem teórica, um conjunto de hipóteses e metodologias que consentisse superar a fragmentação e a dispersão de conhecimentos.

Foi nessas duas diretrizes que se deu a capacidade da *communication research* de se caracterizar e se desenvolver, se não exatamente como âmbito disciplinar autônomo, pelo menos como área temática específica.

Alguns aspectos fundamentais da pesquisa foram determinados de forma particular como os seus "pontos fracos": em primeiro lugar, sua natureza primordialmente *ad hoc*, ou seja, ligada mais a contingências específicas e a exigências imediatas do que inserida de modo orgânico num projeto a longo prazo. Por isso a dificuldade em reunir resultados em grande parte não comparáveis (e não apenas por razões metodológicas). Obviamente, uma pesquisa desse tipo tinha eficácia escassa, seja em relação à elaboração de uma teoria geral sobre a função global das comunicações de massa no contexto social, seja com respeito às próprias exigências práticas que faziam parte de sua origem.

Mas a dificuldade mais patente – segundo o debate do fim dos anos 70 – era representada pelo problema das relações entre os meios de comunicação de massa e a sociedade em seu conjunto. Essas relações (certamente difíceis de serem caracterizadas e descritas em suas articulações) ou eram negligenciadas por causa dos objetivos práticos da pesquisa, ou eram assumidas genericamente dentro de teorias "conspirativas", de modo que o funcionamento dos meios de comunicação de massa parecia desenvolver-se em contextos vagos e indefinidos ou ser completamente marcado por objetivos de manipulação.

No entanto, é necessário esclarecer que a consciência desse limite da *communication research* não se evidenciou apenas recentemente, na fase de balanço e reorganização, mas, ao contrário, percorreu (mais ou menos subterraneamente) quase todo o seu trajeto, representando uma constante tensão crítica. Por exemplo, ao final dos anos 50, Raymond Bauer sustentava que, desde os desenvolvimentos iniciais, a característica da *communication research* não tinham sido as grandes idéias, as grandes hipóteses teóricas, mas a variedade das abordagens metodológicas aplicadas num amplo campo temático. "As abordagens iniciais comportavam hipersimplificações necessárias, que se tornaram claras apenas porque as primeiras foram levadas ao ponto de revelarem os próprios limites. O resultado não foi somente o reconhecimento da complexidade dos processos de comunicação, mas também um deslocamento do interesse para a substância dos problemas e um menor empenho em relação aos instrumentos específicos de pesquisa" (Bauer, 1964, p. 528). A consciência crescente de que os problemas relativos aos meios de comunicação de massa são extremamente complicados e exigem, portanto, uma abordagem sistemática e complexa percorreu pouco a pouco – com sorte variada – toda a história da pesquisa em mídia e atualmente constitui uma das linhas que unificam o setor.

Todavia, num plano mais específico, no debate de alguns anos atrás, a tradicional contraposição entre a pesquisa "administrativa" e a "crítica" – isto é, entre a pesquisa americana, de um lado, marcadamente empírica e caracterizada por finalidades cognitivas internas ao sistema da mídia, e a pesquisa européia, de outro, teoricamente orientada e atenta às relações gerais entre sistema social e meios de comunicação de massa – determinou uma caracterização e uma interpretação diferentes das próprias causas da crise.

Entretanto, como se verá ao longo do livro, a contraposição entre as duas orientações de pesquisa e as perspectivas que elas abrem é muito mais problemática do que parece à primeira vista. Todavia, ela permanece bem consolidada e, tendo precedentes ilustres e uma longa tradição, arriscou perpetuar uma separação que até hoje não se revelou nada produtiva para esse campo de estudo. Se o debate de alguns anos atrás conseguiu mudar a *communication research*, foi sobretudo porque aos poucos os termos do "conflito" pareceram superados nas três diretrizes que, de fato, fizeram com que a pesquisa ultrapassasse o longo momento de impasse.

Antes de mais nada, o fato de a abordagem sociológica terse imposto como competência fundamental dos estudos da mídia; em segundo lugar, o reconhecimento (mais desejado do que efetivamente praticado) da necessidade de um estudo multidisciplinar dentro dessa delimitação sociológica. Em terceiro lugar, a mudança da perspectiva temporal nesse âmbito de pesquisa.

O primeiro elemento pode ser descrito como a verificação de uma união entre o que Merton chama de corrente européia e americana, ou seja, entre a sociologia do conhecimento e o estudo das comunicações de massa. Se é verdade que "o estudioso das comunicações de massa quase sempre se interessou, desde o início do desenvolvimento desses estudos, sobretudo pela *influência* dos meios de comunicação de massa no público, [enquanto] a corrente européia pretende conhecer as determinantes estruturais do pensamento" (Merton, 1949b, p. 84), a evolução atual da pesquisa sobre a mídia situa-se na confluência entre essas duas tradições. Não foi por acaso que a importância da sociologia do conhecimento e a sua função de quadro geral, dentro do qual se coloca a problemática dos meios de comunicação de massa, cresceram paralelamente: é possível perceber claramente um reflexo disso na definição que hoje se dá aos meios de comunicação de massa como "instituições que desenvolvem uma atividade-chave, que consiste na produção, na reprodução e na distribuição de conhecimento [...], conhecimento que nos coloca em condição de dar um sentido ao mundo, que molda nossa percepção em relação a ele e contribui com o conhecimento do passado e para dar continuidade à nossa compreensão presente" (McQuail, 1983, p. 51).

Nesse sentido, inclui-se também outro elemento típico dos avanços atuais da *communication research*, isto é, a confluência dos interesses em torno do tema da informação (diferentemente do que ocorria em outros períodos, quando o objeto de estudo por excelência era a propaganda ou a publicidade etc.). A segunda tendência reconhece – dentro da relevância sociológica – a necessidade de uma abordagem variada: isto é, adquire-se "a percepção dos meios de comunicação modernos como parte de um único sistema de comunicação cada vez mais integrado e complexo, que pode ser analisado em seus diversos aspectos (conteúdos veiculados, modalidade de transmissão das mensagens, nível de eficácia, formas de produção) apenas mediante uma abordagem multidisciplinar" (Porro-Livolsi, 1981, p. 192).

A última tendência concerne à delimitação temporal: após anos e anos de pesquisas sobre as conseqüências diretas e imediatas, ligadas ao consumo de comunicação de massa, agora a atenção se volta aos efeitos a longo prazo, às influências fundamentais, mais do que às causas próximas. A essa mudança de perspectiva temporal não é estranha a união de que se falava anteriormente e a delimitação sociológica que agora caracteriza a pesquisa sobre a mídia de modo mais intenso e explícito.

Ao longo dessas linhas de recomposição, a crise pareceu ser resolvida e, desde o final dos anos 70/início dos anos 80, algumas temáticas gerais e alguns setores específicos de pesquisa coagulam em torno de si interesses, esforços de análise e reflexão teórica. A eles será dedicada uma atenção particular no segundo e no terceiro capítulos deste livro, que – como já se disse – procura ilustrar e interpretar o desenvolvimento da pesquisa da comunicação por meio de análises das mais significativas teorias da mídia.

Um agradecimento especial a Umberto Eco pela rigorosa paciência com que seguiu e discutiu este trabalho.

Um obrigado também a Patrizia Violi, Renato Porro, Jesus Martin Barbero e Angelo Agostini por suas sugestões e pelo encorajamento.

PRIMEIRA PARTE

A EVOLUÇÃO DA PESQUISA SOBRE AS COMUNICAÇÕES DE MASSA

1. Contextos e paradigmas na pesquisa sobre os meios de comunicação de massa

1.1 Premissa

A apresentação e a análise das diversas teorias não seguem simplesmente um critério cronológico, mas são dispostas também segundo outras três determinações:

a. o contexto social, histórico, econômico em que certo modelo teórico sobre as comunicações de massa surgiu ou se difundiu;

b. o tipo de teoria social, pressuposta ou explicitamente mencionada pelas teorias da mídia. Muitas vezes, trata-se de modelos sociológicos implícitos, mas não faltam casos de conexões abertas entre quadros sociológicos de referência e pesquisa sobre a mídia;

c. o modelo de processo de comunicação que cada teoria da mídia apresenta. Também neste caso, muitas vezes é preciso explicitar esse elemento, pois paradoxalmente em muitas teorias ele não recebe um tratamento adequado.

A análise das relações entre os três fatores permite articular as conexões entre as diversas teorias da mídia e determinar qual foi (e por quê) o paradigma dominante em períodos diversos na *communication research*. Além disso, ela permite compreender quais problemas das comunicações de massa foram sistematicamente tratados como relevantes e centrais, e quais foram freqüentemente relegados a segundo plano (Gitlin, 1978).

Em alguns casos, o termo "teoria da mídia" define apropriadamente um conjunto coerente de proposições, hipóteses de pesquisa e aquisições verificadas; em outros casos, o uso do termo é um pouco forçado, pois designa mais uma tendência significativa de reflexão e/ou de pesquisa do que uma teoria propriamente dita.

É bom lembrar, por fim, que às vezes as teorias apresentadas referem-se não a momentos cronologicamente sucessivos, mas coexistentes: alguns modelos de pesquisa desenvolveram-se e consolidaram-se ao mesmo tempo, "contaminando-se" e "descobrindo-se" uns aos outros, acelerando ou mesmo modificando o desenvolvimento global do setor.

Mencionou-se que a evolução da *communication research* é interpretada segundo três linhas: a elas é preciso acrescentar a presença de uma oscilação – bastante constante nas teorias da mídia –, que diz respeito ao próprio objeto das teorias. Algumas vezes ele é composto pelos *meios de comunicação de massa*, em outros casos, pela *cultura de massa*. Conforme esse deslocamento, assume particular importância uma das três determinações com base nas quais analisei as principais teorias da mídia. Tudo isso, obviamente, será indicado pouco a pouco.

Os modelos apresentados referem-se a oito "momentos" dos estudos da mídia: a teoria hipodérmica, a teoria ligada à abordagem empírico-experimental, a teoria que deriva da pesquisa empírica em campo, a teoria de elaboração estrutural-funcionalista, a teoria crítica dos meios de comunicação de massa, a teoria culturológica, os *cultural studies*, as teorias da comunicação.

1.2 A teoria hipodérmica

A posição sustentada por esse modelo pode ser sintetizada com a afirmação de que "todo membro do público de massa é pessoal e diretamente 'atacado' pela mensagem" (Wright, 1975, p. 79).

Historicamente, a teoria hipodérmica coincide com o período das duas guerras mundiais e com a difusão em larga escala das comunicações de massa, e representou a primeira reação que este último fenômeno provocou entre estudiosos de várias proveniências.

Os elementos que mais caracterizam o contexto da teoria hipodérmica são, de um lado, justamente a novidade do próprio fenômeno das comunicações de massa e, do outro, a conexão desse fenômeno com as trágicas experiências totalitárias desse período histórico. Contida nesses dois elementos, a teoria hipodérmica é uma abordagem global da mídia, indiferente à diversidade entre os vários meios, e que responde principalmente à interrogação: qual efeito tem a mídia numa sociedade de massa?

O principal componente da teoria hipodérmica é, de fato, a presença explícita de uma "teoria" da sociedade de massa, enquanto na vertente "de comunicação" age complementarmente uma teoria psicológica da ação. Pode-se também descrever o modelo hipodérmico como uma teoria da propaganda e sobre ela: com efeito, este é o tema central relativo ao universo da mídia. "Especialmente nos anos 20 e 30, surgiram estantes inteiras de livros que chamavam a atenção para os fatores retóricos e psicológicos usados pelos propagandistas. Dentre os quais, alguns títulos como: *Public Opinion*, de Lippmann, *The Rape of the Masses*, de Chakhotin, *Psychology of Propaganda*, de Doobs, *Psychology of Social Movements*, de Cantril, *Propaganda Technique in the World War*, de Lasswell, *Propaganda in the Next War*, de Rogerson" (Smith, 1946, p. 32). "O campo de trabalho científico mais estreitamente ligado à propaganda [é] justamente o estudo da comunicação de massa" (Smith-Lasswell-Casey, 1946, p. 3); é mais fácil compreender essa "identidade" fazendo-se referência às três determinações citadas na premissa.

1.2.1 A sociedade de massa

A presença do conceito de sociedade de massa é fundamental para a compreensão da teoria hipodérmica, que às vezes se reduz exatamente a uma ilustração de algumas características dessa sociedade.

Conforme afirmado várias vezes (ver sempre Mannucci, 1967), o conceito de sociedade de massa não apenas tem origens distantes na história do pensamento político, como também apresenta diversos componentes e tendências; trata-se, em resumo, de um "termo guarda-chuva", cujo uso e cuja acepção deveriam ser sempre especificados. Sem poder reconstruir detalhadamente a gênese e o desenvolvimento do conceito, é suficiente para nós especificar algumas de suas características principais, sobretudo as pertinentes à definição da teoria hipodérmica. As "variantes" que podem ser encontradas no conceito de sociedade de massa são muitas: o pensamento político do século XIX, de cunho conservador, ressalta na sociedade de massa o resultado da crescente industrialização, da revolução nos transportes, no comércio, da difusão dos valores abstratos de igualdade e liberdade. Esses processos sociais determinam a perda de exclusividade por parte das elites, que se encontram expostas às massas. O enfraquecimento dos vínculos tradicionais (de família, de comunidade, de associações profissionais, de religião etc.) contribui, por sua parte, para afrouxar o tecido conectivo da sociedade e para preparar as condições para o isolamento e a alienação das massas.

Outra corrente é representada pela reflexão sobre a "qualidade" do homem-massa, resultado da desintegração das elites. Ortega y Gasset (1930) descreve no homem-massa a antítese da figura do humanista culto. A massa é o juízo dos incompetentes, representa o triunfo de uma espécie antropológica que atravessa todas as classes sociais e que constrói a própria função sobre o saber especializado, ligado à técnica e à ciência. Nessa perspectiva, a massa "é tudo o que não avalia a si mesmo – nem no bem, nem no mal – mediante razões especiais, mas que se sente 'como todo mundo' e, no entanto, não se aflige por isso, ou melhor, sente-se à vontade ao se reconhecer idêntica aos outros" (Ortega y Gasset, 1930, p. 8).

"A massa subverte tudo o que é diferente, singular, individual, qualificado e selecionado" (Ortega y Gasset, 1930, p. 12). Embora a ascensão das massas indique que a vida média se move num nível superior aos precedentes, as massas revelam "um estado de espírito absurdo: preocupam-se apenas com o próprio bem-estar e, ao mesmo tempo, não se sentem solidárias com as causas desse bem-estar" (Ortega y Gasset, 1930, p. 51), mostrando uma absoluta ingratidão para com aquilo que lhes facilita a existência.

Outra linha de análise concerne, por sua vez, à dinâmica que se instaura entre indivíduo e massa e ao nível de homogeneidade em torno do qual se agrega a própria massa. Simmel observa que "a massa é uma formação nova, que não se baseia na personalidade dos seus membros, mas apenas nas partes que reúnem um a todos os outros e equivalem às formas mais primitivas e ínfimas da evolução orgânica [...]. É natural que todos os comportamentos que presumem a proximidade e a reciprocidade de muitas opiniões diferentes tenham sido banidos desse nível. As ações da massa apontam diretamente para o objetivo e procuram alcançá-lo pelo caminho mais rápido: este faz com que elas sejam sempre dominadas por *uma única* idéia, a mais simples possível. É muito raro acontecer de os membros de uma grande massa terem na sua consciência um vasto mostruário de idéias *em comum* com os outros. Além disso, dada a complexidade da realidade contemporânea, toda idéia simples deve ser também a mais radical e exclusiva" (Simmel, 1917, p. 68).

Para além das contraposições filosóficas, ideológicas e políticas na análise da sociedade de massa – interpretada quer como a época da dissolução das elites e das formas sociais comunitárias, quer como o início de uma ordem social em que há maior participação e acordo, quer, enfim, como uma estrutura social produzida pelo desenvolvimento da sociedade capitalista –, alguns traços comuns caracterizam a estrutura da massa e o seu comportamento: a massa é constituída por um agregado homogêneo de indivíduos que – enquanto seus membros – são substancialmente iguais, não distinguíveis, mesmo se provêm de ambientes diversos, heterogêneos e de todos os grupos sociais.

A massa também é composta por pessoas que não se conhecem, que estão espacialmente separadas umas das outras, com poucas possibilidades de interagir. Por fim, a massa não dispõe de tradições, regras de comportamento, liderança e estrutura organizacional (Blumer, 1936 e 1946). Essa definição da massa como um novo tipo de organização social é muito importante por vários motivos: em primeiro lugar, ela enfatiza e reforça o elemento central da teoria hipodérmica, isto é, o fato de os indivíduos serem isolados, anônimos, separados, atomizados. Do ponto de vista dos estudos da mídia, essa característica dos públicos dos meios de comunicação de massa representa o principal pressuposto na problemática dos efeitos: virá-lo e posteriormente desvirá-lo (pelo menos em parte) será tarefa dos desenvolvimentos posteriores da pesquisa.

O isolamento de cada indivíduo na massa anônima é, portanto, o pré-requisito da primeira teoria sobre a mídia. Esse isolamento não é apenas físico e espacial, é também de gênero variado: Blumer, de fato, ressalta que os indivíduos – *enquanto componentes da massa* – são expostos a mensagens, conteúdos, eventos, que vão além da sua experiência, referindo-se a universos de significado e valor que não coincidem necessariamente com as regras do grupo de que fazem parte. Nesse sentido, o fato de pertencerem à massa "orienta a atenção dos membros para longe das suas esferas culturais e de vida, para áreas não estruturadas por modelos ou expectativas" (Freidson, 1953, p. 199).

Portanto, esse é o fator de isolamento físico e "normativo" do indivíduo na massa que explica em grande parte a importância atribuída pela teoria hipodérmica às capacidades manipuladoras dos primeiros meios de comunicação de massa. Os exemplos históricos dos fenômenos de propaganda de massa no nazismo e nos períodos bélicos forneciam obviamente amplos confrontos a esses modelos cognitivos. Um segundo motivo importante nessa caracterização da massa é a sua continuidade com parte da tradição européia do pensamento filosófico-político: a massa é um grupo que surge e vive além dos vínculos comunitários preexistentes e contra eles, que resulta da desintegração das culturas locais, e na qual as funções de comunicação são forçosamente impessoais e anônimas. A fraqueza de uma audiência indefesa e passiva nasce justamente dessa dissolução e dessa fragmentação.

Deve-se notar, por fim, que o motivo da exposição do público a universos simbólicos e de valor, diferentes dos próprios da sua cultura, constitui um elemento muito semelhante ao que ressaltam as mais recentes hipóteses sobre os efeitos da mídia, por exemplo o modelo da *agenda-setting* (ver 2.2), que afirma que a influência da comunicação de massa baseia-se no fato de a mídia fornecer toda aquela parte de conhecimento e imagem da realidade social que transpõe os limites restritos da experiência pessoal direta e "imediata".

Sendo assim, segundo a teoria hipodérmica, "cada indivíduo é um átomo isolado que reage sozinho às ordens e às sugestões dos meios de comunicação de massa monopolizados" (Wright Mills, 1963, p. 203). Se as mensagens da propaganda conseguem atingir os indivíduos da massa, a persuasão é facilmente "inoculada": ou seja, se o "alvo" é alcançado, a propaganda obtém o êxito que se propõe (com efeito, a teoria hipodérmica também é chamada de *bullett theory*, Schramm, 1971).

Mas, se o componente principal da teoria hipodérmica é esse conceito de sociedade de massa, uma função não menos importante é desenvolvida pelo modelo "de comunicação", mais difundido e aceito naquele período.

1.2.2 O modelo "de comunicação" da teoria hipodérmica

Na realidade, mais do que de um modelo sobre o processo de comunicação, seria necessário falar de uma teoria da ação: a elaborada pela *psicologia behaviorista*[1]. Seu objetivo é estudar o comportamento humano com os mesmos métodos da ex-

1. Pode-se fazer com que o paradigma psicológico do behaviorismo remonte à obra de Watson, *Psychology as the Behaviorist Views It*: ele se propunha o objetivo de estudar os conteúdos psicológicos por meio das suas manifestações observáveis. Desse modo, a psicologia passava a se colocar entre as ciências biológicas, no âmbito das ciências naturais. O comportamento – objeto de toda a psicologia – representava a adaptação do organismo ao ambiente: os comportamentos complexos, manifestados pelo homem (e observáveis de maneira científica), podiam ser decompostos em seqüências precisas de unidades: o estímulo (que se referia ao impacto do ambiente sobre o indivíduo), a resposta (ou seja, a reação ao ambiente), o reforço (os efeitos da ação em condição de modificar as sucessivas reações ao ambiente).

periência e da observação, típicos das ciências naturais e biológicas. O sistema de ação que distingue o comportamento humano deve ser decomposto pela ciência psicológica em unidades compreensíveis, distinguíveis e observáveis. Na relação complexa entre organismo e ambiente, o elemento crucial é representado pelo estímulo: este compreende os objetos e as condições externas ao sujeito, que a partir dele produzem uma resposta. "Estímulo e resposta parecem ser as unidades naturais, em cujos limites pode ser descrito o comportamento" (Lund, 1933, p. 28). A unidade estímulo/resposta exprime, portanto, os elementos de toda forma de comportamento.

Sem dúvida, essa teoria da ação, de cunho behaviorista, podia ser facilmente integrada com as teorizações sobre a sociedade de massa, às quais fornecia o suporte que serviria de base para as convicções acerca da característica imediata e inevitável dos efeitos. O estímulo, em sua relação com o comportamento, é a condição primária, ou o agente, da resposta: "A estreita relação entre os dois torna impossível definir um fora dos limites do outro. Juntos, eles constituem uma unidade. Pressupõem-se reciprocamente. Estímulos que não produzem respostas não são estímulos. E uma resposta deve necessariamente ter sido estimulada. Uma resposta não estimulada é como um efeito sem causa" (Lund, 1933, p. 35).

Nesse sentido, tem razão Bauer (1964), quando observa que, no período da teoria hipodérmica, a maior parte dos efeitos não é estudada: estes são dados como previstos. Deve-se observar, porém, que a descrição da sociedade de massa (sobretudo de alguns de seus traços fundamentais: isolamento físico e normativo dos indivíduos) contribuiu, de sua parte, para acentuar a simplicidade do modelo E → R (Estímulo → Resposta): a consciência de que isso seria uma abstração analítica e de que procurar cada uma das respostas aos estímulos seria essencialmente um expediente prático-metodológico estava bastante presente, do mesmo modo que se reconhecia a natureza complexa do estímulo e a heterogeneidade da resposta. De fato, como fatores determinantes da extensão e da qualidade desta última foram decisivos, de um lado, o contexto em que se verifica o estímulo e, do outro, as experiências precedentes que os indivíduos fizeram com ele (Lund, 1933). Justamente estes dois últimos fatores, porém, eram "tratados" pela teoria da sociedade de massa para enfatizar o caráter imediato, mecânico e a extensão dos efeitos. Na realidade, os meios de persuasão de massa constituíam um fenômeno completamente novo, desconhecido, do qual não havia ainda um conhecimento suficiente por parte do público, e o contexto social em que esses meios apareciam e eram usados era o dos regimes totalitários ou de sociedade, que estavam se organizando em torno da superação das formas comunitárias precedentes, e nas quais vastas massas de indivíduos eram – segundo tradições heterogêneas de pensamento, mas concordantes a esse respeito – representadas como atomizadas, alienadas, "primitivas".

Os meios de comunicação de massa constituíam "uma espécie de sistema nervoso simples, que se estende para tocar cada olho e cada ouvido, numa sociedade caracterizada pela escassez de relações interpessoais e por uma organização social amorfa" (Katz-Lazarsfeld, 1955, p. 4).

Estreitamente ligada aos temores suscitados pela "arte de influenciar as massas" (Schönemann, 1924), a teoria hipodérmica – *bullett theory* – sustentava, portanto, uma conexão direta entre a exposição às mensagens e o comportamento: se uma pessoa é atingida pela propaganda, pode ser controlada, manipulada, induzida a agir.

Esse é o ponto de partida que toda a pesquisa subseqüente tenta modificar mais ou menos completamente.

Antes de examinar as linhas, internas à teoria hipodérmica em si, ao longo das quais ocorre a superação, é necessário precisar uma "filiação" sua que teve grande influência na *communication research*: o modelo de Lasswell. Para muitos aspectos, esse modelo representa contemporaneamente uma sistematização orgânica, uma herança e uma evolução da teoria hipodérmica.

1.2.3 O modelo de Lasswell e a superação da teoria hipodérmica

Elaborado inicialmente nos anos 30, no "período áureo" da teoria hipodérmica, como aplicação de um paradigma para a análise sociopolítica (quem obtém o quê, quando e de que modo?), o modelo lasswelliano, proposto em 1948, explica que

> *um modo apropriado de descrever um ato de comunicação é responder às seguintes perguntas:*
> *quem*
> *diz o quê*
> *por qual canal*
> *a quem*
> *com qual efeito?*
> *O estudo científico do processo de comunicação tende a se concentrar numa ou noutra dessas interrogações* (Lasswell, 1948, p. 84).

Cada uma dessas variáveis define e organiza um setor específico da pesquisa: a primeira determina o estudo dos emissores, isto é, a análise do controle sobre o que é difundido. Os que, por sua vez, estudam a segunda variável elaboram a análise do conteúdo das mensagens[2], enquanto o estudo do terceiro elemento dá lugar à análise dos meios. A análise da audiência

---

2. Lasswell pode ser considerado um dos "pais" da análise de conteúdo, método que, aliás, estabelece a própria tradição e o destino da teoria hipodérmica. O estudo sistemático e rigoroso dos conteúdos da propaganda constituía um modo para revelar sua eficácia, aumentando as defesas contra ela (de outubro de 1937 a dezembro de 1941, existiu um Institute for Propaganda Analysis, que publicava um boletim mensal, cujo objetivo era "ajudar o cidadão inteligente a descobrir e analisar a propaganda"). Alguns títulos dos seus trabalhos são claramente indicativos: "Propaganda Technique in the World War" (1927) (análise dos principais temas da propaganda americana, inglesa, francesa e alemã entre 1914 e 1917); "World Revolutionary Propaganda" (primeira tentativa de medir o volume e os efeitos da propaganda do movimento comunista em Chicago, 1939); "The Propaganda Technique of the Pamphlet on Continental Security" (análise dos símbolos políticos influentes e do seu uso propagandístico, 1938).

e dos efeitos define os setores de pesquisa restantes sobre os processos de comunicação de massa. A fórmula de Lasswell, com a aparência de ordenar o objeto de estudo segundo variáveis bem definidas, sem negligenciar nenhum aspecto relevante dos fenômenos em questão, na realidade tornou-se rapidamente (e assim permaneceu por muito tempo) uma verdadeira teoria da comunicação, em estreita relação com o outro modelo de comunicação dominante na pesquisa, ou seja, a teoria da informação (ver 1.9.1).

A fórmula (que se desenvolve a partir da tradição de pesquisa típica da teoria hipodérmica) na verdade confirma – mas também torna implícita – uma tese muito forte, que a *bullett theory*, por sua vez, afirmava explicitamente na descrição da sociedade de massa: ou seja, a tese de que a iniciativa seja exclusivamente do comunicador, e de que os efeitos se dêem exclusivamente sobre o público.

Lasswell implica algumas premissas fortes acerca dos processos de comunicação de massa:

a. esses processos são exclusivamente assimétricos, com um emissor ativo que produz o estímulo e uma massa passiva de destinatários que reage quando "atingida" pelo estímulo;

b. a comunicação é intencional e orientada para um objetivo, para obter um certo efeito, observável e mensurável na medida em que provoca um comportamento que, de certo modo, pode ser vinculado a esse objetivo. Este último encontra-se em relação sistemática com o conteúdo da mensagem. A partir disso, surgem duas conseqüências: a análise do conteúdo é proposta como instrumento para inferir os objetivos de manipulação dos emissores; os únicos efeitos que esse modelo torna pertinentes são os observáveis, ou seja, ligados a uma mudança, a uma modificação de comportamento, atitude, opinião etc.;

c. as funções de comunicador e destinatário aparecem isoladas, independentes das relações sociais, situacionais, culturais, em que ocorrem os processos de comunicação, mas que o modelo em si não contempla: os efeitos dizem respeito a destinatários atomizados, isolados (Schulz, 1982).

"A audiência era concebida como um conjunto de classes de idade, sexo, categoria etc., mas dava-se pouca atenção às relações que estavam compreendidas nesse conjunto ou às relações informais. Não que os estudiosos de comunicação de massa ignorassem o fato de os componentes do público terem família e grupos de amizade; a questão é que se considerava que tudo isso não influenciava o resultado de uma campanha propagandística: as relações informais interpessoais eram, melhor dizendo, consideradas irrelevantes para as instituições da sociedade moderna" (Katz, 1969, p. 113).

O esquema de Lasswell organizou a nascente *communication research* em torno de dois dos seus temas centrais e de maior duração – a análise dos efeitos e a análise dos conteúdos –, e, ao mesmo tempo, determinou os outros setores de desenvolvimento do campo, sobretudo a *control analysis*. Se, de um lado, o esquema declara abertamente o período histórico em que nasceu e os interesses cognitivos em relação aos quais foi elaborado, de outro é surpreendente a sua resistência, a sua sobrevivência, por vezes ainda atual, como esquema analítico "adequado" para uma pesquisa que se desenvolveu largamente em contraposição à teoria hipodérmica, à qual ele é devedor. De fato, se para a teoria behaviorista o indivíduo submetido aos estímulos da propaganda podia apenas responder sem resistência, os desenvolvimentos subseqüentes da *communication research* convergem na explicitação de que a influência das comunicações de massa é mediada pelas resistências que os destinatários ativam de várias formas. E, no entanto, o esquema lasswelliano da comunicação conseguiu oferecer-se como paradigma para essas duas tendências de pesquisa opostas[3]. Ou

---

3. A persistência de um mesmo conceito como referência para teorizações contrastantes parece caracterizar pelo menos dois outros aspectos da *communication research*. Katz e Lazarsfeld observam que "aqueles que viram nos meios de comunicação de massa um novo princípio de democracia, e aqueles que, ao contrário, viram neles os instrumentos de um projeto diabólico tinham, na realidade, a mesma imagem do processo das comunicações de massa. Eles partiam, em primeiro lugar, da imagem de uma massa atomizada de milhões de leitores, ouvintes e espectadores, prontos para receber a mensagem. Em segundo lugar, imaginavam cada mensagem como um estímulo direto e potente, a ponto de produzir uma resposta imediata" (Katz-La-

melhor, apresentou-se aproximadamente ao final do período de maior êxito da teoria hipodérmica, quando já se manifestavam os motivos que deviam conduzir à sua superação.

Como já dito, a passagem para as teorias subseqüentes ocorre ao longo de algumas linhas próprias da teoria hipodérmica. De um lado, a conseqüência metodológica mais relevante, implícita no conceito blumeriano de massa, é que, para estudar os comportamentos da massa, são necessárias "amostras compostas de um conjunto de indivíduos heterogêneos, que tenham igual importância" (Blumer, 1948, p. 548), classificados com base nos caracteres sociodemográficos essenciais, que correspondem ao conceito de massa (indivíduos de proveniência variada, reunidos pela fruição das mesmas mensagens, que não são ligados por expectativas em comum, que não interagem). De outro, as exigências da indústria das comunicações de massa, no que concerne aos seus desenvolvimentos comerciais e publicitários, e os estudos institucionais sobre a propaganda e a sua eficácia colocavam o centro do interesse na explicação do comportamento de fruição do público. Ou seja, de um lado – em congruência com a teoria hipodérmica –, selecionavam-se alguns indicadores e variáveis para compreender a ação do consumo da audiência; de outro, reuniam-se pouco a pouco as evidências empíricas de que esse consumo era selecionado, e não indiferenciado.

No que tange à adequação das categorias sociodemográficas, implícitas na teoria hipodérmica, sua superação deu início à explicação apropriada do comportamento observável do público. Em outras palavras, não há dúvidas quanto à veracidade do fato de a concepção atomística do público das comunicações de massa (típica da teoria hipodérmica) estar correla-

---

zarsfeld, 1955, p. 4). O segundo aspecto diz respeito à insistência do modelo de comunicação da teoria da informação, tanto na pesquisa administrativa quanto na teoria crítica. Como tendências divergentes por muitos aspectos, elas compartilharam implicitamente esse paradigma analítico. O fenômeno é provavelmente o resultado da ideologização acentuada que atravessa o tema dos meios de comunicação de massa e que, muitas vezes, prevalece sobre outros tipos de estilos cognitivos.

cionada à disciplina "líder" na primeira fase dos estudos da mídia, ou seja, a psicologia behaviorista, que privilegiava o comportamento de cada indivíduo. É também verdadeiro o fato de o contexto socioeconômico, que marcou a origem desses estudos (as pesquisas de mercado, a propaganda, a opinião pública etc.), ter enfatizado o papel do sujeito individualizado, na qualidade de eleitor, de cidadão, de consumidor. E é verdade, por fim, que as próprias técnicas de pesquisa (sobretudo questionários e entrevistas) concorriam de sua parte para reforçar a idéia de que "a principal unidade de produção da informação – isto é, o indivíduo – seria também a unidade pertinente nos processos de comunicação de massa e nos fenômenos sociais em geral. Tudo isso [confirmou] a concepção atomística do público das comunicações, como se este consistisse em indivíduos diferentes e independentes" (Brouwer, 1962, p. 551). E, no entanto, quando a teoria hipodérmica deixou de ser sobretudo um presságio e uma descrição de efeitos temidos para se transformar num paradigma concreto de pesquisa, seus próprios pressupostos deram lugar a resultados que contradiziam sua elaboração fundamental.

"A audiência se mostrava intratável. As pessoas decidiam sozinhas se queriam ouvir ou não. E, mesmo quando ouviam, a comunicação podia revelar-se desprovida de efeitos ou apresentar efeitos opostos aos previstos. Gradualmente, os estudiosos deviam deslocar sua atenção para a audiência, para compreender os assuntos e o contexto que a formavam" (Bauer, 1958, p. 127).

A superação e a inversão da teoria hipodérmica ocorreram ao longo de três diretrizes distintas, mas por muitos aspectos interligadas e sobrepostas: a primeira e a segunda, centradas em abordagens empíricas de tipo psicológico-experimental e de tipo sociológico; a terceira diretriz, representada pela abordagem funcional para a temática global dos meios de comunicação de massa, em sintonia com a afirmação em nível sociológico geral do estrutural-funcionalismo.

A primeira tendência estuda os fenômenos psicológicos individuais, que constituem a relação de comunicação; a segunda explicita os fatores de mediação entre indivíduo e meio de comunicação; a terceira elabora hipóteses sobre as relações entre indivíduo, sociedade e meios de comunicação de massa.

Os próximos três itens ilustram justamente os desenvolvimentos da pesquisa que conduziram ao abandono da teoria hipodérmica inicial.

1.3 A abordagem empírico-experimental ou "da persuasão"

Ao expormos esse tipo de estudos da mídia, é necessário definir imediatamente alguns de seus traços. Em primeiro lugar, a abordagem experimental conduz ao abandono da teoria hipodérmica, paralelamente à abordagem empírica no campo em que o fenômeno se dá, e as aquisições de um são estreitamente vinculadas às do outro. Ambos se desenvolvem a partir dos anos 40, e essa contemporaneidade também torna difícil diferenciar claramente qual foi sua contribuição: desse modo, na exposição, a separação se mostra mais nítida e marcada do que na verdade foi profícuo o constante apelo entre um setor e o outro.

Em segundo lugar, é realmente difícil exaurir a explicação desse âmbito de estudos psicológicos experimentais, pois ele parece muito fragmentado, composto por uma miríade de micropesquisas específicas, cujos resultados muitas vezes contrastam com os de outras averiguações experimentais da mesma hipótese. Da teoria vinculada à abordagem psicológico-experimental, indicarei, portanto, apenas algumas características gerais e as aquisições mais "indiscutíveis". Em terceiro lugar, deve-se dizer que esses estudos, embora tenham representado uma superação da teoria hipodérmica, também continuaram posteriormente. Sendo assim, eles constituem um setor "autônomo" da *communication research*, que, com base na sua pertinência psicológica, pouco a pouco elaborou uma identidade própria. Não é possível apresentá-los aqui exaustivamente; contudo, serão abordadas algumas das suas influências específicas na orientação geral da *communication research* (por exemplo no caso dos "usos e gratificações", ver 1.5, ou, quanto aos problemas de memorização, ver 2.4.2).

A "teoria" dos meios de comunicação de massa, resultante dos estudos psicológicos experimentais, consiste sobretudo na revisão do processo de comunicação, compreendido como uma relação mecanicista e imediata entre estímulo e resposta: esta evidencia (pela primeira vez na pesquisa em mídia) a complexidade dos elementos que entram em jogo na relação entre emissor, mensagem e destinatário. A abordagem já não é global em todo o universo da mídia, mas é "direcionada", de um lado, para estudar sua melhor eficácia persuasiva e, de outro, para esclarecer o "insucesso" das tentativas de persuasão. De fato, há uma oscilação entre a idéia de que é possível obter efeitos relevantes, contanto que as mensagens sejam estruturadas *adequadamente*, e a evidência de que, com freqüência, os efeitos pesquisados não foram atingidos.

A persuasão dos destinatários é um objetivo possível, sob a condição de que a forma e a organização da mensagem sejam adequadas aos fatores pessoais que o destinatário ativa na interpretação da própria mensagem: em outras palavras, "as mensagens da mídia contêm características particulares do estímulo, que interagem de maneira diferente com os traços específicos da personalidade dos membros que compõem o público. A partir do momento em que existem diferenças individuais nas características da personalidade entre os membros do público, é natural pressupor que nos efeitos haverá variações correspondentes a essas diferenças individuais" (De Fleur, 1970, p. 122). Nos estudos experimentais, algumas das variáveis ligadas a essas diferenças individuais permanecem constantes, enquanto se manipulam as variáveis cuja incidência direta sobre o efeito persuasivo é objeto de verificação. Por exemplo, se quisermos indagar o peso da credibilidade que a fonte possui sobre a aceitação de uma mensagem, podemos atribuir uma comunicação a um emissor altamente confiável para um grupo de pessoas e a uma fonte pouco confiável para outro grupo de indivíduos. Os outros fatores permanecem constantes para ambos os grupos experimentais: desse modo, se os resultados são significativos, indicam a incidência da variável indagada sobre a aceitação da mensagem.

Dessa maneira, as duas coordenadas que orientam essa "teoria" da mídia são determinadas: a primeira, representada pelos estudos sobre o caráter do destinatário, que atuam como intermediários na realização do efeito; a segunda, representada pelas pesquisas sobre a melhor forma de organização das mensagens com fins persuasivos. Essa teoria das diferenças individuais nos efeitos obtidos pela mídia (De Fleur, 1970) – sustentando que, em vez de serem uniformes para toda a audiência, esses efeitos são variáveis de indivíduo para indivíduo, por causa das particularidades psicológicas – apresenta uma estrutura lógica muito semelhante ao modelo mecanicista da teoria hipodérmica:

causa (ou seja, o estímulo) → (processos psicológicos intervenientes) → efeito (ou seja, a resposta)

No entanto, a mediação das variáveis intervenientes não apenas rompe o caráter imediato e a uniformidade dos efeitos, mas, de certo modo, também ajusta sua extensão à função desempenhada pelos destinatários. O esquema "causa → efeito" da teoria hipodérmica precedente sobrevive, porém inserido num quadro de análise que se torna progressivamente mais difícil e extenso.

Antes de expormos as duas coordenadas, é preciso lembrar que esse tipo de "teoria" estuda primordialmente os efeitos dos meios de comunicação de massa numa situação de "campanha" (eleitoral, informativa, propagandística, publicitária etc.). Esta apresenta algumas características particulares:

tem objetivos específicos e é planificada para atingi-los;
tem uma duração temporal definida;
é intensiva e possui uma vasta cobertura;
seu sucesso é passível de avaliação;
é promovida por instituições ou organizações dotadas de um certo poder e de autoridade;

seus argumentos devem ser "vendidos" ao público, para o qual são novos, embora se baseiem em esquemas compartilhados de valor (McQuail, 1977).

A presença desse tipo de contexto de comunicação vincula-se à natureza "administrativa" da pesquisa em questão: os estudos mais significativos e mais conhecidos são os desenvolvidos por Carl Hovland (posteriormente diretor do Departamento de Psicologia em Yale), durante a Segunda Guerra Mundial, para a Information and Education Division do exército americano. Mas, em geral, toda pesquisa experimental fornecia dados úteis para aumentar a eficácia das mensagens ou, de todo modo, para fazer o levantamento de seus obstáculos: o ponto de vista pressuposto era o dos efeitos desejados ou planejados pelo emissor.

1.3.1 Os fatores relativos à audiência

É sobretudo nesse campo que a fragmentação das pesquisas, o elevado número de variáveis em jogo e o emaranhado das suas relações recíprocas tornam quase impossível fornecer uma ilustração exaustiva.

A proposição seguinte sintetiza, porém, os pontos essenciais: "Pressupor uma perfeita correspondência entre a natureza e a quantidade de material apresentado numa campanha informativa, além da sua absorção por parte do público, é uma perspectiva ingênua porque a natureza real e o grau de exposição do público ao material informativo são determinados, em grande parte, por algumas características psicológicas da própria audiência" (Hyman-Sheatsley, 1947, p. 449)[4]: o interesse em adquirir informação, a exposição seletiva provocada pelas opiniões existentes, a interpretação seletiva, a memorização seletiva.

---

4. Significativamente, com respeito às asserções da teoria hipodérmica, o ensaio de Hyman e Sheatsley se intitula *Algumas razões pelas quais as campanhas de informação não dão certo*.

a. Interesse em adquirir informação

A presença de uma parte do público que não possui nenhum conhecimento a respeito dos argumentos tratados numa campanha encontra-se em correlação com a função do interesse e da motivação para informar-se. Isso significa que nem todas as pessoas representam um "alvo" igual para a mídia: "Se todos os indivíduos o fossem e o único elemento determinante da informação pública fosse a amplitude da campanha, não haveria razão para alguns indivíduos manifestarem sempre uma carência de informação. *Há, portanto, algo nos não-informados que faz com que seja difícil atingi-los, seja qual for o nível ou a natureza da informação*" (Hyman-Sheatsley, 1947, p. 450).

Escassez de interesse e de motivação para certos temas, dificuldade de acesso à informação em si, apatia social ou outras causas ainda podem estar na origem dessa situação: esses diversos fatores estão provavelmente correlacionados entre si. Se aqueles que mostram interesse por um certo argumento acabaram por se desinteressar após terem sido expostos a ele, os que se mostram desinteressados e desinformados agem assim porque nunca foram expostos à informação relativa. Quanto mais as pessoas são expostas a um determinado argumento, mais aumenta seu interesse e, na medida em que este aumenta, mais as pessoas se sentem motivadas para saber mais a seu respeito. Em todo caso, embora o vínculo entre motivação e aquisição de conhecimento se encontre correlacionado com a possibilidade de exposição a certas mensagens (portanto, as pessoas desinteressadas em parte são expostas, na medida em que não têm sequer a possibilidade de acesso a essas mensagens), sempre permanece o fato de que o sucesso de uma campanha de informação depende do interesse que o público demonstra em relação ao argumento e da extensão dos setores de população não-interessada.

b. Exposição seletiva

Quais grupos de população são atingidos com mais facilidade pelo rádio, e quais pela imprensa escrita? O educador, como o publicitário, o organizador de uma campanha nacional, como o político, devem decidir se é mais eficaz o rádio ou a imprensa escrita para comunicar sua mensagem. Sendo assim, é indispensável saber as preferências dos diferentes grupos de população em relação aos meios de comunicação. Esse tipo de informação é igualmente relevante para a questão mais crucial segundo muitas pessoas, ou seja, o que o rádio fará pela sociedade?

A resposta depende em grande parte de qual estrato da população é submetido principalmente à influência do rádio e das condições que determinam se as pessoas ouvem-no ou não.

As reflexões sobre a contribuição do rádio para a educação das massas deveriam ser enriquecidas por uma análise das condições em que as "massas" se expõem ou não à educação mediante o rádio. Mais uma vez, portanto, grande parte do efeito de cada programa é predeterminada pela estrutura da audiência.

Eis um exemplo. O Federal Office of Education possui um excelente programa, "Immigrants All – Americans All", que descreve a contribuição dos diversos grupos étnicos para a cultura americana, com o objetivo de promover o espírito de tolerância e integração nacional. Se esse programa consegue ou não tornar os americanos nativos mais tolerantes em relação aos imigrados, trata-se, obviamente, de uma questão muito relevante. Suponhamos – e com motivos bem fundamentados – que a maioria dos ouvintes seja constituída dos próprios imigrados, que se sentem encorajados ao ouvir a descrição da importância da sua contribuição para esse país. Nessa altura, uma análise da estrutura e das motivações da audiência revela que o efeito do programa certamente não pode ser o pretendido originalmente, ou seja, de promover o espírito de tolerância nos nativos.

Os efeitos reais e potenciais do rádio devem, portanto, ser estudados em duas direções. A primeira é a de analisar quem ouve o quê e por quê. Em seguida, mas apenas em seguida, faz sentido estudar as mudanças causadas pelo rádio, se *as pessoas ouvem-no* (Lazarsfeld, 1940, p. 134) *[grifo meu].*

Essa longa citação – que, entre outras coisas, oferece um claro exemplo de como é elaborada a pesquisa administrativa – explicita com eficiência o problema central da exposição seletiva, verificado empiricamente em várias análises: os componentes da audiência tendem a se expor à informação que corresponde às suas opiniões e a evitar as mensagens que, inversamente, são diferentes. As campanhas de persuasão são recebidas sobretudo por indivíduos que já concordam com as opiniões apresentadas ou que, de todo modo, já apresentam alguma sensibilidade para os temas propostos. Também por causa disso, as campanhas fracassam e os efeitos da mídia não são tão relevantes como supunha a teoria hipodérmica: "Se as pessoas tendem a expor-se sobretudo às comunicações de massa de acordo com as próprias atitudes e com os próprios interesses, a evitar outros conteúdos e se, além disso, tendem a esquecer esses outros conteúdos tão logo os encontrem diante dos olhos, e se, por fim, tendem a deturpá-los mesmo quando se lembram deles, então é claro que a comunicação de massa muito provavelmente não mudará o ponto de vista desse público. Aliás, é certamente muito mais provável que ela reforce as opiniões preexistentes" (Klapper, 1963, p. 247).

Na realidade, do mesmo modo que ocorreu muitas vezes na *communication research*, a constante citação de poucas pesquisas transformou seus resultados em certezas, em leis rígidas, muito mais indiscutíveis do que parecem pela sua formulação original. O mesmo aconteceu com a exposição seletiva: a formulação-padrão desse mecanismo ilustra "a relação positiva, existente entre as opiniões dos indivíduos e o que eles escolhem para ouvir ou ler" (Lazarsfeld-Berelson-Gaudet, 1948, p. 164); desse modo, ela afirma sobretudo que a audiência compartilha em grande parte os pontos de vista próprios dos emissores, enquanto o mecanismo que essa formulação sugere é o de uma relação causal entre as opiniões do destinatário e seu comportamento fruitivo de comunicação de massa. Na verdade, este último ponto não é evidenciado claramente e de modo seguro pela pesquisa (Sears-Freedman, 1967): em alguns casos, de fato, a seletividade da exposição, em vez de ser explicada pela congruência entre os pontos de vista subjetivos e o conteúdo das comunicações, pode ser explicada com base em outras variáveis, como o nível de instrução, a profissão, o grau de consumo dos meios de comunicação de massa, a utilidade da comunicação a que nos expomos etc. Cada uma delas determina um certo grau de correlação com a exposição seletiva, com respeito à qual, portanto, os posicionamentos congruentes do indivíduo são apenas uma das causas da seletividade do consumo.

Em cada caso, a importância dessa conclusão acerca da não-indiferenciação do consumo de comunicação de massa está em ter evidenciado a complexidade da relação de comunicação, em oposição ao esquematismo da teoria hipodérmica precedente.

c. Percepção seletiva

"Os membros do público não se expõem ao rádio, ou à televisão, ou ao jornal num estado de nudez psicológica; ao contrário, eles são revestidos e protegidos por predisposições existentes, por processos seletivos e por outros fatores" (Klapper, 1963, p. 247).

A interpretação transforma e modela o significado da mensagem recebida, preparando-a para as opiniões e para os valores do destinatário, às vezes a ponto de mudar radicalmente o sentido da própria mensagem. O conhecido estudo de Cooper e Jahoda (1947) sobre as possibilidades de sucesso de uma série de desenhos animados ao se imprimir um significado antiracista no comportamento preconceituoso dos indivíduos revela justamente que uma reação comum para fugir do problema é a de "não compreender" a mensagem. O que as autoras chamam de *derailment of understanding* (ou "compreensão aberrante", cf. 1.9.2) pode seguir várias estratégias, entre as quais, por exemplo, a aceitação superficial do conteúdo do desenho animado, exceto para reforçar que em algumas circunstâncias concretas os preconceitos se justificam, ou para atribuir à mensagem uma representação incorreta da realidade, ou para qualificar a história representada pela mensagem justamente como sendo "apenas uma história", ou, enfim, para modificar o quadro de referência da situação narrada pelo desenho animado. Em todos esses casos, os mecanismos psicológicos que intervêm para reduzir fontes potenciais de tensão excessiva ou de dissonância cognitiva influenciam consideravelmente o processo de percepção do conteúdo das comunicações de massa: em relação ao estudo citado anteriormente, Kendall e Wolf ressaltam como pelo menos dois fatores psicológicos influem na incompreensão do significado da mensagem anti-racista. Em primeiro lugar, a segurança das próprias opiniões não gera a necessidade de distorcer o sentido do desenho animado para desarmar o processo de identificação com o personagem repleto de preconceitos; em segundo lugar, o uso a que se destina a compreensão pode evitar uma percepção seletiva que produza distorções: "Os indivíduos mais velhos, repletos de preconceitos, tinham apenas a possibilidade de identificar-se com Mr. Biggott, o personagem do desenho animado, expondo-se, portanto, à autocrítica. Para eles, por conseguinte, distorcer a compreensão era um meio de manter a própria auto-estima. Em contrapartida, para os indivíduos mais jovens, havia uma alternativa ulterior, dotada de recompensas positivas. *Estes podiam comparar Mr. Biggott aos próprios pais e, portanto, usar a compreensão que alcançavam do desenho como uma arma para combater os preconceitos paternos e para recusar a autoridade da geração paterna*" (Kendall-Wolf, 1949, p. 172).

Outro exemplo de mecanismos referentes à percepção seletiva é oferecido pelos chamados *efeitos de assimilação* ou *contraste*: tem-se o efeito de assimilação quando o destinatário capta as opiniões expressas na mensagem como mais próximas às suas do que na verdade o são. Essa percepção ocorre se, paralelamente, agem outras condições, tais como: *a.* uma diferença não excessiva entre as opiniões do indivíduo e as do emissor; *b.* um envolvimento escasso e um apego fraco por parte do destinatário em relação ao argumento da mensagem e às próprias opiniões a respeito; *c.* uma atitude positiva com o comunicador. Esses requisitos definem o chamado "campo de aceitação", que delimita o âmbito em que as opiniões expressas na mensagem são sentidas pelo destinatário como "objetivas" e "aceitáveis". O "campo de rejeição" define, por contraste, as condições opostas às supracitadas e determina uma percepção da mensagem como "propagandística" e "inaceitável", gerando um efeito de contraste que faz perceber a distância entre as próprias opiniões e as da mensagem como sendo maior do que realmente é (Hovland-Harvey-Sherif, 1957).

d. Memorização seletiva

Muitas pesquisas evidenciaram que a memorização das mensagens apresenta elementos de seletividade análogos aos vistos anteriormente. Os aspectos coerentes com as próprias opiniões e os próprios pontos de vista são memorizados em maior proporção do que os outros, e essa tendência acentua-se à medida que passa o tempo da exposição à mensagem. Bartlett (1932) demonstrou que, com o passar do tempo, a memorização seleciona os elementos mais significativos (para o indivíduo) em detrimento dos diferentes ou culturalmente distantes: o chamado "efeito Bartlett" refere-se, justamente, a um mecanismo específico na memorização das mensagens persuasivas. Se numa mensagem, junto às argumentações mais importantes em favor de um determinado assunto, também são apresentadas as argumentações contrárias, a lembrança destas últimas se enfraquece mais rapidamente do que a das argumentações principais, e esse processo de memorização seletiva contribui para acentuar a eficácia persuasiva das argumentações centrais (Papageorgis, 1963).

Semelhante ao efeito Bartlett é também o chamado "efeito latente" (*sleeper effect*): em alguns casos, enquanto logo após a exposição à mensagem a eficácia persuasiva revela-se quase nula, com o passar do tempo ela aumenta. Se no início o comportamento negativo do destinatário em relação à fonte constitui uma barreira eficaz contra a persuasão, a memorização seletiva atenua esse elemento, e os conteúdos da mensagem passam a persistir, aumentando pouco a pouco sua influência persuasiva (Hovland-Lumsdaine-Sheffield, 1949b).

Esses são alguns exemplos de um esforço de pesquisa voltado para a verificação experimental das variáveis psicológicas individuais e dos fatores de mediação, que precisamos levar em consideração ao organizar uma campanha informativa/persuasiva. Porém, sempre nessa perspectiva, os elementos relativos às mensagens também desempenham igual importância.

1.3.2 Os fatores ligados à mensagem

A propósito dos estudos sobre a melhor organização das mensagens com fins persuasivos, deve-se precisar que seus resultados vinculam-se quase sempre às variáveis explicitadas nos parágrafos precedentes. As conexões são constantes: o que se conhece a respeito de determinados assuntos influencia claramente as opiniões relativas, assim como as opiniões em relação a determinados temas obviamente influenciam o modo de organizar o conhecimento em torno deles, a quantidade e a sistematização de nova informação que se adquire sobre eles.

Mais do que duas linhas de pesquisa separadas, trata-se, portanto, de duas tendências distintas quanto à sua operação, mas conceitualmente unidas.

Para dar uma idéia sintética desse tipo de pesquisa, detenho-me em quatro fatores da mensagem: a credibilidade da fonte, a ordem das argumentações, o caráter exaustivo das argumentações, a explicitação das conclusões.

a. A credibilidade do comunicador

Os estudos experimentais sobre essa variável questionam-se se a reputação da fonte é um fator que influencia as mudanças de opinião que podem ser obtidas na audiência e, correlativamente, se a falta de credibilidade do emissor incide de modo negativo sobre a persuasão. Se mensagens idênticas possuem eficácia diferente em função do fato de serem atribuídas a uma fonte considerada confiável ou não (Lorge, 1936), a questão, evidentemente, é de notável importância para a elaboração de qualquer campanha informativa: um estudo de Hovland e Weiss (1951) procura justamente verificar se em quatro temas diferentes (o futuro do cinema após o advento da televisão; as causas da crise do aço; as possibilidades da construção de submarinos atômicos; a oportunidade da venda livre de anti-histamínicos), mensagens com os mesmos argumentos, porém com atribuições de fontes opostas, seriam diversamente eficazes. O êxito mais interessante da pesquisa é que, se medido logo após a fruição da mensagem, o material atribuído a uma fonte confiável produz uma mudança de opinião significativamente maior do que aquele atribuído a uma fonte pouco confiável. Se, por outro lado, a medição ocorre após um certo intervalo de tempo (quatro semanas), entra em cena o efeito latente (ver 1.3.1.d), e a influência da credibilidade da fonte considerada não fidedigna diminui à medida que se esvai a imagem da própria fonte e a sua falta de credibilidade, permitindo assim uma aprendizagem e uma assimilação maiores dos conteúdos.

Esse e outros estudos semelhantes determinam que o problema da credibilidade da fonte não concerne à quantidade efetiva de informação recebida, mas à aceitação das indicações que acompanham essa informação. Em outras palavras, a aprendizagem pode ocorrer, mas a escassa credibilidade da fonte seleciona sua aceitação.

b. A ordem das argumentações

Esse tipo de pesquisa tem por objetivo estabelecer se numa mensagem bilateral (ou seja, que contém argumentos a favor e contra uma certa posição) são mais eficazes as argumentações iniciais em favor de uma posição ou as finais, apoiando a posição contrária. Fala-se de *efeito primacy* caso se verifique a maior eficácia dos argumentos iniciais, e de *efeito recency* se, ao contrário, são mais influentes os argumentos finais.

A intenção é, portanto, estabelecer se são mais eficazes as argumentações em primeira ou segunda posição, numa mensagem em que os aspectos a favor e os contra encontram-se igualmente presentes. Quase todos os estudos sobre essa variável foram tentativas de verificar ou contradizer a chamada "lei da *primacy*" (Lund, 1925), segundo a qual a persuasão é influenciada principalmente pelos argumentos contidos na primeira parte da mensagem. Na realidade, muitos experimentos posteriores chegam a resultados contrastantes, sem poder afirmar com certeza a presença de um ou outro tipo de efeito. Isso significa que, conforme as diferentes condições experimentais (por exemplo o intervalo de tempo variável entre a comunicação e o levantamento dos efeitos; o intervalo de tempo variável entre as duas ordens de apresentação dos argumentos a favor e contra etc.), verificam-se tanto efeitos de *recency* quanto de *primacy*. Mesmo faltando tendências gerais unívocas, algumas correlações parecem, contudo, mais estáveis: em particular, o conhecimento e a familiaridade com o tema dão a impressão de caminhar *pari passu* com o efeito de *recency*, enquanto se os destinatários não têm nenhum conhecimento a respeito é mais provável que se apresente um efeito de *primacy*. Uma tendência análoga pode corresponder à variável do interesse dos indivíduos pelo assunto tratado nas mensagens. De todo modo, parece evidente que, se uma influência ligada à ordem de apresentação dos argumentos se manifesta a favor ou contra uma determinada conclusão, esta se correlaciona a inúmeras outras variáveis, que às vezes não permitem uma explicitação adequada.

c. O caráter exaustivo das argumentações

Este talvez seja o tipo de pesquisa mais conhecido nessa área específica: trata-se de estudar o impacto que a apresentação de um único aspecto ou de ambos os aspectos de um tema controverso produz, a fim de mudar a opinião da audiência.

Uma pesquisa realizada por Hovland-Lumsdaine-Sheffield (1949a) tem o objetivo de determinar a forma de persuasão mais adequada para convencer os soldados americanos de que a guerra teria sido produzida ainda por algum tempo antes da queda definitiva do eixo, sobretudo no *front* do Pacífico. Das duas mensagens radiofônicas elaboradas para esse fim, a primeira (*one side*) apresenta apenas os motivos que indicam o prolongamento da guerra além das expectativas excessivamente otimistas dos soldados, enquanto o segundo programa (quatro minutos mais longo) apresenta também (*both sides*) os argumentos acerca das vantagens e a considerável superioridade da máquina bélica americana sobre o exército japonês: em resumo, mesmo levando em consideração os fatores positivos da situação americana com respeito à japonesa, a mensagem sustenta que a guerra ainda será longa e dura.

Sinteticamente, os resultados são os seguintes:

> *1. Apresentar os argumentos de ambos os lados de um tema é mais eficaz do que fornecer apenas os argumentos relativos ao objetivo a respeito do qual se quer persuadir, no caso de pessoas que* inicialmente eram da opinião oposta *à apresentada.*
> *2. Para as pessoas que já estavam convencidas quanto à questão apresentada, a inclusão das argumentações de ambos os lados é menos eficaz para o grupo em seu conjunto do que a simples apresentação dos argumentos em favor da posição apresentada.*
> *3. Aqueles que possuem um grau de instrução mais elevado são mais favoravelmente influenciados pela apresentação de ambos os lados da questão; os que possuem um grau de instrução mais baixo são mais influenciados pela comunicação que apresenta apenas os argumentos em favor do ponto de vista sustentado.*
> *4. O grupo em relação ao qual a apresentação de ambos os lados do problema é minimamente eficaz compõe-se daqueles com grau mais baixo de instrução que já estão convencidos da posição colocada como objeto da mensagem.*
> *5. Um resultado secundário, mas importante, é que a omissão de um argumento relevante, nesse caso a contribuição da União Soviética para a conclusão da guerra, mostra-se mais perceptível e menos eficaz na apresentação que usa argumentos nos dois lados da questão do que na apresentação que oferece um único aspecto do problema* (Hovland-Lumsdaine-Sheffield, 1949a, p. 484).

d. A explicitação das conclusões

A dúvida que prevalece nesse campo de pesquisa é se é mais eficaz uma mensagem que explicite as conclusões a respeito das quais se quer persuadir, ou uma que, em contrapartida, as coloque implicitamente e as deixe para serem tiradas pelos destinatários.

Também nesse caso, é impossível definir uma resposta absoluta: as pesquisas desenvolvidas mostram algumas correlações tendencialmente estáveis entre esse aspecto particular da mensagem e outras variáveis psicológicas individuais. Uma delas diz respeito ao grau de envolvimento do indivíduo com o assunto tratado: quanto maior for o envolvimento, mais útil será deixar as conclusões implícitas. Do mesmo modo, quanto mais aprofundado for o conhecimento do público em relação ao assunto, ou quanto mais elevado for o nível de rendimentos intelectuais, menos necessária será a explicitação das conclusões. Em contrapartida, no que concerne a argumentos complexos e públicos que tenham pouca familiaridade com eles, as conclusões explícitas demonstram-se capazes de auxiliar a comunicação a se tornar persuasiva.

De modo geral, todos os estudos sobre a forma mais adequada da mensagem para fins de persuasão ressaltam que a eficácia da estrutura das mensagens muda conforme a variação de algumas características dos destinatários, e que os efeitos das comunicações de massa dependem essencialmente das interações que se instauram entre esses fatores. Confrontada com a teoria hipodérmica, a teoria da mídia, vinculada às pesquisas psicológico-experimentais, redimensiona a capacidade indiscriminada dos meios de comunicação de manipular o público: caracterizando a complexidade dos fatores que intervêm na determinação da resposta ao estímulo, atenua-se a inevitabilidade de efeitos maciços; explicitando as barreiras psicológicas individuais que os destinatários ativam, evidencia-se a não-linearidade do processo de comunicação; ressaltando a peculiaridade de cada receptor, analisam-se os motivos da ineficácia dessas campanhas. Porém, não obstante esses fatores e segundo essa teoria, a mídia, em princípio, pode obter influência e exercitar persuasão: estas não são indiscriminadas e constantes, nem se justificam pelo simples fato de ter havido transmissão de mensagens. A influência e a persuasão requerem que estejamos atentos ao nosso público e às suas características psicológicas e nos impõem a tarefa de estruturar as campanhas sem deixar de considerar essa atenção; uma vez satisfeitas essas condições, os meios de comunicação de massa podem produzir efeitos consideráveis.

A persuasão age por intermédio de percursos complicados, mas as comunicações de massa a exercitam.

1.4 A abordagem empírica em campo ou "dos efeitos limitados"

Para esta teoria dos meios de comunicação de massa, que segue uma orientação sociológica, também vale o que foi dito no item 1.3 a respeito da abordagem psicológica: seu desenvolvimento foi constantemente entrelaçado com as elaborações contemporâneas da pesquisa experimental, e é difícil, portanto, separá-lo dos campos de autonomia plena. Quanto à teoria precedente, porém, essa fase dos estudos da mídia marcou de modo mais relevante a história da *communication research*: as aquisições mais significativas dessa teoria dos meios de comunicação de massa transformaram-se em "clássicos" e perpetuam sua presença em toda resenha crítica da literatura da mídia. Nem mesmo este trabalho faz exceção a essa prática.

A perspectiva que caracteriza o início da pesquisa sociológico-empírica sobre as comunicações de massa refere-se globalmente a toda a mídia do ponto de vista da sua capacidade de influência sobre o público: no entanto, dentro dessa dúvida geral, já se encontra presente a atenção para a capacidade diferenciada de cada meio de exercer individualmente influências específicas. O problema fundamental é ainda o dos efeitos da mídia, mas não mais nos mesmos termos das teorias precedentes. O rótulo "efeitos limitados" indica não apenas uma avaliação diversa sobre a quantidade de efeito, mas também uma configuração própria, quantitativamente diferente. Se a teoria hipodérmica falava de *manipulação* ou propaganda, e se a teoria psicológico-experimental ocupava-se de *persuasão*, esta teoria fala de *influência*, e não apenas da exercida pela mídia, mas da mais geral, que "flui" nos relacionamentos comunitários, da qual a influência das comunicações de massa é apenas um componente, uma parte.

Como se verá com a ilustração de alguns exemplos específicos, o contexto social desta teoria da mídia é claramente de tipo administrativo, e ela está sempre atenta à dimensão prático-aplicativa dos problemas indagados. Mas esse ponto é menos simples do que freqüentemente se costuma apresentar, sobretudo a respeito do problema da importância teórica da própria pesquisa administrativa. Outros aspectos desta teoria também já chegaram a ser interpretados de forma reduzida, como se se tratasse de pesquisas voltadas apenas ao problema dos efeitos, enquanto os trabalhos mais significativos dessa área estudam, na realidade, fenômenos sociais mais amplos, como a dinâmica dos processos de formação das opiniões políticas.

O "coração" da teoria da mídia, ligada à pesquisa sociológica em campo, consiste de fato em unir os processos de comunicação de massa às características do contexto social em que eles se realizam. A partir desse ponto de vista, completa-se a revisão crítica da teoria hipodérmica.

É possível determinar duas correntes de inspiração sociológico-empírica na teoria da mídia: a primeira refere-se ao estudo da composição diferenciada dos públicos e dos seus modelos de consumo de comunicação de massa; a segunda – e mais significativa – compreende as pesquisas a respeito da mediação social que caracteriza esse consumo. Tanto em relação à primeira quanto à segunda corrente, abordaremos de forma sintética os temas mais relevantes.

1.4.1 As pesquisas sobre o consumo dos meios de comunicação de massa

O caráter descritivo desses trabalhos relaciona-se obviamente à sua natureza "administrativa", mas isso não impede que eles também tenham uma relevância teórica incontestável.

Um exemplo muito claro encontra-se no estudo de Lazarsfeld, *Radio and the Printed Page. An Introduction to the Study of Radio and Its Role in the Communication of Ideas* (1940). A pesquisa, financiada pela Rockefeller Foundation, analisa o papel desenvolvido pelo rádio em relação a diversos tipos de público e apresenta um esforço constante de correlacionar as características dos destinatários com as dos programas preferidos pelo público e com a análise dos motivos pelos quais a audiência ouve esses programas em vez de outros (com particular referência ao *serious listening*, oposto aos programas de puro entretenimento). O cruzamento contínuo entre: *a.* a finalidade prática da pesquisa (saber por que as pessoas ouvem certos programas), *b.* sua importância teórica (determinar a melhor conceituação dos problemas), *c.* a necessidade de uma metodologia adequada (conceber um projeto global da pesquisa, congruente com a estrutura conceitual), é ilustrado pelo seguinte trecho:

> *Como estudar a atração dos programas.*
>
> *Existem três maneiras diferentes de saber o que um programa significa para o público. Se possível, todas deveriam ser empregadas juntas.*
>
> Análise de conteúdo
> *A primeira maneira é partir de uma análise do conteúdo do programa. O procedimento permite inferências sobre aquilo que os ouvintes extraem do conteúdo, ou pelo menos consente eliminar outras possibilidades. Pode-se certamente supor que as pessoas não ouçam conversas sobre a história da arte grega para delas tirar conselhos sobre como cozinhar [...]*
>
> Características dos ouvintes
> *A segunda maneira de saber o que o programa significa para os ouvintes é conduzir uma atenta* análise diferencial dos vários grupos de ouvintes. *Acaba-se por descobrir mui-*

> *to sobre as diferenças entre sexo, idade e grupos sociais. Se um programa é ouvido mais por um grupo social do que por outros, é possível compreender a natureza do seu apelo. Suponhamos, por exemplo, que entre duas comédias a* audiência *de uma seja composta de pessoas com um nível de escolaridade mais alto do que o da audiência da outra: pode-se deduzir que a primeira comédia oferece um gênero de humor mais sofisticado do que a segunda [...]*
>
> Estudos sobre as gratificações
> *Pode-se perguntar diretamente às pessoas o que o programa significa para elas (ou seja, por que o ouvem), e suas respostas podem constituir um ponto de partida para pesquisas ulteriores. Essa análise das gratificações deveria ser cumprida em múltiplos níveis [...] O ouvinte médio não é capaz de uma boa introspecção, mas algumas informações que fornece podem ser imediatamente pertinentes [...] O primeiro nível da simples descrição da experiência de audição pode conduzir ao nível da conceituação [...]*
> *A posição metodológica da análise das gratificações é ser uma das três abordagens complementares ao problema do que um programa significa para o próprio público [...]*
> *Os três modos de estudar o apelo dos programas encontram-se estreitamente inter-relacionados. Uma análise do conteúdo sem dúvida fornecerá indicações sobre o que o programa pode significar para os ouvintes. Mas, se isso realmente ocorrer, deverá ser descoberto por meio de uma pesquisa voltada aos próprios ouvintes. Por outro lado, toda atração que tenha sido reconstruída a partir da introspecção dos ouvintes deve ser verificada. E isso pode ser feito apenas ao se prefigurar que certos tipos de público apreciarão ou evitarão o programa e, por sua vez, essa previsão conduzirá ao problema de como é estratificada a audiência* (Lazarsfeld, 1940, pp. 55-93).

A pesquisa que visa estudar o tipo de consumo do público em relação às comunicações de massa apresenta-se, portanto – desde o início –, como uma análise conceitualmente mais complexa do que uma simples revelação quantitativa: é impossível separar esse aspecto dos muitos outros que a ele se relacionam, inclusive o dos efeitos. Para descrever estes últimos, antes é necessário saber quem segue certo meio de comunicação e por quê.

A esse propósito, Lazarsfeld (1940) fala (em relação ao rádio, mas o assunto pode ser generalizado) de *efeitos pré-seletivos* e de *efeitos sucessivos*: em primeiro lugar, o rádio seleciona o próprio público e apenas posteriormente exerce alguma influência sobre ele. Sendo assim, a análise dos fatores que explicam as preferências de consumo para um certo meio ou para um gênero específico une-se estreitamente à análise da estratificação dos grupos sociais que manifestam esses hábitos de consumo. Ao longo dessa linha de tendência – que antecipa um desenvolvimento posterior da pesquisa sobre a mídia, a chamada hipótese dos "usos e gratificações": ver 1.5 –, colocam-se numerosos estudos a respeito de alguns temas dominantes, realizados em vários lugares. Entre eles, por exemplo, o problema da variação no consumo de comunicações de massa em relação a características do público, como idade, sexo, profissão, classe social, nível de escolaridade etc. Outro aspecto muito analisado é o estabelecimento no público de modelos de expectativas, preferências, avaliações e comportamentos para cada meio de comunicação ou gêneros específicos dentro de um meio de comunicação, em relação às características socioculturais que estruturam a audiência.

Devido à quantidade consistente de dados e de uma certa fragmentação na elaboração dos trabalhos, não é possível fornecer sínteses exaustivas e conclusivas a respeito desse tipo de pesquisa: de todo modo, uma indicação fundamental acaba sendo confirmada. Isso significa que o estudo das comunicações de massa – mesmo no que se refere apenas ao tema dos efeitos – aproxima-se sempre mais de ser um estudo sobre os processos e fenômenos de comunicação socialmente vinculados. Em outros termos, para compreender as comunicações de massa, é necessário focalizar a atenção no âmbito social mais amplo em que elas agem e de que fazem parte.

1.4.2 O contexto social e os efeitos dos meios de comunicação de massa

Num trabalho conduzido durante a Segunda Guerra Mundial a respeito dos efeitos obtidos pela propaganda aliada dirigida às tropas alemãs para convencê-las a depor as armas, Shils e Janowitz (1948) evidenciam o ponto fundamental que caracteriza essa corrente de estudos: a eficácia dos meios de comunicação de massa pode ser analisada apenas dentro do contexto social em que estes agem. Sua influência deriva mais das características do sistema social a eles circunstante do que do conteúdo que difundem.

Os efeitos provocados pelos meios de comunicação de massa "dependem das forças sociais que prevalecem num determinado período" (Lazarsfeld, 1940, p. 330): a teoria dos efeitos limitados desloca, portanto, o acento de um *nexo causal direto* entre propaganda de massa e manipulação da audiência para um *processo mediato de influência*, em que as dinâmicas sociais se cruzam com os processos de comunicação. Na verdade, as pesquisas mais famosas e conhecidas que expõem essa teoria não estão nem mesmo voltadas a estudar especificamente os meios de comunicação de massa, mas fenômenos mais amplos, ou seja, os processos de formação de opinião dentro de determinadas comunidades sociais. O "arquétipo" desses estudos (Lazarsfeld-Berelson-Gaudet, 1944) tem como título *The People's Choice. How the Voter Makes up his Mind in a Presidential Campaign* (A escolha das pessoas. Como o eleitor elabora as próprias decisões numa campanha presidencial): o objetivo da pesquisa é definir motivos e modalidades com que se formam as opiniões políticas no desenvolvimento da campanha presidencial de 1940, numa comunidade do estado de Ohio (Erie County).

A pesquisa se articula com base em problemas como o papel do *status* socioeconômico, da religião a que se pertence, faixa etária e de outros fatores sociológicos na predisposição das orientações de voto, ou na correlação entre o grau de interesse, de motivação, de participação na campanha eleitoral e o grau de exposição a ela reservada. Os mesmos resultados pelos quais este trabalho permaneceu na história da *communication research* – ou seja, a "descoberta" dos líderes de opinião e o fluxo de comunicação em dois níveis – são elementos parciais dentro de fenômenos mais vastos: mais precisamente, ao se articular (juntamente com todas as variáveis socioeconômico-culturais precedentes) o grau de participação e de envolvimento na campanha, observa-se que o grau máximo de interesse e de conhecimento a respeito do tema é apresentado por alguns indivíduos "muito envolvidos e interessados no tema e dotados de mais conhecimento sobre ele. Chamá-los-emos de líderes de opinião" (Lazarsfeld-Berelson-Gaudet, 1944, p. 49). Estes representam a parte da opinião pública que tenta influenciar o resto do eleitorado e que mostra uma reação e uma resposta mais atentas aos eventos da campanha presidencial.

Os líderes de opinião constituem o setor da população – transversal quanto à estratificação socioeconômica – mais ativo na participação política e mais decidido no processo de formação das opiniões de voto. Dentro dessa dinâmica geral de formação das opiniões políticas em relação aos fatores econômicos, culturais, de motivação e intelectuais dos indivíduos examinados, o efeito global da campanha presidencial em sua totalidade – estando inclusos, portanto, "os discursos, os eventos, os documentos escritos, as discussões, todo o material de propaganda" (Lazarsfeld-Berelson-Gaudet, 1944, p. 101), e não apenas as comunicações de massa – procede em três direções: um *efeito de ativação* (que transforma as tendências latentes em comportamento efetivo de voto), um *efeito de reforço* (que preserva as decisões tomadas, evitando mudanças nas opiniões) e um *efeito de conversão* (limitado, porém, pelo fato de que as pessoas mais expostas e atentas à campanha eleitoral são também as que já possuem opiniões de voto bem articuladas e solidificadas, enquanto as que estão mais incertas e dispostas à mudança são também as que "consomem" menos campanha eleitoral). O efeito de conversão ativado pela mídia realiza-se "mediante uma redefinição dos problemas [...] Problemas sobre os quais as pessoas citadas anteriormente haviam refletido muito pouco ou aos quais haviam dedicado uma atenção limitada assumem um novo relevo a partir do momento em que são colocados em evidência pela propaganda. Dessa maneira, a comunicação política pode ocasionalmente infringir a fidelidade tradicional de partido" (Lazarsfeld-Berelson-Gaudet, 1944, p. 98).

Para além da ilustração desse mecanismo, que antecipa em mais de trinta anos a hipótese da "agenda-setting" (ver 2.2), as conclusões de Lazarsfeld-Berelson-Gaudet ressaltam, de um lado, a estabilidade nos processos de formação das opiniões políticas (metade do eleitorado examinado sabia como votar mesmo antes do início da campanha) e, de outro, as conexões entre esta tendência individual e a rede de relações sociais significativas de cada assunto. É internamente a essas relações sociais que a tendência para desenvolver opiniões compartilhadas pelos outros componentes do grupo salienta a existência dos líderes de opinião e sua função de mediadores entre os meios de comunicação de massa e os outros indivíduos menos interessados que possuem uma participação menor na campanha presidencial (os não-líderes ou sequazes). O fluxo da comunicação em dois níveis (*two-step flow of communication*) é determinado justamente pela mediação que os líderes desenvolvem entre a mídia e os outros indivíduos do grupo.

A oposição entre a teoria hipodérmica e o modelo do *two-step flow* pode ser representada graficamente do seguinte modo:

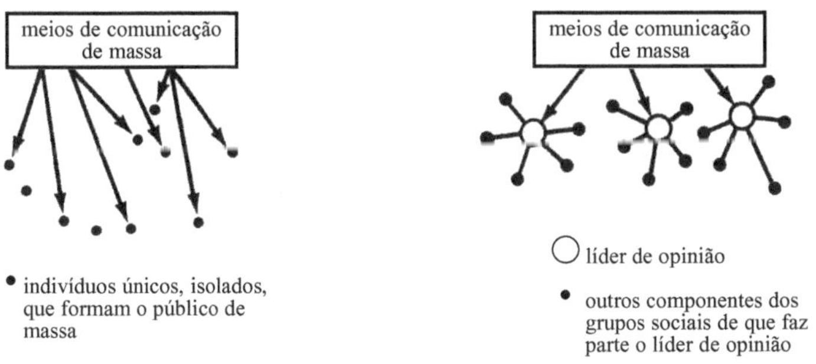

(citado por Katz-Lazarsfeld, 1955)

Mas os líderes de opinião e o fluxo de comunicação em dois níveis são apenas *um* dos modos em que se formam as opiniões do indivíduo dentro das relações estáveis de grupo: outro modo é o da cristalização (ou emersão) das opiniões.

> *As situações sociais, das quais a campanha política é um exemplo entre tantos outros, requerem constantemente a elaboração de ações ou opiniões. E os membros de um grupo fazem frente a essas exigências, mesmo se não houver nenhum indivíduo particularmente influente a quem se possa dirigir para um conselho.* Acima e além da liderança de opinião, existem as interações recíprocas dos componentes do grupo, que reforçam as opiniões ainda indeterminadas de cada pessoa. Na base dessas interações, cristaliza-se a distribuição de opiniões e pontos de vista articulados (Lazarsfeld-Berelson-Gaudet, 1944, XXXV) [grifo meu].

O líder de opinião e o fluxo de comunicação em dois níveis são, portanto, apenas uma modalidade específica de um fenômeno de ordem geral: na dinâmica que produz a formação da opinião pública – dinâmica de que participam também os meios de comunicação de massa –, o resultado global não pode ser atribuído aos indivíduos considerados isoladamente, mas deriva da rede de interações que une as pessoas umas às outras. Os efeitos dos meios de comunicação de massa são compreensíveis apenas a partir da análise das interações recíprocas entre os destinatários: os efeitos da mídia se realizam como parte de um processo mais complexo, que é o da influência pessoal. Cumpre-se, assim, uma inversão total de posições a respeito da teoria hipodérmica inicial: não apenas a avaliação sobre a consistência dos efeitos é diversa, mas, de modo mais significativo, a lógica do efeito é oposta. No primeiro caso, ela era interna unicamente a uma dinâmica reativa entre estímulo e resposta: agora ela se apóia e se encontra inserida num ambiente social inteiramente marcado por interações e processos de influência pessoal em que a personalidade do destinatário se configura também com base em seus grupos de referência (familiares, amigos, profissionais, religiosos etc.). O conceito de "massa" parece, portanto, ter exaurido sua função heurística dentro da *communication research.*

No entanto, os efeitos também são limitados do ponto de vista da qualidade e da consistência: de fato, os efeitos de reforço prevalecem sobre os de conversão, e sobretudo a influência pessoal que se desenvolve nas relações intersubjetivas parece mais eficaz do que a que deriva diretamente da mídia. A natureza variada da influência pessoal em relação à impessoal dos meios de comunicação de massa determina sua maior eficácia, que deriva do fato de estar inextricavelmente ligada e radicada na vida do grupo social. Se é verdade que os mais indecisos nas próprias opiniões de voto são também os que menos se expõem à campanha da mídia, os contatos pessoais são mais eficazes do que os meios de comunicação de massa justamente porque eles também podem atingir os potencialmente mais predispostos à mudança de opinião. Se a comunicação de massa encontra inevitavelmente o obstáculo da exposição e da percepção seletivas, a comunicação interpessoal, por sua vez, apresenta um grau maior de flexibilidade diante das resistências do destinatário. Se a credibilidade da fonte incide sobre a eficácia de uma mensagem persuasiva, é provável que a fonte impessoal dos meios de comunicação de massa se encontre em desvantagem quanto às fontes bem conhecidas das relações interpessoais; além disso, enquanto uma mensagem da campanha eleitoral é sentida como tendo sido voltada a um objetivo bastante preciso, a influência que deriva das relações pessoais pode ser (ou parecer) menos ligada a finalidades específicas de persuasão. É esta *natureza particular da influência pessoal* (Lazarsfeld-Berelson-Gaudet, 1944) que a favorece com respeito à eficácia da mídia, limitando, assim, os seus efeitos.

Na minha opinião, a indicação fundamental dessa teoria, que representa uma aquisição definitiva para a *communication research*, não concerne tanto à limitação dos efeitos quanto à radicação completa e total dos processos de comunicação de massa dentro de esferas sociais muito complexas, em que variáveis econômicas, sociológicas e psicológicas interagem incessantemente.

Estudos posteriores, como o de Merton, a respeito dos líderes de opinião (1949a), também se movem dentro dessa perspectiva: a tentativa de Merton é de fato descrever articuladamente a estrutura de influência e os seus líderes, numa determinada comunidade, em relação ao consumo de comunicação de massa. Uma pesquisa "administrativa" (baseada na exigência de um semanário de saber se entre os próprios leitores haveria, em medida significativa, indivíduos-chave da estrutura de influência pessoal) transforma-se na tarefa teórica de conceituar coerentemente a tipologia dos líderes de opinião. Com efeito, a análise qualitativa dos influentes é fundada sobre o tipo de orientação que eles mostram quanto à comunidade em que agem ou, ao contrário, quanto aos contextos sociais mais amplos. A diferença entre líder de opinião local e cosmopolita[5] baseia-se em algumas características na estrutura das relações sociais, nas "carreiras" seguidas para se chegar à função de influentes, no tipo de consumo que eles fazem da comunicação de massa. À orientação localista da liderança correspondem uma vida constantemente vivida na comunidade, relações sociais tendencialmente indiferenciadas, que levam o líder de opinião a conhecer o maior número possível de pessoas, uma participação em organizações formais, na medida em que estas funcionam principalmente como centros de contatos interpessoais, um tipo de influência que se baseia em conhecer os outros mais do que em ter competências específicas; por fim, um consumo de comunicações de massa que exclui as revistas de maior empenho e sobretudo enfatiza o "lado humano" das mensagens fornecidas pela imprensa ou pelo rádio, o aspecto personalista, as anedotas.

O líder de opinião de tipo local exerce ainda influência sobre diversas esferas temáticas. Como diz Merton, é polimórfico.

5. Os termos que indicam os dois diferentes tipos de influentes derivam diretamente da distinção de Tönnies entre *Gemeinschaft* (a pequena comunidade integrada, tradicional) e *Gesellschaft* (a sociedade moderna, impessoal, da crescente diferenciação social).

Uma orientação oposta caracteriza o líder cosmopolita: qualitativo e seletivo na rede das suas relações pessoais, viveu grande parte da sua vida fora da comunidade a que chegou quase como um "estrangeiro", mas é dotado de competências específicas e, portanto, de autoridade que, no entanto, tende a ser exercida apenas em áreas temáticas particulares (o que o torna um líder monomórfico). Além de os gêneros de comunicação de massa que ele consome serem mais "elevados", as funções cumpridas por esse consumo são diferentes das próprias ao líder local (que em grande parte baseia a sua influência no fato de ser um pouco conhecido por todos na comunidade). A análise complexa de Merton encontra-se voltada a explicitar como a orientação fundamental dos processos de influência pessoal está radicada na estrutura social, embora não seja mecanicamente determinada por esta: conseqüentemente, para poder estudar o peso e a função da comunicação de massa dentro da estrutura de influência pessoal, é necessário "integrar as análises em termos de 'atributos pessoais' dos destinatários com as análises das suas 'funções sociais' e das suas implicações com respeito às redes de relações interpessoais" (Merton, 1949a, p. 207).

De modo geral, portanto, a teoria da mídia ligada à abordagem sociológica e empírica sustenta que *a eficácia da comunicação de massa é largamente vinculada a e dependente de processos de comunicação internos à estrutura social em que vive o indivíduo e que não são efetuados pela mídia.*

Nesse quadro, a capacidade de influência da comunicação de massa limita-se sobretudo ao reforço de valores, comportamentos, opiniões, mais do que a uma capacidade real de modificá-los ou manipulá-los (Klapper, 1960).

Alguns aspectos desse modelo – principalmente os relativos à figura dos líderes de opinião – concentraram muitos esforços de verificação ulterior: por exemplo, se de um lado, no estudo de Merton (1949a), ressalta-se que o processo de influência pessoal também ocorre horizontalmente – "poucos indivíduos no vértice [da estrutura de influência] podem ter uma quantidade *individual* considerável de influência, mas o acúmulo total de influência exercido por esse grupo restrito pode ser inferior à exercida pelo grande número de pessoas que se colocam nos degraus inferiores da estrutura de influência" (Merton, 1949a, p. 210) –, de outro, estudos posteriores presumiram que as correntes de influência são mais longas e articuladas do que a hipótese inicial do fluxo em dois níveis fizesse pensar. Além disso, se de um lado o líder de opinião parece ser mais ativo e interessado na esfera temática em que influi, de outro é altamente improvável que os indivíduos influenciados estejam muito distantes do líder em relação ao seu nível de interesse: quanto a âmbitos temáticos diversos, os influenciados e os influentes podem ainda trocar as funções entre si (Katz, 1957).

Há outro aspecto da teoria dos efeitos limitados a ser evidenciado: do ponto de vista da presença e da difusão dos meios de informação, o contexto social a que se refere essa teoria era profundamente diferente do atual. A hipótese do fluxo de comunicação em dois níveis pressupõe uma situação de comunicação caracterizada por uma baixa difusão de comunicação de massa, bastante diferente do que ocorre hoje. Nos anos 40, a presença relativamente limitada dos meios de comunicação de massa na sociedade enfatiza o papel de difusão desenvolvido pela comunicação interpessoal: a situação atual apresenta, por sua vez, níveis de quase-saturação na difusão da mídia. Alguns dados para salientar a diversidade: nos Estados Unidos, entre 1940 (ano da pesquisa de Lazarsfeld-Berelson-Gaudet) e 1976, no setor dos cotidianos, passa-se de 1.878 a 1.762 jornais; quanto às publicações periódicas, de 6.432 (1940) a 9.872 (1976); as emissoras de rádio em 1940 eram 765, em 1976 passam a 4.463; em 1947 (primeiro ano em que os dados se encontram disponíveis), as estações de televisão associadas às *networks* eram 4, em 1976 eram 613 (Sterling-Haight, 1978). Excetuando-se a queda nos cotidianos, o aumento global na oferta de mídia parece, portanto, muito elevado. "Nos últimos vinte anos, a televisão se impôs como meio predominante de comunicação de massa e mudou radicalmente o uso do tempo livre. Com isso, o sistema de comunicação de massa diferenciou-se consideravelmente. Os líderes de opinião foram quase totalmente dispensados da sua função de filtro, em conseqüência da difusão de temas, informações e opiniões" (Böckelmann, 1975, p. 123). É provável, portanto, que a maior parte das mensagens das comunicações de massa seja recebida de modo direto, sem passar do nível de comunicação interpessoal para se difundir: esta última apresenta-se mais como "conversação" sobre o conteúdo da mídia (*opinion-sharing*) do que como instrumento da passagem de influência da comunicação de massa a cada destinatário (*opinion-giving*). Sendo assim, é provável que, ao se manter intacta a conclusão geral da teoria dos efeitos limitados – *a eficácia das comunicações de massa deve ser estudada em relação ao contexto de relações sociais em que opera a mídia* –, a hipótese específica dos dois níveis de comunicação seja reformulável, levando-se em conta a mudança de situação quanto à distribuição, à penetração, à competitividade e portanto também quanto à eficácia dos próprios meios de comunicação de massa.

Como conclusão, pode-se dizer que o modelo da influência interpessoal salienta, de um lado, a não-linearidade do processo com que se determinam os efeitos sociais da mídia e, de outro, a seletividade intrínseca à dinâmica de comunicação: nesse caso, porém, a seletividade encontra-se menos vinculada aos mecanismos psicológicos do indivíduo (como na teoria precedente) do que à rede de relações sociais que constituem o ambiente em que ele vive e que dão forma aos grupos de que faz parte.

1.4.3 Retórica da persuasão ou efeitos limitados?

O segundo e o terceiro modelos de pesquisa sobre a mídia (psicológico-experimental e sociológica em campo) determinam-se a verificar empiricamente a consistência e o alcance dos efeitos que as comunicações de massa obtêm. Os resultados são contrastantes: mesmo explicitando as defesas individuais e analisando os motivos do fracasso de algumas campanhas persuasivas, os estudos experimentais salientam a possibilidade de se obter efeitos de persuasão, contanto que as mensagens sejam estruturadas de modo adequado às características psicológicas dos destinatários. Os efeitos não são automáticos nem mecânicos e, no entanto, permanecem possíveis e significativos, se os fatores que os podem anular são bem conhecidos. Os estudos em campo explicitam, em contrapartida, a pouca relevância dos meios de comunicação de massa em relação aos processos de interação social.

A diversidade das conclusões esconde, na verdade, um fator crucial no estudo dos processos de comunicação: a *situação de comunicação*. Esta é articulada de modo bastante diferente nas duas abordagens, e isso provoca a configuração díspar do próprio processo dos efeitos. Hovland (1959), num ensaio intitulado significativamente de *Reconciling Conflicting Results Derived from Experimental and Survey Studies of Attitude Change* (Como integrar os resultados contraditórios derivados dos estudos experimentais e em campo a respeito da mudança de atitudes), nota que a importância diferente conferida pelas duas abordagens aos efeitos obtidos a partir da mídia vincula-se às características de cada método de pesquisa.

Alguns elementos que definem o processo de comunicação mudam significativamente de uma situação para outra: por exemplo, a própria definição de exposição à mensagem é diferente. Enquanto na situação experimental os indivíduos que compõem a amostra são todos igualmente expostos à comunicação, na "situação natural" da pesquisa em campo a audiência é limitada aos que se expõem voluntariamente à comunicação, de modo que um dos motivos que explicam a discordância dos resultados é que "o experimento descreve os efeitos da exposição sobre o inteiro arco de pessoas estudadas (algumas das quais inicialmente são a favor da posição mantida na mensagem, enquanto outras discordam), ao passo que as pesquisas em campo, por sua vez, descrevem primariamente os efeitos produzidos sobre as pessoas que já são favoráveis ao ponto de vista sustentado na comunicação. A importância da mudança é, portanto, naturalmente inferior nas pesquisas em campo" (Hovland, 1959, p. 498), devido à incidência da exposição seletiva.

Uma segunda diferença relevante entre os dois métodos concerne ao tipo de tema ou de argumento sobre o qual se avalia a eficácia dos meios de comunicação de massa. No experimento de laboratório, são estudadas essencialmente algumas condições ou fatores cujo impacto sobre a eficácia da comunicação se quer verificar. Desse modo, tenta-se deliberadamente escolher temas que impliquem atitudes e comportamentos suscetíveis de modificação mediante a comunicação; do contrário, corre-se o risco de não produzir nenhum efeito mensurável e, portanto, nenhuma possibilidade de comparação quanto à eficácia da variável submetida à pesquisa (lembro, por exemplo, argumentos como o futuro do cinema após o advento da televisão ou as causas da crise do aço etc.; ver 1.3.2). Ao contrário, a pesquisa em campo diz respeito aos comportamentos dos indivíduos em relação a temas mais significativos e radicados profundamente em sua personalidade (por exemplo, os comportamentos eleitorais, as inclinações políticas) e, portanto, mais dificilmente influenciáveis. A menor centralidade dos argumentos usados nos experimentos facilita sem dúvida a conversão de opiniões, incrementada, por sua vez, pelo fato de que se trata de temas em relação aos quais a fonte das mensagens é apresentada como versada na matéria, e não como fonte que visa essencialmente influenciar as opiniões, o que já ocorre no caso das campanhas eleitorais estudadas nas pesquisas em campo. O resultado destas e de outras diversidades no plano dos dois tipos de pesquisa faz com que as contradições, ou melhor, as divergências entre os resultados sobre os efeitos dos meios de comunicação de massa devam ser reconduzidas, portanto, principalmente a uma "definição diferente da situação de comunicação [...] e a diferenças no tipo de comunicador, de público e de temas utilizados" (Hovland, 1959, p. 509).

Enquanto a pesquisa experimental tende, pela sua própria elaboração, a enfatizar as relações causais diretas entre duas variáveis de comunicação, em detrimento da complexidade característica da situação de comunicação, a pesquisa feita em campo aproxima-se mormente do estudo naturalista dos contextos de comunicação e é mais atenta à multiplicidade dos fatores presentes simultaneamente e às correlações existentes entre eles, sem, no entanto, poder estabelecer com eficácia nexos causais precisos.

A *definição da situação de comunicação* torna-se, portanto, uma variável relevante ao se focalizarem certos elementos em vez de outros, no processo de comunicação de massa: a indicação preciosa de Hovland não parece, porém, ter sido considerada adequadamente, mesmo em períodos posteriores da *communication research*. Aquilo que, vez por outra, a pesquisa pôs à mostra em relação ao problema dos efeitos sempre foi pensado em termos de aquisições globais e gerais, reciprocamente incompatíveis (se a perspectiva é "apocalíptica", os efeitos caracterizados e imaginados são de um certo tipo; se, por outro lado, o comportamento é "integrado", a perspectiva quanto aos efeitos opõe-se à precedente).

A evolução das asserções acerca da eficácia dos meios de comunicação de massa apresentou-se tendencialmente mais em termos de "descobertas" posteriores, que a cada vez substituíam as posições precedentes, do que como um conhecimento que se organizava (também) segundo o modo de conceituar e determinar operativamente as variáveis em questão. A preponderância do primeiro tipo de comportamento é confirmada por uma observação sobre a relação que historicamente se determinou entre os principais paradigmas da pesquisa e as condições sociais, econômicas e culturais do contexto em que ela se desenvolveu. Há uma espécie de caráter cíclico na presença e no retorno de alguns "climas de opinião" (e relativas tendências de pesquisa) sobre o tema da capacidade dos meios de comunicação de massa de influenciar o público. Esse caráter vincula-se às transformações da sociedade, da ordem institucional e organizacional da mídia, às circunstâncias históricas dentro das quais os meios agem. As teorias a respeito da influência da mídia apresentam um andamento oscilatório: partem de uma atribuição de forte capacidade manipulativa, passam depois por uma fase intermediária, na qual o poder de influência é redimensionado de modo variado, e por fim repropõem nos últimos anos posições que atribuem aos meios de comunicação de massa um efeito considerável, ainda que motivado diferentemente do afirmado na teoria hipodérmica. "Os efeitos da mídia eram considerados relevantes nos anos 30, devido à Depressão e ao fato de que a situação política que determinou a guerra criava um terreno fértil para a produção de um certo tipo de efeitos. Do mesmo modo, a tranqüilidade dos anos 50 e 60 conduzia a um modelo de efeitos limitados. Ao final dos anos 60, um período de conflitos, tensões políticas e crise econômica contribuiu para tornar a estrutura social fundamentalmente vulnerável e permeável à comunicação dos meios de massa" (Carey, 1978, p. 115).

O modo de pensar o papel da comunicação de massa parece estreitamente ligado ao clima social que qualifica um determinado período histórico: às mudanças desse clima correspondem oscilações no comportamento a respeito da influência da mídia.

No entanto, para além dessas transformações e aquém da descontinuidade entre um clima de opinião e outro, na heterogeneidade dos resultados e das disposições quanto aos efeitos sociais da comunicação de massa, há uma coerência que se vincula ao modo como estes são definidos e estudados operativamente. A tentativa de Hovland de buscar continuidade onde aparentemente predominam fragmentação e discordância representa uma indicação útil a ser acolhida também em relação a outros problemas.

1.5 A teoria funcionalista das comunicações de massa

A teoria funcionalista dos meios de comunicação de massa representa o desmentido mais explícito ao lugar-comum segundo o qual a crise disciplinar do setor seria essencialmente uma conseqüência da indiferença, do desinteresse, da distância entre teoria social geral e *communication research*. Para grande parte dos estudos da mídia, isso não parece totalmente convincente, ou, pelo menos (como se verá mais adiante), se houve e se há carência de um paradigma teórico geral, ela ocorre menos na vertente sociológica do que de comunicação: nesse caso particular, o quadro interpretativo sobre a mídia se refaz explícita e programaticamente sob a forma de uma teoria sociológica bastante complexa como o estrutural-funcionalismo.

Antes de ilustrar o modelo, é necessário especificar alguns contornos gerais. A teoria funcionalista da mídia também representa essencialmente uma abordagem global dos meios de comunicação de massa em seu conjunto: é verdade que suas articulações internas distinguem-se entre gêneros e meios específicos, mas a importância mais significativa está voltada a explicitar as *funções* desenvolvidas pelo sistema das comunicações de massa. Este é o ponto mais distante das teorias precedentes: a interrogação fundamental não é mais sobre os efeitos, mas sobre as funções desenvolvidas pelas comunicações de massa na sociedade. Desse modo, completa-se o percurso seguido pela pesquisa de mídia, que no início havia se concentrado nos problemas da *manipulação*, para passar aos da *persuasão* e depois à *influência*, atingindo justamente as *funções*. O deslocamento conceitual coincide com o abandono da idéia de um efeito intencional, de um objetivo subjetivamente perseguido do ato de comunicação, para concentrar, por sua vez, a atenção nas *conseqüências objetivamente verificáveis* da ação da mídia sobre a sociedade em seu todo ou sobre os seus subsistemas. A isso corresponde outra diferença relevante em relação às teorias precedentes: enquanto a segunda e a terceira se ocupavam basicamente com situações de comunicação do tipo "campanha" (eleitoral, informativa etc.), na teoria funcionalista da mídia – paralelamente à passagem do estudo dos efeitos ao das funções – a referência é feita a outro contexto de comunicação. De uma situação específica como uma campanha informativa, passa-se à situação de comunicação mais "normal" e habitual da produção e difusão cotidiana de mensagens de massa. As funções analisadas não são vinculadas a contextos de comunicação particulares, mas à presença normal da mídia na sociedade.

A partir desse ponto de vista, a teoria funcionalista das comunicações de massa representa um momento significativo de transição entre as teorias precedentes sobre os efeitos a curto prazo e as sucessivas hipóteses sobre os efeitos a longo prazo (ver Capítulo 2), embora, com respeito a estas últimas, o quadro teórico geral de referência seja bastante diferente (o estrutural-funcionalismo no primeiro caso; a sociologia do conhecimento e, em parte, a psicologia cognitiva, para as hipóteses sobre os efeitos a longo prazo).

Por fim, no desenvolvimento geral do estudo das comunicações de massa – que progressivamente acentuou o vínculo entre fenômenos de comunicação e contexto social –, a teoria funcionalista ocupa uma posição muito precisa, que consiste em definir a problemática da mídia a partir do ponto de vista da sociedade e do seu equilíbrio, da possibilidade do funcionamento total do sistema social e da contribuição que os seus componentes (inclusive os meios de comunicação de massa) lhe trazem. O campo de interesse de uma teoria dos meios de comunicação de massa não é mais definido pela dinâmica interna dos processos de comunicação (como é típico sobretudo da teoria psicológico-experimental), mas pela dinâmica do sistema social e pela função que as comunicações de massa nela desenvolvem.

Nesse sentido – mesmo com todas as diferenças relevantes ligadas ao quadro conceitual de fundo –, a perspectiva é muito semelhante à desenvolvida pelas sucessivas teorias gerais da mídia, que com ela compartilham o fato de tornar pertinente o estudo das comunicações de massa a partir do problema do equilíbrio e do conflito sociais. A teoria funcionalista da mídia representa, portanto, uma etapa importante da crescente e progressiva orientação sociológica da *communication research*.

Antes de analisar as funções da mídia, é necessário, porém, expor sinteticamente a teoria sociológica geral de referência.

1.5.1 A elaboração estrutural-funcionalista

Se a teoria hipodérmica vinculava-se ao objetivismo behaviorista e descrevia a ação de comunicação como uma simples relação mecânica de estímulo e resposta, diminuindo a dimensão subjetiva da escolha a favor do caráter manipulável do indivíduo e, sobretudo, reduzindo a ação humana a uma relação linear de causa, a teoria sociológica do estrutural-funcionalismo salienta, ao contrário, a ação social (e não o comportamento) na sua aderência aos modelos de valor, interiorizados e institucionalizados. O sistema social no seu conjunto é compreendido como um organismo, cujas diversas partes desenvolvem funções de integração e de conservação do sistema. O seu equilíbrio e a sua estabilidade realizam-se por meio das relações funcionais que os indivíduos e os subsistemas ativam em seu complexo. "Não é mais a sociedade a constituir um meio para a tentativa de atingir alguns objetivos dos indivíduos, mas são estes últimos a se tornar, enquanto prestadores de uma função, o meio para que se atinjam os fins da sociedade e, em primeiro lugar, da sua sobrevivência auto-regulada" (De Leonardis, 1976, p. 17). Nesse sentido, na teoria estrutural-funcionalista, e em particular num autor como Talcott Parsons, "os seres humanos aparecem como 'drogados culturais', motivados a agir segundo o estímulo de valores culturais interiorizados, que regulam a sua atividade" (Giddens, 1983, p. 172). A lógica que regula os fenômenos sociais é constituída pelas relações de funcionalidade que dirigem a solução de quatro problemas fundamentais, ou imperativos funcionais, aos quais todo sistema social deve fazer frente:

1. a conservação do modelo e o controle das tensões (todo sistema social possui mecanismos de socialização que realizam o processo por meio do qual os modelos culturais do sistema acabam sendo interiorizados na personalidade dos indivíduos);

2. a adaptação ao ambiente (para sobreviver, todo sistema social deve adaptar-se ao próprio ambiente social e também ao não-social. Um exemplo de função que resolve o problema da adaptação é a divisão do trabalho, que encontra o seu fundamento no fato de que nenhum indivíduo pode desenvolver contemporaneamente todas as tarefas que devem ser cumpridas para a sobrevivência do sistema social);

3. a tentativa de atingir o objetivo (todo sistema social tem vários objetivos a alcançar, realizáveis mediante esforços de ca-

ráter cooperativo, por exemplo a defesa do próprio território, o incremento da produção etc.);

4. a integração (as partes que compõem o sistema devem estar inter-relacionadas. Deve haver fidelidade entre os membros de um sistema e para com o próprio sistema em seu conjunto. Para contrastar as tendências desagregantes, há necessidade de mecanismos que sustentem a estrutura fundamental do sistema).

Quando se observa que a estrutura social resolve os problemas relacionados aos imperativos funcionais, a intenção é dizer que a ação social em conformidade com as normas e os valores sociais contribui para a satisfação das necessidades do sistema. Diversos subsistemas dirigem a solução dos imperativos funcionais (o problema de adaptação, de integração, de tentar atingir o objetivo, de manter o esquema dos valores): toda estrutura parcial tem uma função se contribui para a satisfação de uma ou mais necessidades de um subsistema social. Por exemplo, com respeito ao problema da conservação do esquema de valores, o subsistema das comunicações de massa parece funcional, na medida em que cumpre parcialmente a tarefa de corroborar e reforçar os modelos de comportamento existentes no sistema social.

Um subsistema específico é composto por todos os aspectos da estrutura social global que se mostram relevantes em relação a um dos problemas funcionais fundamentais. Uma estrutura parcial ou um subsistema também pode ser disfuncional, na medida em que cria um obstáculo para a satisfação de uma das necessidades fundamentais. Além disso, é necessário notar que a função diferencia-se do propósito: enquanto este último implica um elemento subjetivo vinculado à intenção própria do indivíduo que age, a função é compreendida como conseqüência objetiva da ação.

Atribuir funções a um subsistema significa que a ação em conformidade com ele possui determinadas conseqüências para o sistema social em seu complexo, que podem ser objetivamente levantadas. Mas as conseqüências também podem ter outra direção: muitas estruturas parciais do sistema social possuem conseqüências diretas sobre outras estruturas parciais, sobre outros subsistemas. Existem, portanto, funções (ou disfunções) indiretas, além das diretas; enfim, as funções (e disfunções) podem ser manifestas ou latentes: manifestas são as desejadas e reconhecidas, latentes são as funções (ou disfunções) nem reconhecidas, nem conscientemente desejadas.

Uma última observação útil para descrever a teoria funcionalista da mídia concerne ao fato de que raramente um sistema social depende de um único mecanismo ou de um único subsistema para a solução de um dos quatro imperativos funcionais. Em geral, existem mecanismos que são funcionalmente equivalentes em relação à solução de uma necessidade, de modo que é preciso estudar todas as alternativas funcionais presentes (Parsons, 1967).

Obviamente, é impossível dar conta em poucas linhas de uma obra tão "douta, complexa, madura, abstrusa e difícil" como a de Parsons: da sua vastíssima e heterogênea produção intelectual, neste momento é suficiente focalizar os elementos mais relevantes para os fins da teoria funcionalista das comunicações de massa. Em particular, deve-se salientar o fato de que a sociedade é analisada como um sistema complexo, que tende a manter o equilíbrio (Parsons fala de tendência à homeostase), composto de subsistemas funcionais, sendo que cada um deles é preposto à solução de um dos problemas fundamentais do sistema em seu conjunto.

Dentro desse quadro conceitual complexo, coloca-se a análise do subsistema dos meios de comunicação de massa, na perspectiva das funções sociais que ele cumpre.

1.5.2 As funções das comunicações de massa

Um exemplo claro e explícito de teoria funcionalista da mídia é constituído por um ensaio de Wright – apresentado em Milão por ocasião do IV Congresso Mundial de Sociologia, em 1959 –, intitulado: *Functional Analysis and Mass Communication* (Análise funcional e comunicação de massa).

Nele é descrita uma estrutura conceitual que deveria permitir inventariar em termos funcionais as relações complexas entre mídia e sociedade.

Em particular, o objetivo é articular
1. as funções
e
2. as disfunções
3. latentes
e
4. manifestas
das transmissões
5. jornalísticas
6. informativas
7. culturais
8. de entretenimento
com relação
9. à sociedade
10. aos grupos
11. ao indivíduo
12. ao sistema cultural

(Wright, 1960)

O "inventário" das funções correlaciona-se a quatro tipos de fenômenos de comunicação diversos: *a.* a existência do sistema global dos meios de comunicação de massa numa sociedade; *b.* os tipos de modelos específicos de comunicação, ligados a cada meio particular (imprensa, rádio etc.); *c.* a ordem institucional e organizacional com que os diversos meios de comunicação operam; *d.* as conseqüências do fato de as principais atividades de comunicação se desenvolverem por intermédio dos meios de comunicação de massa.

Wright (1974) observa que os quatro tipos de atividades de comunicação por ele indicadas (vigilância do ambiente, interpretação dos eventos, transmissão cultural, entretenimento) não são sinônimos de funções: estas últimas concernem, ao contrário, às "conseqüências do fato de desenvolverem essas atividades de comunicação mediante os processos institucionalizados de comunicação de massa" (Wright, 1974, p. 205). Em relação à sociedade, a difusão da informação cumpre duas funções: fornece a possibilidade, diante de ameaças e perigos imprevistos, de alertar os cidadãos; fornece os instrumentos para realizar algumas atividades cotidianas institucionalizadas na sociedade, como as trocas econômicas etc.

Em relação ao indivíduo e à "mera existência" dos meios de comunicação de massa (portanto, independentemente da sua ordem institucional-organizacional), são identificadas outras três funções:

a. a atribuição de *status* e prestígio às pessoas e aos grupos transformados em objeto de atenção por parte da mídia; determina-se um esquema circular do prestígio para o qual "esta função, que consiste em conferir um *status*, entra na atividade social organizada, legitimando certas pessoas, grupos e tendências selecionados, que recebem o apoio dos meios de comunicação de massa" (Lazarsfeld-Merton, 1948, p. 82);

b. o reforço do prestígio para os que se adaptam à necessidade e ao valor socialmente difundido de serem cidadãos bem-informados;

c. o reforço das normas sociais, ou seja, uma função que exerce a ética. "A informação dos meios de comunicação de massa reforça o controle social nas grandes sociedades urbanizadas, nas quais o anonimato das cidades enfraqueceu os mecanismos de descoberta e de controle do comportamento anormal, ligados ao contato informal face a face" (Wright, 1960, p. 102). "É claro que os meios de comunicação de massa servem para reafirmar as normas sociais, denunciando seus desvios à opinião pública. O estudo do tipo particular de normas assim reafirmado forneceria um índice válido da medida em que esses meios enfrentam problemas periféricos ou centrais da nossa estrutura social" (Lazarsfeld-Merton, 1948, p. 84).

Em contrapartida, no que concerne às disfunções da "mera presença" dos meios de comunicação de massa em relação à sociedade como um todo, estas se manifestam no fato de que os fluxos de informação que circulam livremente podem ameaçar a estrutura fundamental da própria sociedade. Além disso, no âmbito individual, a difusão de notícias alarmantes (sobre perigos naturais ou tensões sociais) pode gerar reações de pânico em vez de vigilância consciente. Mas uma disfunção ainda mais significativa é representada pelo fato de que o excesso de informações pode fazer com que se volte ao que é privado, na esfera das próprias experiências e relações, sobre a qual nos sentimos em condições de exercitar um controle mais adequado. Por fim, a exposição a grandes quantidades de informação pode causar a chamada "disfunção narcotizante". Esta

> *é definida disfunção em vez de função, partindo-se do princípio de que seja contrário ao interesse de uma sociedade moderna ter grandes massas de população politicamente apáticas e inertes [...] O cidadão interessado e informado pode sentir-se satisfeito com tudo o que sabe, sem se dar conta de que se abstém de decidir e de agir. Em suma, ele considera o seu contato mediato com o mundo da realidade política, a leitura, o ato de ouvir o rádio e a reflexão como um sucedâneo da ação. Chega a confundir o* conhecimento *dos problemas do dia com* fazer *algo a propósito [...] É evidente que os meios de comunicação de massa melhoraram o grau de informação da população. E, no entanto, pode ser que,* independentemente das intenções, *a expansão das comunicações de massa esteja desviando as energias humanas da participação ativa para transformá-las em conhecimento passivo* (Lazarsfeld-Merton, 1948, p. 85).

Se passarmos da análise funcional dos meios de comunicação de massa, avaliados independentemente do fato de fazerem parte da estrutura social e econômica, para a análise funcional da ordem institucional e proprietária dos meios em si, caracterizam-se outras funções: por exemplo, a de contribuir para o conformismo.

> *Visto que são sustentados pelas grandes empresas inseridas no atual sistema social e econômico, os meios de comunicação de massa contribuem para manter esse sistema [...]; o impulso que leva ao conformismo e é exercitado pelos meios de comunicação de massa deriva não apenas do que é dito, mas sobretudo do que é ocultado. De fato, esses meios não apenas continuam a afirmar o* status quo, *mas, na mesma medida, deixam de levantar os problemas essenciais acerca da estrutura social [...] Os meios de comunicação comercializados ignoram os objetivos sociais quando estes se chocam com a vantagem econômica [...] Ao ignorar sistematicamente os aspectos controversos da sociedade, a pressão econômica impulsiona em direção ao conformismo* (Lazarsfeld-Merton, 1948, p. 86).

Outra função é explicitada por Melvin De Fleur (1970): ele localiza a capacidade de resistência do sistema da mídia, diante dos ataques, das críticas e das tentativas de elevar a baixa qualidade cultural e estética da produção de comunicações de massa, no fato de que a peculiaridade desse nível ruim constitui um elemento crucial do subsistema da mídia, na medida em que satisfaz os gostos e as exigências dos setores de público que, para os aparatos de comunicação, constituem a parte mais importante do mercado. Isso permite manter um equilíbrio financeiro e econômico que garante a estabilidade ao subsistema da mídia que, por sua vez, apresenta uma integração progressivamente mais estreita em toda a estrutura econômico-produtiva. Sendo assim, a crítica culturológica e estética à mídia parece uma arma sem ponta, visto que as relações de funcionalidade dentro do sistema da mídia e entre este e os outros subsistemas sociais se consolidam em nível econômico e ideológico.

Não obstante as dificuldades encontradas pela teoria funcionalista dos meios de comunicação de massa para se transformar de esquema analítico (o inventário das funções/disfunções) em abordagem teórica geral, sociologicamente orientada, capaz de determinar um desenvolvimento programático da pesquisa empírica, ela representa um dos momentos conceitualmente mais significativos da *communication research*. Além disso, se levarmos em conta que muitas pesquisas posteriores (que, no entanto, não entram explicitamente na corrente funcionalista) apresentam aspectos úteis para um enriquecimento cognitivo do problema das funções desenvolvidas pelos meios de comunicação de massa, podemos dizer que uma abordagem funcionalista da mídia não "desaparece" completamente, suplantada por outros paradigmas, mas se prolonga até hoje (por exemplo, a atual pesquisa sobre os efeitos a longo prazo em parte é reconduzível à temática das funções da mídia no sistema social). Há, porém, um setor de análise específico, que foi direta e significativamente influenciado pelo paradigma funcionalista: é o estudo dos efeitos dos meios de comunicação de massa, conhecido como hipótese dos "usos e gratificações".

1.5.3 Dos usos como funções às funções dos usos: a hipótese dos uses and gratifications

> *As funções [se referem] às* conseqüências *de certos elementos regulares, padronizados e rotineiros do processo de comunicação. Enquanto tais, essas funções se diferenciam dos efeitos desejados ou dos objetivos do comunicador e dos usos, ou das motivações do destinatário. Nesse sentido, uma* network *pode tentar fazer com que uma* sit-comedy *tenha uma vasta audiência para fornecer um amplo público de consumidores potenciais dos produtos do seu patrocinador, mas o programa poderia ter (entre outras coisas) a conseqüência de fazer da intolerância um tema a ser discutido, analisado e criticado socialmente. Ou então um ouvinte poderia voltar-se àquele tipo de entretenimento para relaxar, mas a exposição contínua ao gênero poderia ter a conseqüência de reconduzir seus preconceitos para as minorias.*

Mesmo se diferenciarmos as necessidades das funções, é possível conceber em termos funcionais a gratificação das necessidades percebidas pelos indivíduos (Wright, 1974, p. 209).

Foi justamente este o caminho tomado pela hipótese dos "usos e gratificações". Se a idéia inicial da comunicação como geradora de influência imediata numa relação de estímulo/reação é suplantada por uma pesquisa mais atenta aos contextos e às interações sociais dos receptores, e que descreve a eficácia da comunicação como o resultado complexo de múltiplos fatores, à medida que a abordagem funcionalista se enraíza nas ciências sociais os estudos sobre os efeitos passam da pergunta "o que os meios de comunicação de massa fazem às pessoas?" para "o que as pessoas fazem com os meios de comunicação de massa?".

A inversão de perspectiva baseia-se na asserção de que, "em geral, mesmo a mensagem da mídia mais potente não pode influenciar um indivíduo que não a utilize no contexto sociopsicológico em que vive" (Katz, 1959, p. 2).

O efeito da comunicação de massa é compreendido como conseqüência das gratificações às necessidades experimentadas pelo receptor: os meios de comunicação de massa são eficazes se o receptor lhes atribui essa eficácia e em que medida, com base justamente na gratificação das necessidades. Em outras palavras, a influência das comunicações de massa permanece incompreensível se não se considerar a sua importância em relação aos critérios de experiência e aos contextos situacionais do público: as mensagens são desfrutadas, interpretadas e adaptadas ao contexto subjetivo de experiências, conhecimentos, motivações (Merten, 1982).

"O receptor é também um iniciador, seja no sentido de dar origem a mensagens de retorno, seja no sentido de encaminhar processos de interpretação com um certo grau de autonomia. O receptor 'age' sobre a informação que lhe é disponível e a 'usa'" (McQuail, 1975, p. 17). A partir desse ponto de vista, o destinatário – embora continue desprovido de uma função autônoma e simétrica do destinador no *processo de transmissão* das mensagens – torna-se um *sujeito da comunicação* a título pleno. Emissor e receptor são companheiros ativos no processo de comunicação.

É importante salientar esse ponto porque ele permite esclarecer uma dupla importância da hipótese dos "usos e gratificações": de um lado, ela se inscreve na teoria funcionalista da mídia, prosseguindo-a e representando seu desenvolvimento empírico mais consistente; de outro, ela também se insere no movimento de revisão e de superação do esquema de informação da comunicação (ver 1.9). Ela constitui e acompanha, na vertente sociológica, a elaboração de uma teoria da comunicação, diferente da teoria da informação, que a abordagem semiótica propunha entre o fim dos anos 60 e a metade dos anos 70. Nessa perspectiva, portanto, a hipótese dos "usos e gratificações" ocupa, na evolução da *communication research*, um papel mais importante do que apenas o ligado à teoria funcionalista.

Historicamente, podem-se identificar três precedentes teóricos que antecipam a elaboração dos "usos e gratificações".

O primeiro é um estudo de Waples-Berelson-Bradshaw (1940) sobre a função e os efeitos da leitura: os autores sustentam que a análise da sua difusão e das suas características "deveria refletir os usos da leitura que influenciam as relações sociais. Na medida do possível, deveríamos designar os efeitos próprios da leitura com base nas exigências típicas dos grupos na nossa sociedade, sempre que essas exigências possam ser satisfeitas pela própria leitura. Esta, portanto, tem uma influência social que vai sempre ao encontro das questões de determinados grupos, num modo que incide sobre suas relações com outros grupos sociais" (1940, p. 19).

Uma segunda pesquisa que segue essa linha é o trabalho de Berelson (1949) sobre as reações dos leitores de diários durante uma greve dos jornais em Nova York: as funções exercidas pela imprensa e citadas pelos leitores como as mais importantes são: *a.* informar e fornecer interpretações sobre os acontecimentos; *b.* constituir um instrumento essencial na vida contemporânea; *c.* ser uma fonte de relaxamento; *d.* atribuir prestígio social; *e.* ser um instrumento de contato social; *f.* constituir uma parte importante dos rituais da vida cotidiana. O terceiro motivo que antecipa a hipótese dos "usos e gratificações" é a análise de Lasswell (1948) sobre as três principais funções desenvolvidas pela comunicação de massa: *a.* fornecer informações; *b.* fornecer interpretações para tornar as informações significativas e coerentes; *c.* exprimir os valores culturais e simbólicos próprios da identidade e da continuidade social. A essas funções fundamentais, Wright (1960) acrescenta uma quarta, a de entreter o espectador, dando-lhe condições de evadir das ansiedades e dos problemas da vida social.

A linha comum desses trabalhos – reforçada e explicitada como elemento fundamental da hipótese dos "usos e gratificações" – é conectar o consumo, o uso e (portanto) os efeitos da mídia com a estrutura de necessidades que caracteriza o destinatário.

Baseando-se num reconhecimento da literatura da mídia, concernente às funções psicológicas e sociais da comunicação de massa, Katz-Gurevitch-Haas (1973) determinam cinco classes de necessidades que os meios de comunicação de massa satisfazem: *a.* necessidades cognitivas (aquisição e reforço dos conhecimentos e da compreensão); *b.* necessidades afetivo-estéticas (reforço da experiência estética, emocional); *c.* necessidades integrativas no âmbito da personalidade (segurança, estabilidade emocional, aumento da credibilidade e do *status*); *d.* necessidades de integração em nível social (reforço dos contatos interpessoais, com a família, os amigos etc.); *e.* necessidades de evasão (abrandamento das tensões e dos conflitos).

Em particular, o contexto social em que vive o destinatário pode correlacionar-se com as classes de necessidades que favorecem o consumo de comunicações de massa segundo cinco modalidades:

> *1. a situação social produz tensões e conflitos, cuja atenuação é alcançada mediante o consumo de meios de comunicação de massa; 2. a situação social cria a consciência de determinados problemas que requerem atenção, e a informação sobre eles pode ser buscada na mídia; 3. a*

> *situação social oferece poucas oportunidades reais de satisfazer certas necessidades, que se tenta suprir de modo vicário com a mídia; 4. a situação social faz surgir determinados valores, cuja afirmação e cujo reforço são facilitados pelo consumo de comunicações de massa; 5. a situação social fornece e determina expectativas de familiaridade com determinadas mensagens, que devem, portanto, ser usufruídas para sustentar a dependência de grupos sociais de referência* (Katz-Blumer-Gurevitch, 1974, p. 27).

Além da conexão entre classes de necessidades e modalidades de consumo da mídia, de um lado, e imperativos funcionais do sistema social, de outro – conexão que evidencia a elaboração funcionalista da hipótese a respeito dos "usos e gratificações" –, o elemento característico desta última é considerar o conjunto das necessidades do destinatário como uma variável independente para o estudo dos efeitos. A hipótese é articulada em cinco pontos fundamentais:

> *1. a audiência é concebida como ativa, ou seja, pressupõe-se que uma parte importante do uso da mídia seja destinada a um determinado objetivo [...];*
> *2. no processo de comunicação de massa, grande parte da iniciativa na união da gratificação das necessidades com a escolha dos meios de comunicação de massa depende do destinatário [...];*
> *3. os meios de comunicação de massa competem com outras fontes de satisfação das necessidades. Os gratificados pela comunicação de massa representam apenas um segmento do amplo espectro das necessidades humanas, e o grau em que eles podem ser adequadamente satisfeitos pelo consumo dos meios de comunicação de massa é por certo variável [...] É necessário, portanto, considerar as outras alternativas funcionais;*
> *4. do ponto de vista metodológico, muitos dos objetivos aos quais é destinado o uso dos meios de comunicação de massa podem ser conhecidos mediante os dados forneci-*

> *dos pelos próprios destinatários, ou seja, eles são suficientemente conscientes para poder perceber os próprios interesses e motivos em casos específicos ou pelo menos para reconhecê-los se estes lhes forem explicitados numa forma verbal a eles familiar e compreensível;*
> *5. os juízos de valor sobre o significado cultural das comunicações de massa deveriam ser suspensos até as orientações da audiência serem analisadas em seus próprios termos [...]* (Katz-Blumler-Gurevitch, 1974, p. 21).

Antes de expor algumas avaliações e reflexões sobre os méritos e as "fraquezas" da hipótese, é conveniente exemplificar o tipo de resultados que ela permite obter.

Um estudo israelense sobre o uso dos meios de comunicação de massa numa situação particular de crise nacional – a guerra do Kippur, em outubro de 1973 – indica que, em relação à necessidade fundamental de ter informações sobre o que está acontecendo, de entender seu desenvolvimento e seu significado, de aliviar a tensão provocada pela situação de crise, a principal fonte de informações é o rádio, enquanto a televisão é o meio mais usado para mitigar a tensão (esta última função é graduada de modo inversamente proporcional ao grau de escolaridade dos indivíduos).

Os jornais diários são usados sobretudo como fonte adicional para interpretar e contextualizar a informação dos outros meios. Na situação particular de guerra, a informação televisiva – além das necessidades de ter notícias e atenuar o estresse – serve também para a necessidade de sustentar o sentimento de unidade nacional. À medida que o tempo passa, ou seja, após a primeira semana de guerra, aumenta a necessidade da audiência de ter informações de fontes inoficiais, como emissores estrangeiros e, principalmente, comunicações pessoais com os sobreviventes do *front*. Após o cessar-fogo de 22 de outubro de 1973, o nível geral de credibilidade da mídia israelense apresenta-se mais baixo e apenas posteriormente, numa fase de reavaliação crítica tanto do andamento da guerra como da sua cobertura informativa, o nível de credibilidade atribuída pelos destinatários aos aparatos de informação volta a subir (Katz-Peled, 1974). A dinâmica do uso dos meios de comunicação de massa e do tipo de necessidades às quais eles fazem frente encontra-se, nesse caso, fortemente vinculada à situação particular, à excepcionalidade do evento.

A uma situação mais normal se referem os dados de outra pesquisa (conduzida em Israel com base na declaração de 1.500 pessoas), destinada ao levantamento das necessidades satisfeitas pelas comunicações de massa (Katz-Gurevitch-Haas, 1973): a observação fundamental é que os meios de comunicação de massa são utilizados pelos indivíduos num processo destinado a reforçar (ou enfraquecer) uma relação (de tipo cognitivo, instrumental, afetivo ou integrativo) com um referente que, conforme a circunstância, pode ser o próprio indivíduo, a família, o grupo de amigos, as instituições. Nesse processo, evidenciam-se determinadas regularidades nas preferências de alguns meios de comunicação de massa com relação a certos tipos de conexões: visto que cada meio de comunicação apresenta uma combinação específica entre conteúdos característicos, atributos expressivos e técnicos, situações e contextos de fruição, essa combinação de fatores pode tornar os diversos meios de comunicação de massa mais ou menos adequados para satisfazer diferentes tipos de necessidade. Por exemplo, os livros e o cinema são satisfatórios para as necessidades de auto-realização e autogratificação, ajudando o indivíduo a entrar em contato consigo mesmo; jornais, rádio e televisão servem, por sua vez, para reforçar o vínculo entre o indivíduo e a sociedade. As fontes de gratificação estranhas à comunicação de massa são consideradas mais importantes e significativas do que a mídia, ao passo que essa tendência se inverte quanto mais aumenta a distância entre o indivíduo e o termo de referência. "O percentual mais alto de indicações dos meios de comunicação de massa como os mais úteis para satisfazer uma necessidade entra no grupo das necessidades orientadas sociopoliticamente, seja em nível cognitivo (consolidação dos conhecimentos, da informação), seja em nível integrativo (aumento da estabilidade e da comunhão dos valores)" (Katz-Gurevitch-Haas, 1973, p. 176).

Um exemplo de pesquisa sobre os "usos e gratificações", aplicada à fruição televisiva, é fornecido por alguns dados (citados em Comstock *et alii*, 1978) que ilustram como adolescentes e jovens se expõem em medida elevada à televisão, para extrair dela divertimento e entretenimento. Esse modelo de uso varia sensivelmente com a mudança do ciclo vital: durante o período escolar obrigatório, o grau de consumo da televisão por evasão ou por falta de relações interpessoais decresce, enquanto aumenta consideravelmente, pelas mesmas motivações, o consumo de música.

As conclusões gerais dos autores a respeito dos modelos dos "usos e gratificações" televisivos são que

> *o consumo de televisão é tipicamente motivado pelo entretenimento e destinado a ele. O papel normativo atribuído à televisão [na sociedade americana] por parte do público é o do entretenimento, embora ela seja considerada de modo relevante como uma fonte de notícias e embora possa provocar efeitos sobre os conhecimentos e sobre o comportamento. Grande parte da televisão é consumida como "televisão", e não em função de algum programa particular. Mesmo quando um espectador afirma ser atraído por um determinado programa, dificilmente os méritos são de um único episódio; ao contrário, freqüentemente é a seleção de um exemplo apreciado de um gênero específico que o satisfaz. Em geral, os espectadores não decidem ver um programa particular: eles tomam duas decisões. A primeira é* se assistir *ou não à televisão, e a segunda é* a que *assistir: dessas decisões, a primeira é de longe a mais importante (o que significa que, nas situações normais, todo programa atinge largamente a própria audiência por meio dos que estão dispostos a ver alguma coisa naquela faixa horária). O papel central da televisão como meio de entretenimento vale tanto para os mais instruídos quanto para os menos escolarizados, e provavelmente também para outros segmentos da população, não obstante existam, entre os diversos setores de público, variações na inclina-*

ção para o meio, na quantidade de exposição e em outros fatores (Comstock *et alii*, 1978, p. 172).

Quando se passa a discutir sinteticamente algum aspecto relevante da hipótese sobre os "usos e gratificações", pode-se observar, em primeiro lugar, que ela implica o fato de a origem do efeito se deslocar do único conteúdo da mensagem para todo o contexto de comunicação. Com efeito, a fonte das gratificações que o destinatário (eventualmente) extrai dos meios de comunicação de massa pode ser o conteúdo específico da mensagem, a exposição ao meio por si só, a situação de comunicação particular, ligada a um determinado meio. Sendo assim, o conteúdo específico da mensagem individual pode ser relativamente secundário no estudo das reações da audiência: em outras palavras, o significado do consumo da mídia não pode ser evidenciado apenas a partir da análise do seu conteúdo ou a partir dos parâmetros sociológicos tradicionais, com os quais se descreve o público. Alguns dos motivos que levam ao consumo de comunicações de massa "não implicam nenhuma orientação à fonte representada pelo conjunto de emissoras, mas possuem um significado apenas no mundo individual do sujeito que faz parte do público" (McQuail, 1975, p. 155).

Em segundo lugar, a tentativa de explicar o consumo e os efeitos da mídia em função das motivações e das vantagens obtidas pelo destinatário acelera o progressivo abandono do *modelo de transfer* realizado pela *communication research*, de modo que "a atitude seletiva do receptor, que no início da pesquisa era considerada quase como um fator de perturbação e à qual se atribuíra a responsabilidade da aparente ineficiência da comunicação de massa, é reavaliada [...], uma vez que é considerada premissa para os efeitos" (Schultz, 1982, p. 55). A atividade seletiva e interpretativa do destinatário – sociologicamente fundada na estrutura de necessidades do indivíduo – passa a fazer parte estável do processo de comunicação, constituindo um componente ineliminável. No entanto, esse ponto representa uma dificuldade que a hipótese dos "usos e gratificações" ainda tem de superar: a consideração que ela propõe, da audiência como parceira ativa do processo de comunicação, subentende que o uso dos meios de comunicação de massa orientado a um fim é uma atividade racional, que busca alcançar um objetivo (ou seja, a escolha do melhor meio para satisfazer uma necessidade).

A ligação entre satisfação da necessidade e escolha do meio de comunicação a que se expor é representada como uma opção do destinatário, num processo racional de adequação dos meios disponíveis para os fins almejados. É nesse contexto que toda hipótese de efeito linear do conteúdo dos meios de comunicação de massa sobre as atitudes, os valores ou comportamentos do público é invertida, uma vez que é o receptor quem determina se haverá ou não um processo de comunicação real. Os sistemas de expectativas do destinatário servem não apenas de intermediários para os efeitos derivados da mídia, mas também regulam as próprias modalidades de exposição.

Na realidade, porém, "o fato de haver muita diferença entre o relatório que os indivíduos fazem a respeito do seu consumo e seu real consumo dos meios de comunicação de massa, e o fato de que a fruição televisiva é mais uma questão de disponibilidade do que de seleção, invalidam a idéia de uma audiência ativa, que age de modo concluído, e a idéia das necessidades e das gratificações como variáveis que explicam efetivamente as diversidades no consumo de comunicações de massa" (Elliott, 1974, p. 258)[6]. A disponibilidade não concerne a tudo o que é proposto por cada meio de comunicação de massa, mas é limitada pela capacidade e pela possibilidade efetivas de ter acesso a eles. Além disso, estas encontram-se correlacionadas às características pessoais e sociais do destinatário, ao seu hábito e à sua familiaridade com determinado meio, à competência de comunicação relativa a ele.

---

6. Um confronto se encontra nos dados citados por Comstock *et alii* (1978), dos quais resulta que a percepção que o público tem do meio televisão nem sempre coincide com seu comportamento real de consumo: por exemplo, o público concebe a televisão mais como uma fonte de informação nacional do que local, mas o consumo desta última é tão elevado quanto o da informação nacional.

Nesse problema insere-se também uma característica metodológica da pesquisa sobre os "usos e gratificações": o procedimento normalmente seguido é o de perguntar aos indivíduos quão importante é para eles uma determinada necessidade e em que medida usam um meio particular de comunicação para satisfazê-la. Desse modo, porém, é muito provável "que os indivíduos sejam convidados a reproduzir [nas respostas] estereótipos difusos acerca das gratificações, mais do que a sua experiência pessoal de gratificações" (Rosengren, 1974, p. 281). Os relatórios pessoais – que constituem a principal fonte de dados – podem, portanto, fornecer imagens estereotipadas do consumo, mais do que descrever processos reais de fruição. Por conseguinte, é necessário integrar esses dados com outros provenientes de fontes diversas (por exemplo, dados sobre a estratificação do público, sobre o consumo de cada meio e dos seus diversos gêneros, descrições da articulação das competências de comunicação sobre diferentes meios de comunicação de massa, descrições dos contextos de comunicação nos quais ocorre a fruição etc.).

Um último ponto que merece algum comentário diz respeito ao problema das alternativas funcionais. Os meios de comunicação de massa não são a única fonte de satisfação dos vários tipos de necessidades experimentados pelos indivíduos, ou melhor, às vezes, a comunicação de massa é usada como remedeio na ausência de alternativas funcionais mais adequadas. No entanto, é preciso ter em mente que estas não são equivalentes e que nem todas são igualmente acessíveis ou significativas: o contexto sociocultural e relacional em que as alternativas funcionais são vividas concorre por si mesmo para formar, descrever e "prescrever" a acessibilidade, o uso e a funcionalidade dos meios de comunicação de massa. Entre as alternativas disponíveis, há uma estreita conexão, não somente com respeito à funcionalidade de cada uma delas, mas também no modo em que cada uma define as outras e, conseqüentemente, as torna mais ou menos acessíveis. "Todo indivíduo tem alguma oportunidade de escolha dentro da área de produtos de comunicação disponíveis e dos comportamentos socialmente aprovados. Mas a ênfase deve ser colocada sobre o modo como as definições dominantes incidem nessa escolha e a limitam [...]. Grupos específicos no interior da audiência total podem ter poucas fontes alternativas em relação à mídia, e podem ser encorajados por seu ambiente sociocultural para operar um certo tipo de escolha que, por sua vez, é reforçada pela experiência com os meios de comunicação de massa" (McQuail-Gurevitch, 1974, p. 292). Pode-se dizer, portanto, que – pelo menos em sua versão inicial – a hipótese dos "usos e gratificações" tende a acentuar uma idéia de audiência como conjunto de indivíduos divididos pelo contexto e pelo ambiente social que, em contrapartida, modela suas próprias experiências e, por conseguinte, as necessidades e os significados atribuídos ao consumo dos diversos gêneros de comunicação.

Trata-se, então, de uma abordagem tanto mais atenta aos aspectos individualistas quanto mais estiver voltada para os processos subjetivos de gratificação das necessidades. Tal abordagem "situa erroneamente o lugar crucial da determinação de um comportamento social, deslocando-o das propriedades da totalidade social (sistema ou subsistema, grupo ou subgrupo) para as propriedades *autodefinidas* dos elementos que compõem tais totalidades" (Sari, 1980, p. 433).

Os últimos desenvolvimentos teóricos da hipótese dos "usos e gratificações" moveram-se em direção à correção ou, pelo menos, à atenuação desse elemento, integrada pela consideração dos efeitos que os modelos de "usos e gratificações", por sua vez, determinam em relação ao sistema da mídia. Rosengren (1974) traça o paradigma desse tipo de pesquisa, definindo suas variáveis fundamentais, representáveis graficamente da seguinte forma:

1. necessidades humanas fundamentais em nível biológico e psicológico

em interação com

2. diversas combinações de características intra-individuais e extra-individuais

em interação com

3. estrutura social, estando nela incluída a estrutura do sistema dos meios de comunicação de massa,	
	dão lugar a
4. diferentes combinações de problemas que o indivíduo percebe com mais ou menos força	
	e também dão lugar a
5. possíveis soluções para tais problemas;	
	a combinação de problemas e de soluções relativas dá forma a
6. motivos para realizar comportamentos de gratificação das necessidades e/ou soluções dos problemas	
	que se tornam
7. modelos diferenciados de consumo dos meios de comunicação de massa	
	e em
8. modelos diferenciados de outros tipos de comportamento social;	
	essas duas categorias fornecem
9. modelos diversos de gratificação ou de não-gratificação	
	que influenciam
10. a combinação específica de características intra-individuais e extra-individuais	
	assim como, em última instância, também influenciam
11. a estrutura do sistema dos meios de comunicação de massa e as outras estruturas (cultural, política, econômica) da sociedade.	

Sejam quais forem as possibilidades reais de preparar levantamentos empíricos acerca de um esquema assim articulado, deve-se, de todo modo, insistir no fato de que a hipótese dos "usos e gratificações" teve sobretudo o mérito de acelerar a obsolescência do modelo de comunicação de informação, de um lado, e de ancorar a teoria funcionalista dos meios de comunicação de massa à pesquisa empírica, de outro.

Suplantada por outra orientação teórica a respeito do problema dos efeitos, nos últimos anos, a hipótese dos "usos e gratificações" enfraqueceu o próprio "sucesso" e entrou para as classes das aquisições então "clássicas" da *communication research*.

1.6 A teoria crítica

A "teoria crítica" representa o contrapeso de muita *communication research*, a *pars destruens* do tipo de conhecimento que se vinha elaborando com muito esforço em âmbito "administrativo".

Como dito na introdução, um tema relevante no debate sobre a crise dos estudos da mídia é o contraste entre pesquisa administrativa e teoria crítica: contraste problemático e rico em exageros, ao qual vale a pena retornar após a ilustração de alguns aspectos fundamentais da teoria crítica.

1.6.1 Elementos gerais da teoria crítica

A "teoria crítica" identifica-se historicamente no grupo de estudiosos que recorreu ao Institut für Sozialforschung de Frankfurt: fundado em 1923, tornou-se um centro significativo, adquirindo uma identidade definida com a nomeação de Max Horkheimer para o cargo de diretor. Com o advento do nazismo, o Instituto (então conhecido como Escola de Frankfurt) é obrigado a fechar, e os seus principais representantes emigram (inicialmente para Paris, depois para várias universidades americanas e, por fim, ao Institute of Social Research, em Nova York).

Reaberto em 1950, o Instituto retoma a atividade de estudo e de pesquisa, prosseguindo na elaboração teórica que o diferenciara desde o início e que marcara sua originalidade, ou seja, na tentativa de consolidar a atitude crítica em relação à ciência e à cultura, com a proposta política de uma reorganização racional da sociedade, em condição de superar a crise da razão.

A identidade central da teoria crítica configura-se, de um lado, como construção analítica dos fenômenos que ela indaga e, de outro, contemporaneamente, como capacidade de relatar tais fenômenos às forças sociais que os determinam. A partir desse ponto de vista, a pesquisa social praticada pela teoria crítica propõe-se como teoria da sociedade entendida como um todo: eis o motivo da polêmica constante contra as disciplinas setoriais, que se especializam e diferenciam progressivamente campos de competência distintos. Desse modo, essas disciplinas – vinculadas à própria exatidão formal e subordinadas à razão instrumental – encontram-se afastadas da compreensão da sociedade como totalidade. Acabam, portanto, por desenvolver uma função de conservação da ordem social existente. A teoria crítica quer ser o oposto, quer evitar a função ideológica das ciências e das disciplinas setorizadas.

O que para estas últimas são "dados de fato", para a teoria crítica são produtos de uma situação histórico-social específica: "Os fatos que os sentidos nos transmitem são socialmente préformados de modo duplo: mediante o caráter histórico do objeto percebido e o caráter histórico do órgão perceptivo. Ambos não são meramente naturais, mas formados por meio da atividade humana" (Horkheimer, 1937, p. 255, citado em Rusconi, 1968).

Denunciando na separação e na oposição entre indivíduo e sociedade o resultado histórico da divisão de classe, a teoria crítica afirma a própria orientação em direção à crítica dialética da economia política. O ponto de partida da teoria crítica é, portanto, a análise do sistema da economia de troca: "Desemprego, crises econômicas, militarismo, terrorismo, a inteira condição das massas – do mesmo modo como é experimentada por elas – não se baseia nas poucas possibilidades técnicas, como podia ser para o passado, mas nas relações produtivas, não mais adequadas à situação atual" (Horkheimer, 1937, p. 267).

Dentro das aquisições fundamentais do materialismo marxista, a originalidade dos autores da Escola de Frankfurt (de Horkheimer a Adorno, de Marcuse a Habermas) consiste em enfrentar as temáticas novas que adotam as dinâmicas societárias do tempo, como o autoritarismo, a indústria cultural, a transformação dos conflitos sociais nas sociedades altamente industrializadas. "Por meio dos fenômenos superestruturais da cultura ou do comportamento coletivo, a 'teoria crítica' pretende compreender o sentido dos fenômenos estruturais, primários, da sociedade contemporânea, o capitalismo e a industrialização" (Rusconi, 1968, p. 38).

É nessa perspectiva que – segundo a teoria crítica – toda ciência social que se reduz a mera técnica de pesquisa, de seleção, de classificação dos dados "objetivos" impede a si mesma a possibilidade da verdade, uma vez que ignora programaticamente as próprias mediações sociais. É necessário "liberar-se da antítese pobre de estática e dinâmica social que se manifesta na atividade científica, em primeiro lugar como antítese de doutrina conceitual da sociologia formal, de um lado, e empirismo sem conceituação, de outro" (Horkheimer-Adorno, 1956, p. 39).

A teoria crítica se propõe realizar o que sempre foge ou remete à sociedade, ou seja, uma teoria da sociedade que implique uma avaliação crítica da própria construção científica.

> *A sociologia torna-se crítica da sociedade no momento em que não apenas descreve e considera as instituições e os processos sociais, como também os confronta com este substrato, ou seja, a vida daqueles aos quais as instituições se sobrepõem e nos quais elas mesmas, nos modos mais variados, acabam por consistir. Quando a reflexão sobre aquilo que seria "sociedade" perde de vista a tensão entre instituição e vida, e busca, por exemplo, resolver o social no natural, ela não conduz um esforço de liberação da coação das instituições, mas, ao contrário, corrobora uma segunda mitologia, a ilusão idealizada de qualidades originárias, a que remontaria aquilo que precisamente surge por meio das instituições sociais* (Horkheimer-Adorno, 1956, p. 36).

Ou, como diz mais enfaticamente Marcuse,

> *os fins específicos da teoria crítica são a organização da vida em que o destino dos indivíduos dependa não mais do acaso e da cega necessidade de relações econômicas incontroladas, mas da realização programada das possibilidades humanas* (Marcuse, 1936, p. 29, citado em Rusconi, 1968).

Neste momento, a apresentação do pensamento global e multiforme dos autores da Escola de Frankfurt tem de ser muito sintética e, sobretudo, centrada em temas mais próximos do argumento dos meios de comunicação de massa. Este é, portanto, apenas um resumo do quadro fundamental em que se situam os elementos de uma teoria crítica dos meios de comunicação de massa, primeiro dentre todas as análises da indústria cultural.

1.6.2 A indústria cultural como sistema

A expressão "indústria cultural" é usada por Horkheimer e Adorno pela primeira vez na *Dialética do esclarecimento* (texto iniciado em 1942, publicado em 1947): nela é ilustrada a "transformação do progresso cultural no seu contrário", com base em análises de fenômenos sociais característicos da sociedade americana entre os anos 30 e 40. Nas observações anteriores à redação definitiva da *Dialética do esclarecimento*, usava-se a expressão "cultura de massa". Esta foi substituída por "indústria cultural, para eliminar desde o início a interpretação habitual, ou seja, de que se trata de uma cultura que nasce espontaneamente das próprias massas, de uma forma contemporânea de arte popular" (Adorno, 1967, p. 5).

A realidade da indústria cultural é totalmente diferente: "O cinema, o rádio e as revistas constituem um sistema. Cada setor é congruente em si mesmo, e todos o são em conjunto" (Horkheimer-Adorno, 1947, p. 130). Os encarregados dos trabalhos fornecem explicações e justificativas a respeito desse sistema do ponto de vista tecnológico: o mercado de massa impõe padronização e organização: os gostos do público e as suas necessidades impõem estereótipos e baixa qualidade. No entanto, é justamente nesse "círculo de manipulação e da necessidade retroativa que a unidade do sistema se condensa cada vez mais. O que não se diz é que o ambiente em que a técnica adquire poder sobre a sociedade é o poder que os economicamente mais fortes exercem sobre a própria sociedade. Hoje, a racionalidade técnica é a racionalidade do próprio domínio" (Horkheimer-Adorno, 1947, p. 131). A estratificação dos produtos culturais segundo a sua qualidade estética ou o seu empenho é perfeitamente funcional para a lógica de todo o sistema produtivo: "O fato de oferecer ao público uma hierarquia de qualidade em série serve apenas para a quantificação mais completa" (*ibid.*): sob as diferenças, permanece uma identidade de fundo, mal dissimulada, a do domínio que a indústria cultural busca nos indivíduos: "A novidade que esta oferece continuamente é apenas a representação, em formas sempre diferentes, de algo igual; a mudança mascara um esqueleto, em que muda tão pouco quanto no próprio conceito de proveito, desde quando este conquistou o predomínio sobre a cultura" (Adorno, 1967, p. 8). No sistema da indústria cultural, o processo de trabalho integra cada elemento, "desde a trama do romance, que já tem em vista o filme, até o último efeito sonoro" (Horkheimer-Adorno, 1947, p. 134): os cineastas consideram com suspeita todo manuscrito que não revele em suas entrelinhas um *best-seller* animador.

Evidentemente, esse sistema condiciona por completo a forma e a função do processo de fruição e a qualidade do consumo, bem como a autonomia do consumidor. Cada uma dessas instâncias é englobada na produção. "Kant antecipou intuitivamente o que foi realizado conscientemente apenas por Hollywood: as imagens são censuradas com antecipação, no mesmo instante de sua produção, segundo os modelos do intelecto que estabelece o modo como devem ser contempladas" (Horkheimer-Adorno, 1947, p. 93). A máquina da indústria cultural gira sem sair do lugar: ela mesma determina o consumo e exclui tudo o que é novo, que se configura como risco inútil, tendo elegido com primazia a eficácia dos seus produtos.

1.6.3 O indivíduo na época da indústria cultural

Na era da indústria cultural, o indivíduo não decide mais autonomamente: o conflito entre impulsos e consciência é resolvido com a adesão acrítica aos valores impostos: "O que há tempos os filósofos chamavam de vida reduziu-se à esfera do privado e depois do puro e simples consumo, que é apenas um apêndice do processo material da produção, sem autonomia e sem substância própria" (Adorno, 1951, p. 3).

O homem encontra-se entregue a uma sociedade que o manipula como bem entende: "O consumidor não é soberano, como a indústria cultural gostaria de fazer crer, não é o seu sujeito, mas o seu objeto" (Adorno, 1967, p. 6).

Embora os indivíduos creiam que, no período em que não trabalham, eximem-se dos rígidos mecanismos produtivos, na realidade a mecanização determina de modo tão integral a fabricação dos produtos de distração, que o que se consome são apenas cópias e reproduções do próprio processo de trabalho. "O suposto conteúdo não passa de uma pálida fachada; o que se imprime é a sucessão automática de operações reguladas. Só se consegue escapar do processo de trabalho na fábrica ou no escritório adequando-se a ele no ócio" (Horkheimer-Adorno, 1947, p. 148).

Graças a essa continuidade, à medida que as posições da indústria cultural se tornam sólidas e firmes, mais ela pode agir nas necessidades do consumidor, conduzindo-o e disciplinando-o. A totalidade do processo social desaparece irremediavelmente e é ocultada: a apologia da sociedade encontra-se intrinsecamente ligada à indústria cultural. "Divertir-se significa concordar [...]; significa sempre: não ter de pensar, esquecer a dor, inclusive quando ela é mostrada. Em sua base está a impotência. Com efeito, é uma fuga: não, como pretende, fuga da terrível realidade, mas do último pensamento de resistência que a realidade ainda pode ter deixado. A liberação prometida pelo *amusement* é a do pensamento como negação. A impudência da pergunta retórica: 'Veja o que as pessoas querem!' é a de se dirigir, como a sujeitos pensantes, às mesmas pessoas em relação às quais se tem a tarefa específica de fazer com que se desacostumem da subjetividade" (Horkheimer-Adorno, 1947, p. 156).

A individualidade é substituída pela pseudo-individualidade: o sujeito se encontra vinculado a uma identidade sem reservas com a sociedade. A ubiqüidade, a repetitividade e a padronização da indústria cultural fazem da cultura moderna de massa um meio de controle psicológico extraordinário. Se "no século XVIII o próprio conceito de cultura popular, voltado para a emancipação da tradição absolutista e semifeudal, tinha um significado de progresso, acentuando a autonomia do indivíduo como ser capaz de tomar suas próprias decisões" (Adorno, 1954, p. 383), na época atual a indústria cultural e uma estrutura social cada vez mais hierárquica e autoritária transformam a mensagem de uma obediência leviana no valor dominante e invasor.

Quanto mais indistinto e difuso parece ser o público dos meios modernos de comunicação de massa, mais estes tendem a obter a sua "integração". Os ideais de conformismo e de formalismo eram ligados aos romances populares desde o seu início. Mais tarde, porém, esses ideais foram traduzidos em prescrições bastante precisas do que se deve e não se deve fazer. O estouro dos conflitos é preestabelecido, e todos os conflitos são meras imitações. A sociedade é sempre a vencedora, e o indivíduo é apenas um fantoche manipulado pelas normas sociais (Adorno, 1954, p. 384).

A influência da indústria cultural, em todas as suas manifestações, leva à alteração da própria individualidade de quem frui: ele é como o prisioneiro que cede à tortura e acaba confessando qualquer coisa, inclusive o que não cometeu.

Algo semelhante ocorre com a resistência do ouvinte [de música *pop* ou popular], como resultado da enorme quantidade de força que age sobre ele. Desse modo, a desproporção entre a força de cada indivíduo e a estrutura social concentrada que pesa sobre ele destrói sua resistência e, contemporaneamente, acrescenta uma consciência ruim, devido à sua vontade de continuar a resistir. Quando a música *pop* é repetida com tal intensidade, a ponto de não aparecer mais como um meio, mas como um elemento intrínseco ao mundo natural, a resistência assume um aspecto diferente porque a unidade da individualidade começa a se romper (Adorno, 1941, p. 44).

1.6.4 A qualidade da fruição dos produtos culturais

Os produtos da indústria cultural, "a partir do mais típico, o filme sonoro, paralisam [imaginação e espontaneidade] pela sua própria constituição objetiva. Eles são feitos de modo que sua apreensão adequada exija por certo presteza de intuito, dons de observação, competência específica, mas também proíba por completo a atividade mental do espectador, se este não quiser perder os fatos que lhe passam rapidamente à frente" (Horkheimer-Adorno, 1947, p. 137).

Construídos expressamente para um consumo desatento, de pouca importância, cada um desses produtos reflete o modelo do mecanismo econômico que domina o tempo do trabalho e o do não-trabalho. Cada um deles repropõe a lógica da dominação que não poderia ser incluída como efeito do fragmento individual, mas que, por outro lado, é própria de toda a indústria cultural e da função que esta ocupa na sociedade industrial avançada.

> *O espectador não deve trabalhar por conta própria: o produto prescreve toda reação: não pelo seu contexto objetivo – que se desfaz tão logo se dirige à capacidade de pensar –, mas mediante sinais. Toda conexão lógica, que requeira intuição intelectual, é escrupulosamente evitada* (Horkheimer-Adorno, 1947, p. 148).

Enquanto nos romances populares de Dumas ou de Sue a moral da história era continuamente atravessada por enredos secundários, por tramas que proliferavam sem fim, e os leitores podiam deixar-se levar nesse surpreendente jogo narrativo, hoje não é mais assim:

> *Todo espectador de um filme policial da televisão sabe com absoluta certeza como será o final. A tensão é mantida apenas superficialmente, o que faz com que seja impossível obter um efeito sério. Ao contrário, o espectador sente estar num terreno seguro por todo o tempo* (Adorno, 1954, p. 381).

Isso também ocorre no campo da música *pop*: sua transmissão "é manipulada não apenas pelos seus promotores, mas, num certo sentido, também pela natureza intrínseca da própria música, num sistema de mecanismos de resposta completamente antagônicos ao ideal de individualidade próprio de uma sociedade livre" (Adorno, 1941, p. 22).

A música *pop* ou popular é construída de modo que o processo de tradução da unicidade numa norma já se encontra todo planificado e atingido na própria composição. "A composição ouve por ouvir. É desse modo que a música *pop* despe o ouvinte da sua espontaneidade e favorece reflexos condicionados" (Adorno, 1941, p. 22). Ela se assemelha em tudo e por tudo a um questionário de múltipla escolha, com alternativas bem precisas e preestabelecidas, que limitam quem o preenche. Enquanto na música clássica todos os elementos de reconhecimento são organizados numa totalidade única, na qual adquirem seu sentido – do mesmo modo que numa poesia toda palavra adquire o próprio significado a partir da unidade e da totalidade da poesia, e não do seu uso cotidiano (mesmo se o reconhecimento do significado denotativo em tal uso é um pré-requisito para a compreensão do seu significado na poesia) –, na música *pop* "é exatamente essa relação entre o que é reconhecido e o que é novo a ser destruída. O reconhecimento torna-se um fim em vez de um meio [...] Nela, reconhecimento e compreensão devem coincidir, enquanto na música séria a compreensão é o ato mediante o qual o reconhecimento leva a colher algo de fundamentalmente novo" (Adorno, 1941, p. 33).

Numa fruição desse tipo, a linguagem da música "é transformada por processos objetivos numa linguagem que o usufruidor pensa ser a sua própria – numa linguagem que serve de receptáculo para as suas necessidades institucionalizadas. Quanto menos a música for uma linguagem *sui generis* aos seus olhos, mais ela será usada como um receptáculo. A autonomia da música é substituída por uma mera função sociopsicológica" (Adorno, 1941, p. 39).

Não é apenas a música, obviamente, a sofrer essa perda de expressividade: uma espécie de *easy listening* também ocorre nas outras linguagens. Se a "leitura como ato de percepção e de apercepção traz provavelmente consigo um certo tipo de interiorização – o ato de ler um romance está bastante próximo de um monólogo interior –, a visualização dos meios modernos de comunicação de massa orienta-se em direção à exteriorização. A idéia de interioridade [...] cede diante de sinais óticos inequivocáveis, que podem ser aferrados com um simples olhar" (Adorno, 1954, p. 382).

1.6.5 Os "efeitos" dos meios de comunicação de massa

Estas são algumas das características substanciais da indústria cultural: é evidente que qualquer tipo de análise dos meios de comunicação de massa não as pode ignorar, e tanto menos uma análise dos chamados efeitos da mídia. O interesse por um meio específico, como a televisão e a sua linguagem, também não deve prescindir do contexto econômico, social e cultural em que ela age.

A primeira constatação a ser formulada é, portanto, que "os meios de comunicação de massa não são simplesmente a soma total das ações que descrevem ou das mensagens desenvolvidas por essas ações. Os meios de comunicação de massa consistem também em vários significados sobrepostos uns aos outros: todos colaboram para o resultado" (Adorno, 1954, p. 384).

A estrutura multiestratificada das mensagens reflete a estratégia de manipulação da indústria cultural:

> *o que ela comunica foi por ela organizado, com o objetivo de encantar os espectadores simultaneamente em vários níveis psicológicos. De fato, a mensagem escondida pode ser mais importante do que a evidente, pois escapará aos controles da consciência, não será evitada pelas resistências psicológicas nos consumos, mas provavelmente penetrará no cérebro dos espectadores* (*ibid.*).

Qualquer estudo dos meios de comunicação de massa que não esteja em condições de perceber tal estrutura multiestratificada e sobretudo os efeitos das mensagens ocultadas põe-se numa perspectiva limitada e falaciosa: e foi justamente essa "negligência" que até agora, como observa Adorno, caracterizou as análises sobre a indústria cultural.

Naturalmente, as relações entre os diversos níveis (manifestos e latentes) das mensagens não são de modo algum simples de serem apreendidas e estudadas, porém não são casuais nem desprovidas de finalidade: ao contrário, elas dão forma à

> *tendência de canalizar a reação do público. Isso se alinha com a suspeita largamente compartilhada, embora seja difícil confirmá-la com dados exatos, de que a maioria dos espetáculos televisivos atuais aponte para a produção, ou pelo menos para a reprodução, de muita mediocridade, de inércia intelectual e de credulidade, que parecem combinar bem com os credos totalitários, ainda que a mensagem explícita e superficial dos espetáculos seja antitotalitária* (Adorno, 1954, p. 385).

A manipulação do público – buscada e conseguida pela indústria cultural, entendida como forma de domínio das sociedades altamente desenvolvidas – passa, portanto, no meio televisivo mediante efeitos que se realizam nos níveis latentes das mensagens. Estas fingem dizer uma coisa e, em vez dela, dizem outra; fingem ser frívolas e, no entanto, ao se colocarem além do conhecimento do público, reforçam seu estado de dependência. O espectador, mediante o material que observa, é continuamente colocado na condição de assimilar ordens, prescrições e proscrições sem saber.

1.6.6 Os gêneros

A estratégia de domínio da indústria cultural vem, portanto, de longe e dispõe de múltiplas táticas. Uma delas consiste na estereotipia.

Os estereótipos são um elemento indispensável para organizar e antecipar as experiências da realidade social que o sujeito cumpre. Eles impedem o caos cognitivo, a desorganização mental, representam, enfim, um instrumento necessário de economia na aprendizagem. Enquanto tais, nenhuma atividade pode ficar sem eles: no entanto, no desenvolvimento histórico da indústria cultural, a função dos estereótipos alterou-se e modificou-se profundamente.

A divisão do conteúdo televisivo em diversos gêneros (jogo de pergunta e resposta, filme policial, comédia etc.) conduziu ao desenvolvimento de fórmulas rígidas, fixas, importantes, porque definem

> *o modelo de aptidão do espectador, antes que ele se interrogue diante de qualquer conteúdo específico, determinando assim, em ampla medida, o modo em que será percebido qualquer conteúdo específico. Por conseguinte, para compreender a televisão, não é suficiente colocar em evidência as implicações dos vários espetáculos e dos tipos de espetáculo, mas deve-se fazer um exame de pressupostos, dentro dos quais funcionam as implicações, antes que se pronuncie uma única palavra. Muito importante é o fato de que a classificação dos espetáculos foi tão longe, que o espectador se aproxima de cada um deles com um modelo estabelecido de expectativas, antes de se encontrar diante do espetáculo em si* (Adorno, 1954, p. 388).

Essa é a mudança de funções sofrida pela estereotipia na indústria cultural: visto que esta última é o triunfo do capital investido – que se interessa pelos indivíduos apenas enquanto seus próprios clientes e empregados –, nela a tendência progressiva a tornar-se um conjunto de protocolos é irrefreável. No entanto, "quanto mais os estereótipos se materializam e se enrijecem [...], tanto menos provavelmente as pessoas mudarão suas idéias preconcebidas com o progresso da sua experiência. Quanto mais a vida moderna se faz obtusa e complicada, tanto mais as pessoas se sentem tentadas a prender-se a clichês, que parecem trazer uma certa ordem para o que, de outro modo, seria incompreensível. Sendo assim, as pessoas podem não apenas perder a verdadeira compreensão da realidade, mas também ter fundamentalmente enfraquecida a capacidade de entender a experiência da vida pelo uso constante de óculos fumê" (Adorno, 1954, p. 390).

"Mas seria vão esperar que a pessoa, em si contraditória e perecedora, não possa durar gerações, que nessa ruptura psicológica o sistema deva necessariamente saltar, que a substituição falsa do estereótipo pelo individual deva tornar-se por si só intolerável aos homens" (Horkheimer-Adorno, 1947, p. 16).

1.6.7 Teoria crítica vs. *pesquisa administrativa*

A teoria crítica – que denuncia a contradição entre indivíduo e sociedade como um produto histórico da divisão de classe, e que se opõe às disciplinas que representam tal contradição como um dado natural –, quando analisa a indústria cultural, explicita sobretudo sua tendência a tratar a mentalidade das massas como um dado imutável, como um pressuposto da própria existência.

O contraste radical da teoria crítica em relação às disciplinas que, ao se setorizarem, não conseguem interpretar os fenômenos sociais na sua complexidade, manifesta-se também em relação aos estudos sobre os meios de comunicação de massa que vinham se desenvolvendo na sociedade americana.

Já se observou que, segundo a teoria crítica, os métodos de pesquisa empírica não penetram na objetivação dos fatos nem na estrutura ou nas implicações do seu fundamento histórico, mas, ao contrário, produzem a fragmentação da totalidade social "numa série de 'objetos' artificialmente transmitidos a várias ciências especializadas. A característica primária do fato social, a sua dinâmica histórica, é a primeira a faltar" (Rusconi, 1968, p. 261). Isso ocorre também com a análise da indústria cultural: se a atitude difundida entre quem se ocupa do setor é evitar subestimá-lo, por outro lado é incontestável que, "por amor do seu papel social, são reprimidas, ou pelo menos excluídas, da chamada sociologia da comunicação questões incômodas a respeito das suas qualidades, da sua verdade ou falsidade e do valor estético do que ela comunica" (Adorno, 1967, p. 10).

A pesquisa sobre os meios de comunicação de massa parece fortemente inadequada, pois limita-se a estudar as condições presentes, inclinando-se, por fim, perante o monopólio da indústria cultural. Sendo assim, além da fachada, a pesquisa acaba por se ocupar substancialmente em encontrar um meio de manipular as massas ou de atingir da melhor forma possível determinados objetivos internos ao sistema existente. "Naturalmente, no âmbito do Princeton Project, não parecia haver muito espaço para uma pesquisa social de caráter crítico. A Fundação Rockefeller, que era a comitente, estabelecia expressamente que as pesquisas deveriam ser conduzidas dentro dos limites do sistema radiofônico comercial vigente nos Estados Unidos. Estava, portanto, implícito que o próprio sistema, as suas conseqüências culturais e sociológicas e os seus pressupostos sociais e econômicos não deviam ser analisados" (Adorno, 1971, p. 261).

Segundo a teoria crítica, é necessário, porém, levar os objetivos à discussão. por exemplo, se a pesquisa "administrativa" se coloca o problema de como conseguir alargar, por meio da mídia, a audição à boa música, a teoria crítica sustenta que "não se deveria estudar a atitude dos ouvintes sem considerar em que medida tais atitudes refletem esquemas mais amplos de comportamento social e, mais ainda, em que medida são condicionados pela estrutura da sociedade considerada como um todo" (Adorno, 1950, p. 416). Numa estratégia de análise tão totalizante, são refutados também os métodos da pesquisa administrativa, suas fontes normais de dados. "O que era axiomático segundo as normas predominantes na pesquisa social, e precisamente o que significava proceder conforme as reações dos indivíduos como se estes fossem uma fonte primária de conhecimento sociológico, parecia-me absolutamente superficial e incorreto" (Adorno, 1971, p. 261). Se a indústria cultural anula toda individualidade e todo pensamento de resistência, se aquilo que triunfa é o pseudo-individualismo, que na verdade mascara a aceitação supina dos valores impostos, contar com os espectadores como fontes seguras de conhecimentos reais acerca dos processos de comunicação da indústria cultural significa velar qualquer possibilidade de compreensão. A ilusão do pseudo-individualismo deve reforçar "o ceticismo concernente a toda informação de primeira mão, recebida pelos ouvintes. Devemos tentar entendê-los melhor do que eles mesmos se entendem" (Adorno, 1950, p. 420).

Este é um ponto muito importante na contraposição entre teoria crítica e pesquisa administrativa: a teoria crítica, segundo Adorno, é capaz de "levar adiante a relação entre teoria e *fact-finding* – uma relação da qual se sente continuamente a urgência, mas que se continua a adiar –, sem com isso pretender que a tão abstrata polaridade entre os dois aspectos possa modificar-se" (Adorno, 1962, p. XX).

Sem excluir a investigação e a verificação empírica, mas sustentando a necessidade de enquadrá-las na compreensão da sociedade como totalidade, a teoria crítica de fato acaba privilegiando a abordagem especulativa sobre o método empírico, mesmo porque – não se deve esquecer – em cada produto da indústria cultural já é possível ler em filigrana o modelo do gigantesco e potente mecanismo econômico.

Os dados recolhidos empiricamente permitirão apenas analisar as relações internas ao sistema produtivo, não as suas conexões com a dinâmica histórica, isto é, com a característica constitutiva de cada fenômeno social. Por exemplo, a música de massa, como qualquer outro produto da indústria cultural, funciona como um "cimento social", mas essa lógica inerente às mensagens é "inacessível" a quem as frui (Adorno, 1941): a pesquisa administrativa, por sua vez, negligencia programaticamente esse aspecto crucial e se desenvolve dentro dos quadros institucionais da indústria cultural.

Desse modo, o contraste entre as duas tendências da pesquisa de comunicação é fundamental e nasce, em primeiro lugar, do perfil global da teoria crítica, da sua polêmica contra a abstenção, realizada pela sociologia empírica em todo momento de auto-reflexão sobre os próprios métodos e princípios. Dessa diversidade radical deriva – como conseqüência lógica – uma concepção diferente da própria mídia: para a teoria crítica, trata-se de instrumentos da reprodução de massa que, na liberdade aparente dos indivíduos, repropõem as relações de força do aparato econômico e social.

Em contrapartida, a pesquisa administrativa os interpreta como

> *instrumentos usados para alcançar determinados objetivos. Estes podem ser: vender mercadorias, ou elevar o nível intelectual da população, ou melhorar a compreensão das políticas governamentais; em todo caso, a pesquisa tem a tarefa de tornar o instrumento de comunicação mais compreensível e conhecido para quem quer usá-lo com uma finalidade específica, para facilitar seu uso* (Lazarsfeld, 1941, p. 2).

De um lado, essa *irrelevância dos objetivos* – em relação aos quais a pesquisa de comunicação coloca-se como serviço a ser usado pelas agências administrativas, públicas ou privadas – é percebida pelo próprio Lazarsfeld como um elemento sobre o qual recaem as objeções da teoria crítica; de outro, muitas vezes foi interpretada posteriormente como uma irrelevância e uma insignificância teóricas.

No que concerne ao primeiro ponto, a observação de Lazarsfeld é que não é possível

> *buscar um objetivo específico e estudar os meios para alcançá-lo, isolando-o da situação histórica global em que*

o objetivo e a pesquisa dos meios se situam. Os meios modernos de comunicação tornaram-se instrumentos tão complexos, que onde quer que sejam usados obtêm sobre as pessoas efeitos muito mais relevantes do que pretende obter quem os administra; além disso, esses meios possuem por si só uma complexidade tal, que deixam às agências que os administram muito menos escolha do que elas pensam ter. A idéia da pesquisa crítica *se contrapõe à prática da pesquisa administrativa, uma vez que requer, de modo preliminar e adicional, para qualquer objetivo específico que se queira alcançar, a análise da função geral dos meios de comunicação de massa no atual sistema social* (Lazarsfeld, 1941, p. 9).

Mas nessa "interpretação" de Lazarsfeld sobre a teoria crítica já está implícita uma dimensão "operativa", "aplicativa", que de um lado prefigura uma integração desejável entre as duas tendências e, de outro, porém, "trai" a coerência interna da abordagem especulativa da teoria crítica. "Eu considerava que a tarefa adequada para mim e que objetivamente me era destinada fosse a de *interpretar* os fenômenos: não verificar, crivar e classificar os fatos e torná-los disponíveis como informação [...]. Naturalmente, e nisso consiste o meu equívoco (mas fui percebê-lo apenas mais tarde), não me pediam que entendesse a relação entre música e sociedade, mas que fornecesse informações. Eu sentia uma forte resistência interior a corresponder a esse pedido, subvertendo meu modo de ser [...]. Traduzir as minhas reflexões em termos de pesquisa era para mim como resolver a quadratura do círculo" (Adorno, 1971, pp. 257; 262; 265). Assim, por exemplo, Lazarsfeld descreve quatro níveis sucessivos na "aplicação" da teoria crítica:

a. uma teoria sobre as tendências fundamentais que levam ao que ele define como "cultura promocional";

b. as análises de fenômenos específicos para ilustrar a sua contribuição para o fortalecimento da tendência dominante;

c. as conseqüências que se manifestam na estrutura da personalidade;

d. as considerações sobre as alternativas possíveis.

Ainda mais indicativo da "interpretação em chave administrativa" da teoria crítica é um exemplo de Lazarsfeld sobre como esta pode estimular a pesquisa empírica:

> *se o objeto de estudo forem os efeitos da comunicação, por mais elaborados que sejam os métodos empregados, será possível estudar apenas os efeitos dos materiais, radiofônicos ou impressos, atualmente difundidos. A pesquisa crítica se interessará sobretudo por aquele material que, em contrapartida, nunca encontra acesso aos canais de comunicação de massa: quais idéias e quais formas expressivas são eliminadas antes de chegar ao grande público, ou por que não parecem interessantes o bastante para a audiência mais ampla, ou por que não garantem um rendimento suficiente em relação ao capital investido, ou por que as formas tradicionais de apresentação não são adequadas ao público?* (Lazarsfeld, 1941, p. 14).

Se – como se observa – a pesquisa administrativa mais atenta e consciente tende a tornar a teoria crítica "operativa", alterando sua natureza, não faltarão, porém, equívocos nem mesmo da outra parte, sobretudo na interpretação da pesquisa administrativa que os epígonos da teoria crítica difundiram. Esta foi apresentada como teoricamente irrelevante, desprovida não apenas de uma análise adequada sobre o contexto socioeconômico, mas também de uma visão global sobre os problemas contingentes[7].

---

7. Não há dúvidas de que essas lacunas caracterizam parte da pesquisa administrativa, mas nem *toda* pesquisa administrativa pode ser identificada nesses limites. O baixo rendimento da pesquisa empírica mais fragmentária é descrito num trabalho de Lowry (1979), que analisa sete revistas americanas do setor de comunicação (*Audio-Visual Communication Review*; *Journal of Advertising Research*; *Journal of Broadcasting*; *Journal of Communication*; *Journalism Quarterly; Journal of Speech*; *Speech Monograph*). Como resul-

Na realidade, o nivelamento da pesquisa a respeito dos objetivos práticos nem sempre comportou a ausência de teoria ou uma problematicidade escassa dos fenômenos indagados: foi o que já explicitamos a propósito do conceito de líder de opinião (ver 1.4.2) ou em relação à necessidade de utilizar contemporaneamente três estratégias diferentes de pesquisa na análise da audição radiofônica (ver 1.4.1). Mas também outros exemplos servem de testemunho:

> *o rádio pode facilitar muitas tendências quanto à centralização, à padronização e à formação das massas, tendências que parecem predominantes na nossa sociedade. Mas, dentre os tantos desenvolvimentos alternativos que hoje podem ser prefigurados, muito poucos ocorrerão por uma "oscilação da balança". De preferência, eles serão o resultado de potentes forças sociais, que nos próximos decênios influenciarão o rádio muito mais do que este os influenciará. É verdade que as inovações tecnológicas têm uma tendência intrínseca a gerar mudança social. Mas, no que concerne ao rádio, todos os elementos manifestam a inverossimilhança do fato de ele ter, por si só, profundas conseqüências sociais no futuro próximo. Hoje, a comunicação radiofônica na América é feita para vender mercadorias: e grande parte dos outros possíveis efeitos do rádio encontram-se submersos num mecanismo social que enfatiza ao máximo o efeito comercial. Não existem tendências sinistras operando no meio radiofônico: este faz tudo sozinho. Um programa deve entreter o público e, portanto, evita qualquer coisa que seja problemática a ponto*

---

tado, tem-se que, nos anos de 1970-1976, a típica pesquisa de comunicação revela-se um estudo desprovido de dimensão diacrônica, realizado nos Estados Unidos sobre o sistema americano dos meios de comunicação de massa, destituído de aspecto comparativo, com referências bibliográficas exclusivamente americanas. Além disso, o nível prioritário de pesquisa é constituído pelo indivíduo, os dados são obtidos quase sempre mediante declarações do público e relatórios subjetivos, negligenciando o uso de outras formas mais sistemáticas de observação e de coleta de dados.

> *de fazer surgir críticas sociais; um programa não deve afastar os ouvintes e, por conseguinte, alimentar os preconceitos do público; evita o especialismo para garantir a audiência mais vasta possível; com o objetivo de agradar a todos, tenta evitar temas controversos. Acrescente-se a tudo isso o pesadelo de todos os produtores radiofônicos, ou seja, de que o ouvinte pode sintonizar quando quiser outra estação concorrente, e se terá a imagem do rádio como de uma prodigiosa inovação tecnológica com uma forte tendência conservadora em todas as questões sociais.*
>
> *Se em 1500 d.C. tivesse sido feito um estudo sobre as conseqüências sociais da imprensa, dificilmente ele teria podido prever todas as mudanças que hoje atribuímos à sua invenção. No quadro das condições sociais daquele tempo, nem mesmo a análise mais exaustiva do novo meio de comunicação teria podido conduzir a previsões úteis. A importância assumida pela imprensa deve-se largamente à Reforma e às grandes revoluções ocidentais nos séculos XVI e XVII.*
>
> *Do mesmo modo, não podemos saber o que significará o rádio nos próximos anos, pois não podemos prever quais desenvolvimentos sociais significativos são iminentes. Podemos apenas ter certeza de que o rádio sozinho não modelará o futuro. Aquilo que nós, pessoas de hoje e de amanhã, faremos do nosso sistema social é o que definirá historicamente o papel do rádio* (Lazarsfeld, 1940, p. 332).

Os exemplos citados são o testemunho de uma pesquisa administrativa atenta – pelo menos em princípio – ao contexto histórico e social de desenvolvimento dos meios de comunicação de massa, e também capaz de conferir importância teórica ao próprio modo de elaborar os problemas. Além das conexões e das relações históricas entre as duas correntes (Lang, 1979) – vínculos que, no entanto, existem e são significativos –, parece-me importante salientar como se determinou, num primeiro momento, uma leitura redutiva que cada abordagem forneceu da outra e, posteriormente, uma acentuação, em chave ideológica, da sua oposição. Como conseqüência, a teoria crítica teve dificuldade em passar do plano das descrições gerais do sistema global da indústria cultural ao da análise dos processos de comunicação que efetivamente se correspondem. Dificuldade acentuada pelo fato de que, para a teoria crítica, esse tipo de análise – como momento autonomamente pertinente – é irrelevante ou acessório, estando já implícito na descrição da dinâmica fundamental da sociedade industrial capitalista. Não é por acaso, portanto, que na teoria crítica todas as alusões referentes à comunicação a descrevem em termos muito semelhantes aos da teoria hipodérmica, isto é, da "teoria de comunicação" mais tosca e menos articulada.

Em contrapartida, por parte da pesquisa administrativa, o conhecimento de um quadro necessário e mais vasto de referência, dentro do qual se deve consolidar o estudo de problemas específicos, atenuou-se freqüentemente, (também) por causa da pressão que a natureza institucional da pesquisa exercia sobre os aspectos metodológicos e operativos do trabalho de investigação. Sendo assim, de um lado nivelava-se a complexidade dos fenômenos de comunicação sobre uma teoria da sociedade, de outro exorcizavam-se as conexões entre esses fenômenos e as outras variáveis sociais, com um tipo de pesquisa que não estava em condições de apreendê-las.

A distância entre teoria crítica e pesquisa administrativa acabou, portanto, por estender-se para além da configuração inicial e por cristalizar uma diferenciação teórica que, por sua vez, era e permanece fecunda e problemática. O próprio Adorno – mesmo sustentando que "parece ser defeito de toda forma de sociologia empírica a necessidade de escolher entre credibilidade e profundidade dos dados obtidos" (1971, p. 278) – sintetiza a sua posição na polêmica entre sociologia empírica e sociologia teórica, "tão freqüentemente mal apresentada, sobretudo na Europa", dizendo que "as investigações empíricas não são apenas legítimas, mas essenciais, inclusive no campo dos fenômenos culturais. Não era necessário, porém, atribuir alguma autonomia a elas ou considerá-las à maneira de uma chave universal. Sobretudo, devem ainda ser concluídas em termos de conhecimento teórico. A teoria não é simplesmente um veículo que se torna supérfluo tão logo os dados estejam disponíveis" (Adorno, 1971, p. 271).

Não é por acaso, portanto, que atualmente a superação da contraposição se dê – na minha opinião – conforme as duas coordenadas seguintes:

a. a primeira é relativa a alguns problemas que *de fato* impõem um tipo de conceituação do campo da mídia, que ultrapassa os termos de contraste. Por exemplo, a questão dos efeitos a longo prazo da mídia (ver Capítulo 2) ou o problema das modalidades com as quais a informação de massa contribui para construir a imagem que os indivíduos elaboram da realidade social (ver Capítulo 3);

b. a segunda coordenada é relativa à superação de um dado que implicitamente reunia teoria crítica e pesquisa administrativa, ou seja, a sua referência a uma teoria da informação dos processos de comunicação. À medida que o paradigma da teoria da informação foi sendo suplantado na *communication research* pela presença de outras referências teóricas (teoria semiótica, sociologia do conhecimento, psicologia cognitiva), novos objetos de conhecimento se afirmaram, e problemas tradicionais puderam ser colocados em termos diversos, modificando a linha de defesa das abordagens (ver 1.9).

Cada um considera naturalmente mais adequada uma tendência do que outra, mas a realidade global da pesquisa em matéria de comunicações de massa hoje se apresenta com a perspectiva concreta de abordagens disciplinares cada vez mais articuladas, variadas e em via de integração.

1.7 A teoria culturológica

À medida que a teoria crítica tornava-se o pólo de referência para os estudos que não se identificavam com a elaboração da pesquisa administrativa, outra área de interesses e de reflexão, também oposta à *communication research*, começou a ser preparada sobretudo na cultura francesa. Trata-se da chamada "teoria culturológica": sua característica fundamental é estudar a cultura de massa, determinando seus elementos antropológicos mais relevantes e a relação que nela se instaura entre o consumidor e o objeto de consumo. Sendo assim, a teoria culturológica não concerne diretamente aos meios de comunicação de massa, nem tampouco aos seus efeitos sobre os destinatários: o objeto de análise programaticamente perseguido é a definição da nova forma de cultura da sociedade contemporânea. O autor e o texto que "inauguraram" essa corrente – Edgar Morin e a sua obra *L'esprit du temps*, de 1962 – são muito explícitos a esse respeito. A polêmica contra o objeto de estudo representado pela mídia e contra a sociologia das comunicações de massa (isto é, essencialmente a pesquisa administrativa) é clara: mesmo se a mídia veicula e difunde a cultura de massa,

> *de fato, a ótica que aponta para a comunicação de massa impede que se apreenda o problema "cultura de massa" [...]. As categorias utilizadas rompem a unidade cultural implícita nas comunicações de massa, eliminam os dados históricos, chegando, por fim, seja a um nível de particularidade dificilmente generalizável, seja a um nível de generalidade que não se pode utilizar* (Morin, 1962, p. 191).

O distanciamento das teorias e dos estudos expostos nos parágrafos precedentes é inequivocável: a pesquisa de comunicação que se concentra em fatores limitados é falaciosa. A cultura de massa é "uma realidade que só pode ser aprofundada com um método, o da totalidade. [...] Não é admissível crer que se possa reduzir a cultura de massa a uma série de dados essenciais, que permitiriam distingui-la da cultura tradicional ou humanística. Não podemos reduzir a cultura de massa *a um ou algum dado essencial*. Ao contrário, não podemos nos contentar em fazer como a sociologia, que eu chamo de burocrática, que se limita a estudar este ou aquele setor da cultura de massa, sem tentar aprofundar aquilo que reúne os vários setores. Penso que devemos tentar ver aquela que chamamos de 'cultura de massa' como um complexo de cultura, civilização e história" (Morin, 1960, p. 19).

O objetivo de Morin é elaborar uma sociologia da cultura contemporânea, subtraída ao falso dilema proposto pela sociologia tradicional sempre que se detém na cultura de massa, isto é, as suas qualidades ou carências. É preciso deixar de debater sobre essa questão para estudar finalmente essa nova realidade. De fato, porém, aquilo que Morin propõe é uma fenomenologia sistemática, sustentada por uma pesquisa empírica.

A cultura de massa forma um sistema de cultura, constituindo-se como um conjunto de símbolos, valores, mitos e imagens, que concernem tanto à vida prática como ao imaginário coletivo: no entanto, ela não é o único sistema cultural das sociedades contemporâneas. Estas são realidades policulturais, nas quais a cultura de massa "é inserida, controlada, censurada [...] e, ao mesmo tempo, tende a corroer e desagregar as outras culturas [...]. Ela não é *autônoma* em sentido absoluto, pode imbuir-se de cultura nacional, religiosa ou humanística e, por sua vez, penetrar na cultura nacional, religiosa ou humanística. Ela não é a única cultura do século XX. Mas é a verdadeira e nova corrente de massa do século XX" (Morin, 1962, p. 8).

Na cultura de massa (sistema ocidental interno à cultura industrial, que, por sua vez, engloba também outros sistemas estatais), o objeto é estreitamente ligado ao seu caráter de produto industrial e ao seu ritmo de consumo cotidiano: do vínculo produtivo-burocrático e técnico derivam algumas conseqüências fundamentais que geram tendências contrapostas, as quais, em vários níveis, percorrem e qualificam todo o processo da cultura de massa.

Em primeiro lugar, configura-se a contradição entre as exigências produtivas e técnicas de padronização e a natureza individualizada e inovadora do consumo cultural. *É a própria estrutura do imaginário* que consente a mediação entre os requisitos opostos: os modelos que servem de guia e as formas arquetípicas do imaginário, os temas míticos, as personagens-tipo constituem as estruturas internas e constantes, usadas pela indústria cultural. Se esta, de um lado, "reduz os arquétipos a estereótipos" (Morin, 1962, p. 19), de outro, porém, não consegue sufocar completamente a invenção, pois o padrão também precisa de originalidade: as tendências à descentralização, à autonomia relativa das funções criativas, à concorrência são justamente o resultado da mediação e do equilíbrio entre as exigências contrapostas. Além disso, tal equilíbrio encontra formas específicas de manifestação também em cada meio individual de comunicação de massa: por exemplo, na imprensa, o peso do aparato e da organização burocrática é maior do que em outros meios, uma vez que os estímulos contrapostos da originalidade e da individualidade já se encontram interiorizados nas definições de "notícia" como novidade, evento inesperado, fora da norma, e na freqüência cotidiana de difusão.

Desse modo, um caráter geral e abrangente da cultura de massa se especifica ulteriormente quando se aplica a um meio e a um gênero particulares: esse mecanismo representa um ponto de força da própria cultura de massa, garantindo sua elevada capacidade de adaptação a públicos e contextos sociais diversos.

A oposição entre processos de padronização produtiva e exigências de individualização ameniza-se numa espécie de linha mediana: este é outro traço saliente da cultura de massa. O fato de "a fórmula substituir a forma" vincula-se diretamente à produção de massa que, sendo destinada a um consumo de massa, impõe a busca de um denominador comum, de uma qualidade média para um espectador médio: "*sincretismo* é o termo mais adequado para exprimir a tendência a homogeneizar sob um denominador comum a diversidade dos conteúdos" (Morin, 1962, p. 29).

O papel do sincretismo na cultura de massa liga-se aos fatores estruturais que a constituem: isso gera conseqüências importantes, como a homogeneização tendencial entre os dois grandes setores da cultura de massa: a informação e a ficção. Para efeito do sincretismo, as *notícias do cotidiano* adquirem importância na informação – ou seja, a "ampliação da realidade, em que o inesperado, o bizarro, o assassinato, o acidente, a aventura irrompem na vida cotidiana" (Morin, 1962, p. 29) –, enquanto a ficção ganha cores de realismo, e as intrigas romanescas aparecem como sendo reais. A definição daquilo que faz notícia e a importância atribuída aos eventos cotidianos são, portanto, a conseqüência – no setor da informação – de duas tendências profundas que percorrem a cultura de massa: de um lado, a dinâmica entre padronização e inovação, de outro, o sincretismo e a contaminação entre real e imaginário.

Ambas as tendências se inscrevem na busca da expansão do consumo, o que comporta outra característica fundamental da cultura de massa: o novo público que a usufrui. Com efeito, ela representa o único terreno de troca e de comunicação para a classe emergente, ou seja, o novo assalariado, que progressivamente engloba faixas sempre mais vastas das classes sociais precedentes. Para além das diferenciações (de prestígio, hierarquia, convenções etc.), delineia-se um terreno comum, uma identidade que constitui o substrato da cultura de massa: é a identidade dos valores de consumo. Com basc nesses valores, a cultura de massa coloca em contato os diferentes estratos sociais. Tendo sido fundada sobre uma ética de consumo, da qual é portadora, a lei fundamental da cultura de massa é a do mercado, e a sua dinâmica resulta do diálogo contínuo entre produção e consumo. No entanto, trata-se de um

> *diálogo desigual.* A priori, *é um diálogo entre um prolixo e um mudo. A produção (o jornal, o filme, a transmissão etc.) prodigaliza contos, histórias, exprime-se usando uma linguagem. O consumidor – o espectador – responde apenas com reações pavlovianas, com o sim ou com o não, que decretam o sucesso ou o insucesso* (Morin, 1962, p. 39).

Quanto à teoria crítica, já se observou que esses "afrescos" gerais sobre o sistema globalizante da cultura de massa ou da indústria cultural, quando devem descrever o tipo de processo de comunicação que sustenta e que se instaura nessa dinâmica cultural, referem-se sempre, implicitamente, à teoria hipodérmica. Sua "simplicidade" é funcional para a irrelevância do problema de comunicação dentro da complexidade do quadro fundamental que se pretende delinear: esse elemento também se apresenta claramente na teoria culturológica[8].

No entanto, apesar das "reações pavlovianas" do consumidor, a questão simplista se são os meios de massa a criar o próprio público ou se é este último a determinar o conteúdo da mídia é falaciosa: "O verdadeiro problema é o da dialética entre o sistema de produção cultural e as necessidades culturais dos consumidores" (Morin, 1962, p. 40). Diferentemente de outros sistemas culturais precedentes, que institucionalizavam uma fase formal de aprendizagem, a eficácia da cultura de massa baseia-se em sua adequação às aspirações e necessidades existentes: segundo Morin, a cultura de massa encontra o próprio terreno ideal em que o desenvolvimento industrial e técnico cria novas condições de vida que desagregam as culturas precedentes e fazem emergir novas necessidades individuais. "Os conteúdos essenciais [da cultura de massa] são os das necessidades privadas, afetivas (felicidade, amor), imaginárias (aventuras, liberdade), ou materiais (bem-estar)" (Morin, 1962, p. 161): à medida que as transformações sociais incrementam essas necessidades, ela se difunde, contribuindo, por sua vez, para enraizar esse sistema de valores. A cultura de massa coloca-se então como uma ética do *loisir*: o consumo dos produtos torna-se, ao mesmo tempo, autoconsumo da vida individual e auto-realização. A cultura de massa é uma religião moderna da salvação terrena, que contém em si as potenciali-

8. É interessante notar a permanência desses aspectos também em autores e abordagens semelhantes sob certos aspectos, mas, sob outros, distintos da de Morin. O exemplo mais significativo é Moles, que, mesmo com uma forte ênfase de cunho informativo, também propõe uma abordagem culturológica. A "cultura-mosaico" – descrita por ele como uma congérie de fragmentos de conhecimento, que forma um depósito deixado pelos meios de comunicação de massa no cérebro dos indivíduos – "é a cultura da massa que assimila de maneira praticamente passiva tudo o que é proposto [...]. O *Macroambiente* produzido pelos meios de comunicação de massa reúne os consumidores e os fabricantes de mensagens de massa, que encontram saída numa vasta gama de canais, exercendo na prática uma *posse total do homem moderno, que se rebela apenas de maneira veleidosa*" (Moles, 1967, pp. 397-9) [grifo meu].

dades e os limites do próprio desenvolvimento: de um lado, ela indica o caminho que necessariamente toda sociedade de consumo seguirá, mas, de outro, é vulnerável a todos os movimentos coletivos que se fazem portadores de exigências metaindividuais e espirituais.

Com efeito, a cultura de massa busca em formas fictícias tudo o que é eliminado sistematicamente da vida real: tornando irreal uma parte da vida dos consumidores, acaba por transformar o espectador num fantasma, projetando "o seu espírito na pluralidade dos universos imaginados ou imaginários, [dispersando] sua alma nos inumeráveis duplos que vivem por ele. Sendo assim, a cultura de massa age em duas direções inversas: de uma parte, os duplos vivem em nosso lugar, livres e soberanos; consolam-nos da vida que nos falta, desviam-nos da vida que nos é dada; de outra, levam-nos à imitação, dão-nos o exemplo da busca da felicidade" (Morin, 1962, p. 172).

Desse modo, a cultura de massa acaba por adaptar a si mesma os já adaptados e adaptáveis, em toda situação em que as transformações socioeconômicas já tenham preparado as condições favoráveis. Quando isso ocorre, ela pode desenvolver a própria forma de vida, o "superindividualismo privado".

Em suma, "a cultura de massa contribui para enfraquecer todas as instituições intermediárias, da família à classe social, para constituir um aglomerado de indivíduos – a massa – a serviço da supermáquina social" (Morin, 1962, p. 178). Com esse comentário – que retoma, em consonância com as "reações pavlovianas", outros aspectos típicos da teoria hipodérmica –, conclui-se a análise de Morin, que aspira a ser uma sociologia da cultura contemporânea.

Para além da ausência de sistematismo próprio da teoria culturológica (ainda que esta de fato desenvolva um fio seqüencial de investigações), as reações a ela suscitadas, sobretudo na França, reivindicaram uma atitude mais empírica, menos vaga e generalizante, em relação a esses problemas. "Os meios de comunicação de massa podem fazer as vezes de veículos para as mensagens mais diversas e encontrar os mais variados níveis de receptividade; aproveitando-se do efeito de halo, contentam-se em despertar o modelo arquétipo do condicionamento por meio da imagem publicitária. Uma sociologia que queira reintroduzir uma avaliação modesta do fenômeno nas suas nuanças e nos seus limites é considerada desde o início como uma ciência burocrática que se aproxima pontualmente da sociedade mais do que do Espírito do Tempo" (Bourdieu-Passeron, 1963, p. 24). À "metafísica catastrófica" dessa abordagem empregada pela mídia, que "oscila entre o que não pode ser demonstrado e o que não chega a ser falso"[9] (Bourdieu-Pas-

---

9. Poder-se-ia atribuir essa característica a outro autor muito prolífico e famoso na literatura dos meios de comunicação de massa, cuja obra – para além de polêmicas apaixonadas e comemorações comovidas – deixou, porém, pouquíssimos traços na pesquisa. Trata-se de McLuhan, ensaísta brilhante, cuja abordagem pode ser inserida numa perspectiva culturológica. De fato, para esse autor, o interesse pelos meios de comunicação de massa (entendidos numa acepção bastante extensa) está essencialmente vinculado às transformações antropológicas, introduzidas por toda inovação de comunicação, por meio das modalidades de percepção que são intrínsecas à tecnologia de cada meio.

A organização simbólica do homem, o seu sistema de percepção espacial e temporal sofrem o impacto das diversas tecnologias de comunicação; é nesse nível que a mídia determina seus efeitos mais significativos e duradouros. A atenção voltada aos conteúdos transmitidos pelos meios obscurece e desvia a atenção do fato de os meios de comunicação de massa incidirem sobre o conhecimento de mundo das pessoas, mas não porque os efeitos se verificam nas opiniões, e sim porque as reações sensoriais ou as formas de percepção se alteram constantemente e sem encontrar resistência. McLuhan fala em seguida da "aldeia global" em que se transformou o mundo, justamente como resultado das mudanças provocadas pelos meios eletrônicos: a territorialidade física é superada pela conexão televisiva intercontinental, do mesmo modo como a distância é inutilizada pela cobertura televisiva. Nessa perspectiva, os meios de comunicação de massa também são expansões do homem: esses meios, enquanto tais, tornam-se as verdadeiras mensagens que contam, eles modificam o receptor. Todas as tecnologias de comunicação (em sentido lato) são, na realidade, analisáveis como extensões do sistema físico e nervoso do homem.

Naturalmente, a obra de McLuhan – complexa e repleta de "invenções de definição" – não pode ser resumida de forma adequada neste momento, inclusive pela sua marginalidade em relação à *communication research*: para o leitor interessado nesse autor, remete-se (também quanto às indicações bibliográficas) a Gamaleri, 1976.

seron, 1963, p. 17), opõem-se problemas mais "banais", mas que colocam em dúvida a própria existência dessa abordagem: por exemplo, o fato de que todo meio de comunicação recorta dentro da "massa" conjuntos específicos, públicos mutáveis, que se sobrepõem; ou então o fato de que as experiências de emissores e receptores diferem em relação à estrutura do grupo a que pertencem; ou ainda o fato de que é errôneo "sustentar que o leitor concedeu à informação uma importância proporcional aos milímetros quadrados que esta ocupava no jornal" (Bourdieu-Passeron, 1963, p. 31), ou, por fim, a constatação de que a mensagem dos meios de comunicação de massa não detém intrinsecamente a capacidade de eludir as defesas da personalidade do destinatário. Essas questões "banais" marcam o caminho de um discurso de mídia que, mais do que profético, quer ser objeto e fruto de uma elaboração científica: à reivindicação de uma abordagem totalizante e unitária, imposta pela teoria culturológica – pelo menos em princípio –, a resposta é aquela já percorrida pela melhor parte da *communication research*.

Não obstante as diversidades existentes entre os métodos até aqui descritos, a polaridade entre as perspectivas generalizantes, globalizantes e a abordagem empírica que busca progressivamente elaborar uma teoria permanece constante, embora muito mais problemática e rica de idéias produtivas do que o representado com tanta freqüência pelo debate ideológico surgido nela.

1.8 A perspectiva dos *cultural studies*

A multiplicidade das perspectivas elaboradas ao longo do tempo nas comunicações de massa ajuda a compreender um aspecto fundamental da pesquisa de comunicação: a sua essência fortemente exposta a discursos "concorrentes", setoriais e às vezes corporativos, a respeito do mesmo objeto. O "saber prático" dos profissionais da comunicação (jornalistas, *mediamen*, publicitários, responsáveis pelas televisões etc.) e o "saber político" das instituições diretamente ou indiretamente envolvidas na gestão ou no controle dos meios de comunicação de massa são dois exemplos de abordagens "concorrenciais".

O conjunto de conhecimentos produzido pela *communication research* encontrava-se e encontra-se "confrontado com outras abordagens, que possuem fontes independentes e são variadamente sustentadas por interesses econômicos, reivindicações de autonomia profissional, exercício de poder, sentimentos coletivos profundamente consolidados, experiências cotidianas. Não é de surpreender que os conhecimentos e as teorias na pesquisa sobre os meios de comunicação de massa sejam atentamente avaliados em relação à sua utilidade e validade. A situação [dos estudiosos de comunicações de massa] é a de expor conhecimentos sobre uma instituição radicada, que reflete sobre si mesma, que é respeitável e se encontra numa posição de tensão potencial com outras instituições igualmente respeitáveis, bem estruturadas e fontes de poder econômico e político. São poucos os outros argumentos expostos dessa forma" (McQuail, 1980, p. 111).

Esse aspecto não constitui apenas um dado de fato da pesquisa sobre mídia, mas começou também a se colocar como problema a ser analisado em seu próprio âmbito: de que modo se articulam as relações entre o sistema da mídia e as outras estruturas e instituições sociais? Quais reflexos dessa relação se desenvolvem no funcionamento e relativamente aos meios de comunicação de massa?

Em outras palavras, na tendência geral (que está progressivamente caracterizando a *communication research*) a acentuar a atenção nas estruturas sociais e no contexto histórico, enquanto fatores essenciais para compreender a ação da mídia, um momento específico que marcou peculiarmente essa orientação é representado pelos *cultural studies*. A teoria da mídia conhecida por esse nome surge entre a metade dos anos 50 e os primeiros anos da década de 60 na Inglaterra, em torno do Centre for Contemporary Cultural Studies de Birmingham.

O interesse dos *cultural studies* tende sobretudo a analisar uma forma específica de processo social, relativa à atribuição de sentido à realidade, ao desenvolvimento de uma cultura de práticas sociais compartilhadas, de uma área comum de significados. Nos termos dessa abordagem, a "cultura não é *uma* prática, nem é simplesmente a descrição da soma dos hábitos e costumes de uma sociedade. Ela atravessa *todas* as práticas sociais e constitui a soma das suas inter-relações" (Hall, 1980, p. 60). O objetivo dos *cultural studies* é definir o estudo da cultura própria da sociedade contemporânea como um âmbito de análise conceitualmente relevante, pertinente e fundado teoricamente. No conceito de cultura cabem tanto os *significados* e os *valores* que surgem e se difundem nas classes e grupos sociais, quanto as *práticas* efetivamente realizadas, por meio das quais valores e significados são expressos e nas quais estão contidos. Com respeito a tais definições e modos de vida – entendidos como construções coletivas –, os meios de comunicação de massa desenvolvem uma função importante, uma vez que agem como elementos ativos dessas construções.

Os *cultural studies* atribuem à cultura um papel que não é meramente reflexivo nem residual em relação às determinações da esfera econômica: uma sociologia adequada das comunicações de massa deve, portanto, colocar a si mesma o objetivo de perceber a dialética que se instaura entre o sistema social, a continuidade e as transformações do sistema cultural, o controle social. Devem ser estudadas as estruturas e os processos por meio dos quais as instituições das comunicações de massa sustentam e reproduzem a estabilidade social e cultural: isso não ocorre de modo estático, mas adaptando-se continuamente às pressões, às contradições que emergem da sociedade, englobando-as e integrando-as no próprio sistema cultural.

A partir desse ponto de vista, os *cultural studies* se diferenciam de outra corrente da pesquisa sobre mídia, isto é, a análise econômica dos meios de comunicação de massa e da produção cultural. Essa corrente representa um âmbito mais "clássico", em que a especificidade da dimensão cultural-ideológica tende a se atenuar: a dinâmica econômica é de fato proposta como explicação necessária, e também suficiente, para compreender o processo dos efeitos culturais-ideológicos da mídia. As diferenças entre as diversas práticas culturais tornam-se indistintas, uma vez que aquilo que interessa a esse tipo de abordagem é o aspecto mais geral da forma de mercadoria (Hall, 1980).

Em contrapartida, os *cultural studies* atribuem ao âmbito superestrutural uma especificidade e um valor constitutivo que ultrapassam a oposição entre estrutura e superestrutura. O efeito ideológico total da reprodução do sistema cultural operada pelos meios de comunicação de massa evidencia-se com a análise das várias determinações (internas e externas ao sistema da comunicação de massa), que vinculam ou liberam as mensagens da mídia dentro e por meio das práticas produtivas. Dessas práticas é explicitada sobretudo a natureza padronizada, redutiva, que favorece o *status quo*, mas que também é, ao mesmo tempo, contraditória e variável; a complexidade da reprodução cultural passa para primeiro plano, do mesmo modo como é ilustrada a conexão fundamental entre o sistema cultural dominante e as disposições dos indivíduos. O comportamento do público é orientado por fatores estruturais e culturais que, por outro lado, influenciam o conteúdo da mídia, justamente pela capacidade de adaptação e de aglomeração destes últimos. Além disso, esses fatores estruturais favorecem a institucionalização de modelos "aprovados" de uso dos meios de comunicação de massa e de consumo das construções culturais.

Os *cultural studies* tendem a especificar-se em duas "aplicações" diferentes: de um lado, os trabalhos sobre a produção dos meios de comunicação de massa enquanto sistema complexo de práticas determinantes para a elaboração da cultura e da imagem da realidade social; de outro, os estudos sobre o consumo da comunicação de massa enquanto lugar de negociação entre práticas de comunicação extremamente diferenciadas.

Conforme este último ponto de vista, os *cultural studies* se distinguem (como ocorre em relação à economia da mídia) de outras abordagens, mais ou menos próximas, em particular da conhecida como "teoria conspirativa da mídia". Esta vincula os conteúdos dos meios de comunicação de massa à finalidade de controle social buscada pelas classes dominantes. A censura de alguns temas, a ênfase sobre outros, a presença de mensagens evasivas, a deslegitimação dos pontos de vista marginais ou alternativos são alguns dos elementos que fazem dos meios de comunicação de massa um puro e simples instrumento de hegemonia e de conspiração da elite do poder. Contra essa versão e reafirmando a centralidade das construções culturais coletivas como agentes da continuidade social, os *cultural studies* enfatizam, porém, sua natureza complexa e elástica, dinâmica e ativa, não puramente residual ou mecânica. Salientando mais uma vez o fato de que as estruturas sociais externas ao sistema dos meios de comunicação de massa e as condições históricas específicas são elementos essenciais para compreender as práticas da mídia, os *cultural studies* reforçam a dialética contínua entre sistema cultural, conflito e controle social.

Fugindo do mecanismo redutivo que às vezes pode caracterizar a abordagem econômica dos meios de comunicação de massa e também do funcionalismo rígido que qualifica a "teoria conspirativa", o problema fundamental da abordagem dos *cultural studies* – na sua formulação mais ampla e programática – é o de analisar tanto a especificidade das diversas práticas de produção cultural, quanto as formas do sistema articulado e global a que essas práticas dão vida (Hall, 1980).

1.9 As teorias de comunicação

Uma das linhas condutoras deste livro é que a história e a evolução da *communication research* foram profundamente influenciadas *também* pelo tipo de teoria de comunicação que, vez por outra, mostra-se predominante. É possível, portanto, "ler" a sucessão dos principais problemas analisados, não apenas em relação às determinações do contexto histórico-econômico e político, ou ao predomínio de algum paradigma sociológico específico, mas também em relação ao grau de elaboração dos modelos sobre os processos de comunicação.

Os momentos mais significativos nas teorias expostas até este momento são também episódios de uma *contraposição constante* entre a pertinência sociológica e a especificamente de comunicação, que atravessou e atravessa a *communication research*. Com efeito, o entrelaçamento das duas linhas de reflexão esteve sempre presente, e o maior estímulo num sentido ou no outro prefigurou alguns momentos e êxitos específicos do campo. O próprio debate sobre a crise dos estudos da mídia foi profundamente marcado pela polêmica entre sociologia e semiótica, que discutia o fato de os respectivos títulos e referências científico-disciplinares tratarem de comunicação de massa (para um exame e uma interpretação dessa polêmica, ver Rositi, 1982).

No segundo e no terceiro capítulos, tentarei ilustrar os temas e objetos de pesquisa que hoje propõem concretamente uma superação de conflitos e paralisações precedentes, realizando – ainda que lentamente – uma profunda transformação no "equipamento de comunicação" de que dispõe a pesquisa. Todavia, neste parágrafo, dos três elementos que formam o paradigma dominante nos estudos da mídia – as perspectivas sociológicas, o contexto socioeconômico, as teorias de comunicação –, analiso o último, relativo aos modelos teóricos com os quais foi tratado o problema da comunicação.

Antes disso, é conveniente determinar um ponto geral: na evolução da *communication research*, colocou-se várias vezes (e ainda se coloca) a questão da legitimidade de uma abordagem comunicacional para a mídia.

Como conseqüência da multiplicidade dos "conhecimentos" e das competências (profissionais, institucionais, políticas, científicas etc.) que se aplicam ao objeto que é a mídia, tende-se a colocar em discussão a pertinência e a legitimidade de um modelo de processo de comunicação. Para muitos estudiosos, o resultado da predisposição a considerar a comunicação de massa *em primeiro lugar* como *comunicação* (no sentido de "*transferência* ordenada de significados"; ver Elliott, 1972) é uma concepção excessivamente abstrata e anistórica dos meios de comunicação de massa.

> *Visto que as comunicações de massa são fundamentalmente um fenômeno coletivo, seu significado pode ser avaliado*

> *apenas em termos de um modelo da sociedade, e não recorrendo a um modelo da ação social unitária, ao qual se assemelham superficialmente e com o qual existe alguma correspondência terminológica* (McQuail, 1981, p. 54)[10].

Quem sustenta que a orientação geral da pesquisa de comunicação deveria voltar-se à teoria social explicita de modo muito claro que

> *não há necessidade de uma teoria das comunicações de massa, mas de uma teoria da sociedade, para gerar proposições-guia e pesquisas nessa área* (Golding-Murdock, 1978, p. 60).

Muitas vezes, essa posição acaba adotando implicitamente uma teoria de comunicação hipersimplificada, de derivação informativa; a insignificância atribuída ao componente de comunicação introduz um elemento de distorção relativo a ele, que também se reflete em outros aspectos: o caso da "teoria conspirativa" é bastante significativo. Ao se refutar a pertinência da comunicação, acaba-se, por conseguinte, por aceitar o modelo mais simplificado que por muito tempo esteve disponível: o derivado da teoria da informação.

Além das reivindicações de uma disciplina ou de outra de definir e qualificar o campo da pesquisa sobre mídia, o problema essencial, na minha opinião, não é inverter a relação entre tendência sociológica e pertinência da comunicação, mas encontrar e aprofundar todos os possíveis pontos de integração,

---

10. Contrariamente a essa atitude, coloca-se a tendência de estudos que tentou elaborar um modelo geral dos processos de interação de comunicação: "No total, as semelhanças entre os processos de comunicação de massa e os interpessoais são muito mais numerosas do que as diferenças: a comunicação de massa encontra diante de si as mesmas defesas. Tem de superar os mesmos obstáculos: atenção, aceitação, interpretação e disposição. Ela requer os mesmos tipos de contato entre emissor e destinatário para a comunicação de entretenimento e a instrutiva. Ela precisa depender da ativação do mesmo tipo de dinâmicas psicológicas se quiser persuadir" (Schramm, 1971, p. 50).

correspondência, tradução e assimilação entre essas duas perspectivas. Ambas são necessárias, mas nenhuma delas, sozinha, é suficiente para definir a complexidade dos temas e do objeto de pesquisa.

1.9.1 O modelo de comunicação da teoria da informação

Historicamente, pode-se observar como, em nível semântico, os termos "comunicação" e "comunicar" se modificam sensivelmente: "Os usos que no conjunto significam 'compartilhar' passam progressivamente para segundo plano para deixar lugar aos usos lingüísticos centrados em torno do significado de 'transmitir'" (Winkin, 1981, p. 14). A teoria da sociedade de massa e a correspondente *bullett theory* (ver 1.2.2) da comunicação representam eficazmente essa tendência, cuja expressão mais consistente é fornecida pela teoria da informação, ou melhor, pela teoria matemática da comunicação (Shannon-Weaver, 1949).

A origem do modelo encontra-se nos trabalhos de engenharia das telecomunicações: Escarpit (1976) caracteriza três momentos fundamentais: um estudo de Nyquist, de 1924, sobre a velocidade de transmissão das mensagens telegráficas; um trabalho de Hartley, feito em 1928, sobre a medida da quantidade de informação e, por fim, o esboço publicado por Shannon, em 1948, no *Bell System Technical Journal*, a respeito da teoria matemática da informação, "que é, em primeiro lugar, uma teoria do rendimento da informação" (Escarpit, 1976, p. 19). Todos esses estudos visam melhorar a velocidade de transmissão das mensagens, diminuir suas distorções e as perdas de informação, aumentar o rendimento total do processo de transmissão de informação. Esta última é entendida como uma "propriedade estatística da fonte das mensagens [...], como medida de uma situação de eqüiprobabilismo, de distribuição estatística uniforme existente na fonte [...], como valor de eqüiprobabilismo entre muitos elementos combináveis, valor que é tão maior quanto mais escolhas forem possíveis" (Eco, 1972, pp. 14-5).

A teoria matemática da comunicação é essencialmente uma teoria sobre a *transmissão* ideal das mensagens: o esquema do "sistema geral de comunicação", proposto por Shannon, é o seguinte:

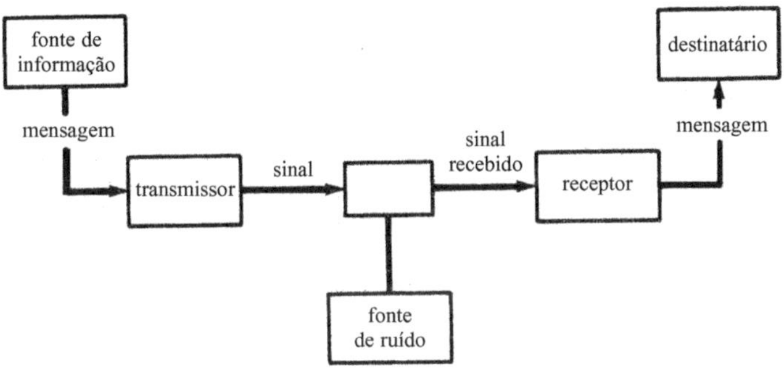

(Shannon-Weaver, 1949)

A transferência de informação efetua-se da fonte para o destinatário, enquanto a transferência da energia vetorial ocorre do transmissor ao receptor.

O esquema ilustra o fato de que em todo processo de comunicação

> *existe sempre uma* fonte *ou nascente da informação, da qual, por meio de um aparelho* transmissor, *é emitido um sinal; esse sinal viaja por um* canal *ao longo do qual pode ser perturbado por um* ruído. *Depois de sair do canal, o sinal é recebido por um* receptor, *que o converte numa* mensagem. *Como tal, a mensagem é compreendida pelo* destinatário (Eco, 1972, p. 10).

Esse esquema analítico – em versões diversas e com leves variações terminológicas – constitui uma presença constante nos estudos de comunicação, provavelmente graças também à sua aplicabilidade a fenômenos muito heterogêneos. Com efeito, "todo processo de comunicação se desenvolve conforme o esquema aqui reproduzido, quer:

a. se verifique entre duas máquinas (por exemplo, a comunicação que ocorre nos aparelhos ditos homeostásicos, que asseguram que uma dada temperatura não ultrapassará o limite fixado, preparando correções oportunas da situação térmica na fonte, tão logo recebem uma mensagem convenientemente codificada);

b. se verifique entre dois seres humanos;

c. se verifique entre uma máquina e um ser humano (como o típico caso do nível de gasolina no tanque de um carro, comunicado mediante a bóia e sinais elétricos ao painel do automóvel, no qual aparece uma mensagem destinada ao condutor)" (Eco, 1972, p. 10).

Mesmo quando falamos a alguém, "uma parte do cérebro, situada no córtex, faz as vezes de fonte; outra parte, situada na zona temporal do hemisfério esquerdo (para quem é destro), faz as vezes de codificador. Os impulsos provenientes do centro de codificação modulam pouco a pouco a energia acústica, produzida por um aparato que concerne ao sistema muscular, ao aparelho respiratório e ao fonador. A energia modulada é transportada ao longo de uma via constituída pelo ar ambiente e é captada por um receptor constituído por ouvido externo, tímpano (que é um transformador de energia), condutor mecânico dos ossículos e ouvido interno, que encaminha as modulações para o centro de decodificação mediante o nervo auditivo. As modulações decodificadas são então recebidas pelo destinatário, que se encontra situado no córtex cerebral do ouvinte" (Escarpit, 1976, pp. 30-1).

Obviamente, a funcionalidade desse modelo de comunicação não consistiu apenas na sua vasta aplicabilidade: ela se concentrou no fato de que permitia caracterizar os fatores que perturbavam a transmissão de informação, ou seja, o problema do ruído (fosse este último devido a uma perda do sinal ou a uma informação parasitária, produzida no canal). Tratava-se de um ponto relevante, visto que a principal *finalidade operativa* da teoria de informação da comunicação era justamente a de fazer passar pelo canal o máximo de informação com o mínimo de distorção e a máxima economia de tempo e de energia.

"Um dos méritos de Shannon, ainda maior do que o da medida da entropia, é ter formulado o chamado 'teorema do canal ruidoso'. Esse canal [...] baseia-se numa melhor utilização da codificação: os defeitos da cadeia energética são corrigidos por meio de aperfeiçoamentos no rendimento da cadeia de informações" (Escarpit, 1976, p. 33), de modo que se obtêm, mediante uma codificação perfeita, altos valores de fidelidade do canal. Tratava-se, portanto, de conseguir determinar o modo mais econômico, veloz e seguro de *codificar* uma mensagem, sem que a presença do ruído tornasse sua transmissão problemática.

Evidencia-se, assim, a presença de outro elemento no esquema de comunicação, o código.

> *Para que o destinatário possa compreender o sinal no modo exato, é necessário que, tanto no momento da emissão quanto no momento da destinação, se faça referência a um mesmo código. O* código *é um sistema de regras que atribui a determinados sinais um determinado valor. Dizemos valor, e não "significado" porque, no caso de um aparato homeostásico (relação entre duas máquinas), não se pode dizer que a máquina destinatária "compreenda o significado" do sinal (senão em sentido metafórico): esta foi instruída a responder num certo modo a uma certa solicitação* (Eco, 1972, p. 11).

A esse respeito, abre-se uma série de profundas limitações explícitas e programáticas da teoria da informação, limitações tiradas da *communication research*, ou cujo conhecimento perdeu-se pelo caminho, a fim de contribuir para a difusão e para o "sucesso" do modelo de comunicação de informação.

> *Nos textos dos teóricos da informação, há uma nítida distinção entre informação como medida estatística de eqüiprobabilismo dos acontecimentos na fonte e significado. Shannon (1948) distingue o significado de uma mensa-*

gem, irrelevante para uma teoria da informação*, da medida da informação que se pode receber quando uma determinada mensagem, mesmo quando se trata de um único sinal elétrico, é selecionada a partir de um conjunto de mensagens eqüiprováveis. Aparentemente, o problema do teórico da informação é "codificar" uma mensagem segundo uma regra do seguinte tipo: deve-se transcrever*

A como 00
B como 01
C como 10
D como 11

mas, na realidade, o teórico da informação não está imediatamente interessado na correlação entre sinais binários e seu possível conteúdo alfabético. Ele está interessado no modo mais econômico de transmitir os próprios sinais, sem criar ambigüidade e neutralizando ruídos no canal ou erros de transmissão [...]. O problema da teoria da informação é a sintaxe interna do sistema binário, não o fato de que as seqüências expressas pelo sistema binário possam exprimir, como o seu conteúdo, letras do alfabeto ou qualquer outra seqüência importante (Eco, 1984, p. 264).
A teoria da informação representa um método de cálculo das unidades de sinal *transmissíveis e transmitidas, e não um método de cálculo das unidades de significado* (Eco, 1972, p. 8).

Em outras palavras, para retomar um exemplo tirado de Escarpit (1976), a perspectiva dos teóricos da informação é semelhante à do empregado dos correios que deve transmitir um telegrama: em relação ao remetente e ao destinatário, que estão interessados no significado da mensagem que trocam, seu ponto de vista é outro. O significado daquilo que transmite lhe é indiferente, uma vez que sua função é a de fazer pagar por um serviço de modo proporcional à extensão do texto, ou seja, à transmissão de uma "quantidade de informação".

O código pelo qual se interessa a teoria da informação – e que torna possível a transmissão de informação – serve para reduzir o eqüiprobabilismo inicial na fonte, estabelecendo um sistema de recorrências. Trata-se de um sistema puramente sintático, um sistema organizador, que não contempla na própria competência o problema do significado da mensagem, ou seja, a dimensão mais especificamente de comunicação.

A informação – como medida estatística do eqüiprobabilismo dos acontecimentos na fonte, como entidade mensurável em termos puramente quantitativos – não pode ser confundida com o significado, isto é, com o valor atribuído segundo um código que faz corresponder aos elementos informativos outras entidades (correlacionadas por convenção), que, de fato, não são transmitidas.

Se para a teoria da informação são relevantes os aspectos ligados ao significante, às suas características – em particular, a resistência à distorção provocada pelo "ruído", a facilidade de codificação e decodificação, a velocidade de transmissão –, para tudo o que, em contrapartida, diz respeito ao aspecto da comunicação não se pode prescindir da observação de que "a mensagem, para o destinatário humano, adquire um significado e pode comportar vários sentidos possíveis [...]. O destinatário *extrai o sentido* a ser atribuído à mensagem do *código*, não da mensagem em si [...]; a mensagem se completa apenas ao interagir com o código. Na verdade, podemos dizer que, até o aparecimento do código, não existem nem mesmo significantes, mas apenas sinais. Os significantes existem no espaço em que o código já se encontra definido [...]. Naturalmente, o código, nesse caso, não é mais apenas o sistema que organiza os significantes (ou os sinais), mas é um sistema de emparelhamento e equivalências. O código une um sistema de significantes a um sistema de significados" (Eco, 1972, p. 21).

No entanto, a diferente acepção do conceito de código (sintaxe interna da seqüência de sinais vs. correlação entre elementos de sistemas diversos) não é a única a limitar a teoria da informação; essa limitação é exercida sobretudo pela evacuação sistemática da dimensão relativa à significação.

Entre as duas acepções de "comunicação" – a *transferência* de informação entre dois pólos, a *transformação* de um sistema para o outro (Eco, 1984) –, a teoria da informação privilegia definitivamente a primeira. Desse modo, ela pode constituir um método "para a investigação cada vez mais diligente da forma da expressão sob o seu aspecto de sinal físico, mas pode ter apenas um valor orientador (sugerindo metáforas ou, no melhor caso, possíveis homologias) para uma teoria de comunicação mais compreensiva, que não pode ser nada além de uma *semiótica geral*" (Eco, 1972, p. 26).

Esse limite heurístico fundamental do modelo de informação representa um ponto muito importante[11]: levantado e discutido por muitos autores e explicitado na própria teoria da informação, no âmbito dos estudos da mídia – na minha opinião –, ele não foi considerado de modo suficiente, sobretudo em relação aos efeitos globais que essa elaboração teórica teve sobre a pesquisa. Foi como se a exigência de se dispor de uma teoria de comunicação, que não eliminasse programaticamente o aspecto da significação no processo de comunicação (dimensão que não parece de todo irrelevante nem mesmo no campo das comunicações de massa), constituísse um obstáculo inútil para os estudos sobre as comunicações de massa. Sendo assim, parecia tratar-se de uma direção de pesquisa que distanciava os objetivos prioritários, orientados sociologicamente e centrados na relação entre mídia e sociedade, quase como se

11. Escarpit determina outro limite para a aplicabilidade da teoria de comunicação de informação, no conceito de entropia. Este indica o estado de eqüiprobabilismo a que tendem todos os elementos de um sistema, ou seja, uma distribuição estatística uniforme na fonte: no entanto, esse conceito se aplica exclusivamente a fontes sem memória, isto é, incapazes de modificar a própria entropia com base e em função dos eventos já realizados. No caso das linguagens naturais, "a probabilidade dos sinais varia à medida que a fonte os emite. A probabilidade de cada sinal numa mensagem é definida não apenas pela sua probabilidade geral na língua a que pertence, mas também pelo aparecimento de outros sinais na mesma mensagem [...]. Isso significa que uma fonte que faz uso da linguagem é uma *fonte dotada de memória* [...]. Essas fontes não podem ser aplicadas à fórmula de Shannon" (Escarpit, 1976, p. 39).

esta pudesse desenvolver-se totalmente fora de qualquer mecanismo de construção de significado.

Obviamente, isso não implica – como algumas interpretações parecem sugerir – "carregar" na pesquisa sobre mídia a história da reflexão filosófica, lingüística ou semiótica em torno do problema da significação. Todo âmbito disciplinar tem sua própria autonomia e se coloca finalidades cognitivas específicas: a sociologia da mídia e, em geral, a pesquisa sobre as comunicações de massa são coisas distintas das disciplinas citadas anteriormente.

O que quero salientar é apenas o fato de que, mesmo para a própria *communication research*, a funcionalidade que reveste ou que nela desenvolve uma teoria adequada dos processos de comunicação não é de todo irrelevante ou indiferente. Funcionalidade e relevância que certamente não podem ser garantidas por um modelo teórico tão gravemente lacunoso como o da informação. A partir desse ponto de vista, a *communication research* aparece percorrida por curiosas incongruências: de um lado, preocupa-se, por exemplo, em definir com precisão as numerosas e relevantes diferenças entre os processos de comunicação de massa e os interpessoais (McQuail, 1975), mas, de outro, não considera pertinente dotar-se de um modelo teórico da comunicação, que não seja muito desequilibrado no aspecto da transmissão em detrimento do da significação. Se é verdade que na teoria da informação "o significado que é comunicado [...] não conta, mas sim o número necessário de alternativas para definir o acontecimento sem ambigüidade" (Eco, 1972, p. 14), é igualmente verdade que, para o estudo das comunicações de massa, tem certa relevância o fato de que o destinador e o destinatário nao cumprem distinções e avaliações apenas em termos de probabilidade do sinal, mas também, e sobretudo, em termos de sentido do que se comunica e do próprio ato de comunicar.

Embora "todo processo de comunicação entre seres humanos [pressuponha] um sistema de significação como sua condição necessária" (Eco, 1975, p. 19), por muito tempo na *communication research* o modelo de informação foi o verdadeiro paradigma dominante, raramente foi colocado em questão e, no entanto, muitas vezes foi utilizado: e, quanto a isso, tradição empírica e pesquisa crítica prosseguiram *pari passu*.

Ao se buscarem os motivos dessa tendência, podem-se adiantar três explicações.

A primeira concerne à difusão do modelo de informação além do âmbito específico em que havia surgido. Os aspectos mais "técnicos" da teoria matemática da comunicação (o conceito de entropia, o próprio conceito de informação) desapareceram ou foram postos de lado, enquanto permaneceu a forma total do esquema, que – graças à sua essencialidade e à sua simplicidade – tornou-se um esquema de comunicação geral. Nesse "alargamento", uma função relevante foi desempenhada pela admissão, por parte da lingüística jakobsoniana, do modelo de informação; houve um "alinhamento" da terminologia lingüística jakobsoniana sobre a teoria matemática da comunicação.

> *É preciso reconhecer que, sob certos aspectos, os problemas da troca da informação encontraram por parte dos engenheiros uma formulação mais exata e menos ambígua, um controle mais eficaz das técnicas utilizadas, junto às possibilidades de quantificações significativas* (Jakobson, 1963, p. 8).
> *O princípio dicotômico, submetido a todo o sistema dos traços distintivos na linguagem, foi gradualmente revelado pela lingüística e encontrou sua confirmação no emprego, por parte dos técnicos da comunicação, do sistema de numeração binária. Quando estes definem a informação seletiva de uma mensagem como o número mínimo de decisões binárias que consentem ao receptor reconstruir o que ele deve extrair da mensagem, com base nos dados que já estão à sua disposição, enunciam uma fórmula realista perfeitamente aplicável ao papel dos traços distintivos na comunicação lingüística* (Jakobson, 1961, p. 66).

Mesmo sem alinhar a lingüística com a teoria matemática da comunicação, Jakobson propõe uma integração e um caminho paralelo entre as duas disciplinas, definindo numerosos pontos de contato, como o método lingüístico para o problema da informação semântica e a definição de Shannon da informação como "o que permanece constante mediante todas as operações reversíveis de codificação ou de tradução", enfim, como "a classe de equivalências de todas essas traduções" (Jakobson, 1961, p. 74).

Ao generalizar a teoria da informação, a leitura jakobsoniana atenua sua especificidade: o resultado é um modelo de comunicação que visa ao modo como a informação se propaga segundo um código comum e uniforme, dentro da relação funcional da emissão/recepção, reduzindo a recepção ao sentido literal da mensagem (Jacques, 1982). A atividade de comunicação é representada como transmissão de um conteúdo semântico fixo entre dois pólos definidos e encarregados de codificar ou decodificar o conteúdo, segundo as restrições de um código também fixo. A legitimação e a difusão dadas pela lingüística jakobsoniana à versão "moderada" da teoria da informação constituíram, indubitavelmente, um dos motivos para ela se "consagrar" como uma teoria de comunicação adequada e bastante incontroversa.

A segunda explicação consiste na sua funcionalidade com respeito ao "tema principal" da *communication research*, o que trata dos efeitos. O tema era conceituado implicitamente conforme um esquema transmissivo, ao qual a representação em termos lineares do processo de comunicação se adaptava muito bem. Sob certos aspectos, a teoria psicológico-experimental (ver 1.3) sobre os fatores seletivos da audiência e sobre a estrutura mais eficiente das mensagens persuasivas também pode ser lida como homóloga à variável do "ruído" que "dificulta" o processo de transmissão.

Apenas quando o modelo semiótico explicita a significação intrínseca ao processo de comunicação é que o problema dos efeitos passa a ser formulado de modo diferente, mediante a variável da decodificação e dos sistemas de conhecimentos e competências que a orientam. Isso determina – junto a outros "deslocamentos", como a influência das problemáticas ligadas à sociologia do conhecimento, a mudança de "clima de opinião" (ver 1.4.3) – a passagem para a questão dos efeitos de longo prazo da mídia. Mas, enquanto o problema dos efeitos era saber o que provocava a *transmissão* de uma mensagem ao grande público, o modelo de informação bastava: "O modelo emissor/receptor presta-se muito bem a análises experimentais, a quantificações em ampla escala, em resumo, a métodos de controle e de descrição muito mais parecidos com os das ciências físicas" (Sari, 1980, p. 443).

A terceira explicação do sucesso e da duração da teoria da informação reside, na minha opinião, na orientação sociológica geral da *communication research* e na parte desenvolvida pela teoria crítica e pelas outras correntes dela derivadas.

A orientação sociológica fez com que a problemática mais especificamente da comunicação passasse para segundo plano no que se refere às grandes questões fundamentais (essencialmente a relação mídia/sociedade); por outro lado, na teoria crítica, um modelo de comunicação já se encontra totalmente inscrito na análise do funcionamento social numa época de capitalismo avançado. A indústria cultural esgota em si e predetermina estruturalmente qualquer dinâmica de comunicação, completamente subsumida pela lógica da reprodução social.

Esses três motivos juntos fizeram do abandono da teoria da informação um processo muito laborioso, lento, em parte ainda incompleto e ulteriormente complicado por outros dois elementos moderadores.

O primeiro é que, em torno de uma teoria assim centrada no processo transmissor, foi possível – não por acaso – construir uma metodologia cada vez mais aperfeiçoada e elaborada de análises do conteúdo das mensagens, evidentemente muito funcional para a necessidade *operativa* de trabalhar com hipóteses que requerem a análise de amostras de mensagens às vezes quantitativamente muito amplas[12]. Não se pode dizer o mes-

---

12. A análise de conteúdo é uma técnica de pesquisa para a descrição objetiva, sistemática e quantitativa do conteúdo expresso da comunicação (Berelson, 1952). O método da análise de conteúdo consiste, sobretudo, na decomposição da mensagem em elementos mais simples e em seguir um conjunto de regras explícitas de procedimento no exame das mensagens. Dois momentos fundamentais da análise do conteúdo concernem à escolha e à de-

mo dos modelos de comunicação, elaborados sucessivamente, e este é o segundo elemento. Esses modelos apresentam *teoricamente* o problema fundamental da significação e da relação dinâmica que se instaura entre destinador e destinatário em torno de tal "nó". Na mudança radical de perspectiva, a eficácia metodológica sobre vastas amostras a serem examinadas mostra-se carente e, do ponto de vista da funcionalidade da pesquisa, isso representa uma grave desvantagem.

Atualmente, a troca de modelo do processo de comunicação encontra-se *de fato* parcialmente presente nos problemas em que a *communication research* está se orientando, quase mais do que parece explicitamente adquirido no seu conhecimento teórico. O caminho para chegar à situação atual incluiu duas fases, que podem ser definidas no modelo semiótico-informativo e, posteriormente, no semiótico-textual.

1.9.2 O modelo de comunicação semiótico-informativo

A valência transmissiva, própria da teoria da informação, concentra sua atenção mais na eficiência do processo de co-

---

finição das categorias de conteúdo a serem usadas e também à especificação dos termos que pertencem a cada uma das categorias determinadas. As categorias de conteúdo são escolhidas em relação às hipóteses da pesquisa, de modo que sejam relevantes e pertinentes não apenas quanto a essas hipóteses, mas também quanto a conceitos teóricos mais gerais de referência. Por conseguinte, a análise de conteúdo é usada como instrumento de diagnóstico para fazer inferências e interpretações sobre a orientação de quem produziu os textos submetidos à pesquisa. É clássico o caso de análises desenvolvidas primordialmente a respeito de temas políticos (sobretudo por volta dos anos 30 e 40), para identificar as ideologias transmitidas pelas mensagens, por meio da determinação de símbolos-chave contidos nelas.

No decorrer do tempo, o debate sobre a análise de conteúdo foi sempre muito vivo e produtivo, tanto no que diz respeito aos seus fundamentos teóricos, quanto às inovações processuais que a articulação do método pouco a pouco apresentava. Dentre a vastíssima bibliografia sobre esse assunto, ver a título indicativo, em italiano: Rositi, 1970; De Lillo, 1971; Losito, 1975; Statera, 1980; Krippendorf, 1980.

municação do que na sua dinâmica. O interesse cognitivo pelos diversos componentes da relação de comunicação na mídia estava subordinado à atenção centrada na capacidade de difusão da comunicação de massa de transmitir a um vasto público os "mesmos" conteúdos. Com essas premissas, não é por acaso que o problema dos efeitos, entendido como modalidade de decodificação e interpretação das mensagens, tenha emergido recentemente e sobretudo fora da tradição da mídia.

O que provocou a mudança substancial do paradigma de comunicação foi a influência de outras disciplinas sobre a mídia: realizou-se uma espécie de enxerto do problema da significação – ou melhor, a reivindicação, em princípio, da sua competência nos processos de comunicação de massa – no esquema de informação precedente. O resultado foi o que Eco-Fabbri (1978) definem como o modelo semiótico-informativo: a sua diferença mais importante em relação ao esquema precedente é que, desta vez, a linearidade da transmissão é vinculada ao funcionamento dos fatores semânticos, introduzidos mediante o conceito de *código*. Passa-se, portanto, da acepção de comunicação como *transferência* de informação à de *transformação* de um sistema ao outro. O código garante a possibilidade dessa transformação.

Desse modo, a noção de código – entendida nesse modelo como correlação entre os elementos de sistemas diversos – modifica-se profundamente com respeito à teoria da informação. Por conseguinte, adquire relevância teórica e, como objeto de pesquisa empírica, o problema da *decodificação*, ou seja, do processo com o qual os componentes dos públicos constroem um sentido do que recebem da comunicação de massa.

A teoria da informação elaborava explicitamente a análise das melhores condições de transmissibilidade das mensagens; agora, em vez disso, salienta-se o fato de que os efeitos e as funções sociais da mídia não podem prescindir do modo como se articula – dentro da relação de comunicação – o mecanismo de reconhecimento e de atribuição de sentido, que é parte essencial de tal relação.

O modelo semiótico-informativo representa a relação de comunicação do seguinte modo:

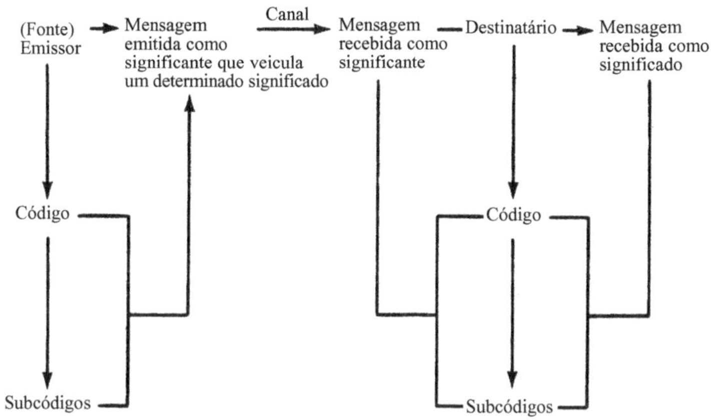

(Eco-Fabbri *et alii*, 1965)

Entre a mensagem entendida como forma significante que veicula um certo significado e a mensagem recebida como significado, abre-se um espaço extremamente heterogêneo e articulado. Nele entra em jogo – do ponto de vista semiótico – o grau em que destinador e destinatário compartilham as competências relativas aos vários níveis que estabelecem a significação da mensagem; do ponto de vista sociológico, nesse espaço tomam forma as variáveis ligadas aos fatores de mediação entre indivíduo e comunicações de massa (redes de pequenos grupos, fluxo em vários níveis, funções de liderança de opinião, hábitos e modelos de consumo dos meios de comunicação de massa etc.). As correlações entre as duas ordens de motivos delimitam as possibilidades da chamada "decodificação aberrante" (Eco-Fabbri *et alii*, 1965): nela, os destinatários realizam uma interpretação das mensagens diferente das intenções do emissor e do modo como ele previa que se daria a decodificação.

Conforme as diferentes situações socioculturais, existe uma diversidade de códigos, ou melhor, de regras de competência e de interpretação. E a mensagem possui uma for-

> *ma significante, que pode ser preenchida com diversos significados, contanto que existam diversos códigos que estabeleçam diversas regras de correlação entre determinados significantes e determinados significados. E caso existam códigos de base aceitos por todos haverá diferenças nos subcódigos* (Eco-Fabbri, 1978, p. 561).

Diferentemente do modelo psicológico-experimental, que evidenciava todos os "obstáculos" que se interpunham a uma comunicação linear, capaz de obter os efeitos desejados pelo emissor, o modelo semiótico-informativo apresenta como elemento *constitutivo* da comunicação sua natureza intrínseca de processo de negociação, a cuja determinação concorrem simultaneamente diversas ordens de fatores.

Essa natureza de negociação encontra-se ligada a um duplo vínculo: de um lado, a articulação dos códigos, de outro, a situação de comunicação específica da mídia. Sendo assim, de um lado, entre os indivíduos emissores e receptores, pode haver, por exemplo, carência total de código, disparidade de código, hipercodificação ou hipocodificação, interferências circunstanciais, deslegitimação do emissor e assim por diante (Eco-Fabbri, 1978). De outro, a assimetria das funções de comunicação na comunicação de massa e todo o complexo de fatores sociais em que ela se realiza configuram uma situação em que a compreensão é estruturalmente "problemática", ou seja, não identificável aprioristicamente com as intenções de comunicação do emissor. Ao contrário da teoria crítica, confirma-se a impossibilidade de "inferir de modo direto e linear regras de reconhecimento (dos 'efeitos de sentido') a partir da gramática de produção. Esta última define um *campo de possíveis efeitos de sentido*, mas o problema de saber qual é concretamente a gramática de reconhecimento aplicada a um texto num momento específico permanece sem solução à simples luz das regras de produção" (Veron, 1978, p. 11).

O valor heurístico do modelo semiótico-informativo é muito relevante: ele indica à pesquisa em mídia que é indispensável englobar na estratégia de análise a mediação dos mecanismos de comunicação sobre a determinação dos efeitos macrossociais. A mediação simbólica da mídia não é apenas o resultado de operações mecânicas de difusão em larga escala, de conteúdos semelhantes: é, ao contrário, o resultado de vários dispositivos operantes no núcleo fundamental, constituído pela relação de comunicação, e que dão formas, conteúdos e êxitos diversos a essa relação. No entanto, é necessário observar que a influência do modelo sobre o andamento efetivo da *communication research* foi inferior à sua importância teórica: esta deu lugar a uma interessante corrente de estudos sobre a compreensão e a compreensibilidade das mensagens[13]. Faltou, porém, a ligação com o problema dos efeitos (parâmetro de verificação do êxito para qualquer teoria na *communication research*): a passagem do estudo da compreensão e decodificação de mensagens individuais, em condições experimentais, à elaboração de conseqüentes hipóteses extensivas sobre os efeitos sociais da mídia revelou-se árdua e impraticável.

O modelo semiótico-informativo encontrou-se, portanto, "confinado" no âmbito da análise das mensagens, dos seus códigos, da estrutura da comunicação. Um momento fundamental na revisão da teoria de comunicação afirmava-se sem que, no entanto, sua importância para a pesquisa em mídia fosse plenamente explicitada, nem sua influência adequadamente desenvolvida. Em certa medida, o modelo sucessivo também apresenta igual "marginalidade", ainda que, por outro lado, algumas convergências começassem a se manifestar de modo mais claro.

---

13. Dentre a vasta bibliografia italiana na matéria, limito-me a citar dois exemplos significativos que, com todas as diferenças do caso, voltam sempre a percorrer a estratégia de pesquisa seguida por Hovland em sua época. Trata-se de análises desenvolvidas por conta do Serviço de Opiniões da Rai, respectivamente sobre a eficácia de diversos modos de construir um programa em relação à facilidade de decodificação, e de uma síntese dos principais resultados no campo da compreensão (ver Rai, 1970; Rai, 1977).

1.9.3 O modelo semiótico-textual

Em relação ao precedente, o modelo semiótico-textual representa um instrumento mais adequado para interpretar problemas específicos da comunicação de massa. Em particular, diferentemente do que ocorria antes, agora se salienta que

> *falar de uma mensagem que chega, formulada com base num determinado código, e que é decodificada com base nos códigos dos destinatários, constitui uma simplificação terminológica que pode induzir em erro. Com efeito, a situação é a seguinte:*
>
> a. *os destinatários não recebem mensagens individuais e reconhecíveis, mas* conjuntos textuais*;*
>
> b. *os destinatários não medem as mensagens com base em códigos reconhecíveis como tais, mas em* conjuntos de práticas textuais, *depositadas (dentro ou na base das quais é indubitavelmente possível reconhecer sistemas gramaticais de regras, mas apenas num nível ulterior de abstração metalingüística);*
>
> c. *os destinatários nunca recebem uma única mensagem: recebem muitas, tanto no sentido sincrônico como no diacrônico* (Eco-Fabbri, 1978, p. 570).

O deslocamento é relevante: o paradigma semiótico-informativo – colocando em primeiro plano a relação entre codificação e decodificação (ainda que em termos mais complexos do que um simples reflexo entre as duas atividades) – explicitava um mecanismo comum tanto à comunicação interpessoal quanto à de massa. Em contrapartida, o modelo semiótico-textual consegue descrever, em termos semióticos, alguns traços estruturais específicos da comunicação de massa.

No que concerne ao processo de comunicação, o modelo semiótico-informativo salientava sobretudo o elemento da ação interpretativa, operada em mensagens (mediante os códigos): desse modo, a assimetria das funções de emissor e receptor não era suficientemente considerada (senão na forma do *feedback*, que, no entanto, é um aspecto relativo à direção da transmissibilidade das mensagens). No modelo semiótico-textual, esse limite aparece superado: não são mais as "mensagens" a serem veiculadas na troca de comunicação (o que pressuporia uma posição paritária entre emissor e receptores), mas é a relação de comunicação que se constrói em torno de "conjuntos de práticas textuais".

Não se trata apenas de uma diferença terminológica, mas de um deslocamento conceitual que permite considerar – em termos de comunicação – as conseqüências de um dado estrutural da mídia, ou seja, a assimetria entre as funções de emissor e receptor. Dessa assimetria, que caracteriza historicamente a organização das comunicações de massa, derivam a diferente qualidade das competências de comunicação de emissores e receptores (saber fazer vs. saber reconhecer) e a articulação diferenciada (entre emissores e receptores) dos critérios de pertinência e de significatividade dos textos dos meios de comunicação de massa.

É necessário precisar melhor a observação de que na comunicação de massa os destinatários não recebem mensagens individuais e reconhecíveis como tais, com base em códigos conhecidos, mas conjuntos de práticas textuais.

A distinção pressupõe os conceitos de *cultura gramaticalizada* e *cultura textualizada.*

> *A cultura em geral pode ser representada como um conjunto de textos; mas, do ponto de vista do pesquisador, é mais exato falar da cultura enquanto mecanismo que cria um conjunto de textos, e falar dos textos enquanto realização da cultura. O modo como a cultura se autodefine pode ser considerado como um traço essencial da sua caracterização tipológica. Se é próprio de certas culturas representar a si mesmas como um conjunto de* textos *regulados [...], outras culturas modelam a si mesmas como um sistema de* regras *que determinam a criação dos textos. Poder-se-ia dizer, com outras palavras, que, no primeiro caso, as regras se definem como uma soma de preceden-*

tes [...]; em casos de orientação às regras, o manual assemelha-se a um mecanismo gerativo; nas condições de uma orientação para o texto [...] nasce a crestomatia (seleção de citações, de "trechos escolhidos") (Lotman-Uspenskij, 1973, p. 51).

A distinção – elaborada pela semiótica da cultura – apresenta como gramaticalizada a cultura culta, "que define as próprias regras de produção como metalinguagem explicitada e reconhecida por uma inteira comunidade discursiva" (Fabbri, 1973, p. 65), e como textualizada a cultura das comunicações de massa, em que são as práticas textuais a se impor, a se difundir e a se constituir como modelos, correntes e gêneros.

A natureza textualizada do universo das comunicações de massa tem profundas conseqüências nas modalidades de fruição da própria mídia: é provável que a competência interpretativa dos destinatários baseie-se e articule-se sobretudo em relação aos agregados de textos já fruídos, mais do que em relação a códigos explicitamente compreendidos e reconhecidos como tais. Paralelamente ao conhecimento dos códigos, para os emissores também é provável que entre em ação uma competência textual orientada para o valor (o êxito) dos precedentes, para "receitas" e "fórmulas" organizadas. Na comunicação de massa, a orientação para o texto já fruído ou já produzido é, portanto, um critério de comunicação "forte", vinculativo; isso conduz, sobretudo para os destinatários, a uma competência interpretativa na qual o apelo aos precedentes e o confronto intertextual possuem uma resistência elevada.

O dado sociológico relativo ao modelo histórico e institucional com que os aparatos da mídia foram organizados (fluxo unidirecional, centralização, programação e formatos rígidos) liga-se, em termos de mecanismos de comunicação, a elementos particulares, que podem ser encontrados e descritos no modelo semiótico-textual. Em outras palavras, esse modelo permite determinar o modo em que um dado estrutural dos aparatos *se transforma* num mecanismo de comunicação e o modo em que, por meio dessa mediação, incide sobre processos de interpretação, de aquisição de conhecimento e, enfim, sobre os efeitos dos meios de comunicação de massa.

É um exemplo importante de como um paradigma de comunicação – longe de dificultar a perspectiva sociológica – pode fornecer a esta as mediações necessárias ao longo das quais se inscrevem os efeitos sociais dos meios de comunicação de massa (mediações que um esquema linear e transmissivo da comunicação não levava em consideração). Não se trata, portanto, de confundir, sobrepor ou anular as várias competências disciplinares que "disputam" o território da *communication research* entre si, mas de explicitar e aprofundar (se existirem) as possíveis integrações.

Outro exemplo provém da informação cotidiana de massa. A semelhança substancial das rotinas de produção nos diversos meios de informação (ver Capítulo 3) não apenas provoca uma homogeneidade fundamental na cobertura informativa, mas também correlaciona-se com o efeito que dela deriva e que age sobre os sistemas de conhecimentos dos destinatários (uma vez que – pelo menos tendencialmente – as pessoas compartilham a mesma agenda de informações). No entanto, esse efeito é mediado pelo modo como, na interpretação dos textos, os mecanismos de tratamento do conhecimento estruturam a imagem do mundo, que os destinatários extraem do gênero informativo (ver, por exemplo, Larsen, 1980, 1983). Analogamente, o problema da tematização empregada pelos meios de comunicação de massa em algumas questões sociais, dando-lhes uma importância particular, pode ser enfrentado numa abordagem complementar, seja examinando a razão pela qual ocorre a tematização e em quais argumentos, seja analisando os modos e as estratégias de comunicação que – em termos de semiótica textual – diferenciam a tematização de outros gêneros de informação (ver, por exemplo, Rositi, 1982, Agostini, 1984).

É provável que as conexões entre os dois pontos de vista possam ser úteis a cada um deles.

Um segundo aspecto específico dos fenômenos de comunicação de massa, focalizado pelo modelo semiótico-textual, diz respeito à "função do destinatário" na construção e no funcionamento de comunicação de um texto. A semiótica e a análise do discurso estudaram particularmente a dinâmica interativa entre destinador e destinatário, ligada à estrutura textual e inscrita nela[14], mostrando como esta última contempla os percursos interpretativos que o receptor deve atualizar.

Na relação de comunicação dos meios de comunicação de massa, tal aspecto assume uma relevância particular porque estes institucionalizam uma espécie de "prática às cegas".

> *Uma das características específicas das estratégias de comunição de massa certamente não é o não-conhecimento das regras de comunicação por parte de todos os seus usuários e dos contextos em que os textos são recebidos. Eis o motivo de uma dificuldade radical no uso regulado das normas aplicáveis às diversas situações interativas, para decidir a seleção das opções de comunicação disponíveis. É a "premeditação do desconhecido"* (Fabbri, 1973, p. 69). *As comunicações de massa [...] são o lugar onde o mínimo de* impredizibilidade *da mensagem acompanha-se ao máximo da* imprevisão *a respeito da sua recepção* (Fabbri, 1973, p. 89).

A assimetria das funções de comunicação produz uma relevância particular dos elementos, que nas estratégias textuais concernem aos destinatários, ao seu trabalho interpretativo, aos conhecimentos que os emissores possuem sobre eles. "O emissor antecipa a compreensão do receptor. Escolhe a forma da mensagem que seja aceitável para o destinatário e, ao fazer isso [...], tem-se como resultado o fato de a codificação ser influenciada pelas condições da decodificação. A própria informação se transforma pelo fato de ser trocada" (Jacques, 1982, p. 172). Ao contrário do que descrevia o modelo informativo, o locutor não determina as próprias mensagens levando em conta apenas a informação que deseja transmitir, mas baseia-se necessariamente em conjeturas acerca dos conhecimentos, das

---

14. Dentre a vastíssima literatura sobre o assunto, em língua italiana indica-se Eco, 1979a, e, para a linguagem audiovisual, Bettetini, 1984.

capacidades e do estado dos seus destinatários. Como se verá no Capítulo 3, trata-se de um elemento muito importante na dinâmica de produção e de comunicação da mídia, cuja teoria é evidenciada justamente pela semiótico-textual e que deve então encontrar aprofundamentos e articulações específicas na pesquisa.

Um exemplo é a análise da função desempenhada pelos conhecimentos dos emissores a respeito do público na estruturação dos textos relativos aos meios de comunicação de massa, ou a análise do modo em que esses sistemas de conhecimento se refletem na dinâmica de comunicação, ou ainda o estudo de como esses sistemas se formam e se sedimentam, seu grau de elasticidade, e assim por diante. Todos esses pontos definem um dos aspectos menos estudados na *communication research* e, ao mesmo tempo, de grande importância, sobre o qual é necessário iniciar um trabalho de pesquisa relevante. Os procedimentos tradicionais com os quais foi enfrentada a questão ("públicos secundários", imagens institucionais, pesquisas de mercado etc.) confirmam um certo grau de "isolamento da realidade, de falta de interesse em saber como é feita realmente a audiência, algum elemento de profecia que se auto-realiza, e, às vezes, a intenção de controlar o público para adaptá-lo às imagens que o comunicador tem dele" (McQuail, 1975, p. 181). Emissor e receptor possuem um do outro uma imagem que eles mesmos constroem, modificam e à qual atribuem relevância: "Mas fazem isso de modo mais autístico, sem muita referência ao outro, e tendem a cair nos estereótipos, o destinador com um estereótipo do público, e o destinatário com imagens estereotipadas do que se deve esperar da mídia" (McQuail, 1975, p. 167).

Há, portanto, duas questões intrínsecas à lógica da comunicação dos discursos da mídia, cujas respostas são relevantes para o tema dos efeitos e das influências sociais: a assimetria das funções de comunicação, com conseqüente diferenciação de competência de comunicação entre emissor e receptores, torna o controle da interlocução – ausente na situação de comunicação de massa (em nível transmissivo) – fortemente predeterminado no texto. Sendo assim, nele acentuam-se, em primeiro lugar, os aspectos que se referem ao destinatário-modelo (ou seja, ao *tipo* de destinatário previsto pelo emissor e prefigurado pelo texto), em segundo lugar os elementos de conhecimento compartilhado, pressupostos pelo texto e, enfim, o caráter quase normativo das condições de aceitabilidade dos próprios textos (estabelecidas pela sua inserção em formatos rígidos). Este último elemento vincula-se à função fundamental, revestida pelos gêneros na comunicação de massa, tanto nas suas várias formas de reconhecimento quanto na dinâmica de transformação interna ao seu sistema global[15].

Do ponto de vista das teorias de comunicação na pesquisa em mídia, a situação atual se apresenta como um típico momento de transição. O modelo de comunicação de origem informativa já entrou abertamente em crise devido a vários fatores: a presença de quadros gerais de referência mais amplos do que o "administrativo"; a conseqüente mudança das problemáticas consideradas primárias; a crescente "esterilidade" da pesquisa empírica de pouco valor; a presença contemporânea de abordagens disciplinarmente diferenciadas quanto ao conceito de comunicação.

O *entrelaçamento* desses fatores permitiu, na minha opinião, o início de um confronto (tanto brusco quanto polêmico) entre a *communication research* e as outras disciplinas de comunicação. Hoje, seu prosseguimento constitui um problema extremamente complexo e delicado, que requer muito cuidado, sobretudo quando se trata de projeto de pesquisa e de escolhas metodológicas. Provavelmente, apenas por meio de estágios intermediários de integração evita-se o perigo de que a pertinência sociológica da pesquisa em mídia se encontre privada da atenção exclusiva à real complexidade dos mecanismos de comunicação, e que, por outro lado, a atenção semiótica sobre eles seja considerada insignificante por uma pesquisa em mídia que acaba por estudar os processos de comunicação como se não fossem tais.

---

15. Sobre o problema dos gêneros nos meios de comunicação de massa, ver, entre outros, Bettetini *et alii*, 1977; Casetti-Lumbelli-Wolf, 1980.

1.10 Conclusões

Ao longo de todo o capítulo, tentei descrever, de modo geral, o desenvolvimento da *communication research*, seguindo os caminhos que se cruzaram, se consolidaram, se atenuaram e se recuperaram: de fato, trata-se de uma história "repleta de tentativas de repudiar antigas abordagens, de iniciar abordagens novas e de voltar a atenção para aspectos inexplorados" (Elliott, 1974, p. 249). Por meio desse caminho penoso, está-se delineando hoje uma situação que permite deslocar "o centro de gravidade da pesquisa de comunicação do uso de um método para a substância de problemas que requerem metodologias diversas para a sua valorização" (Bauer, 1964b, p. 517)[16].

A nova situação ainda não se encontra consolidada nem afirmada: durante muito tempo, formalmente às margens do debate sociológico (mesmo sendo substancialmente influenciada por ele), sempre atravessada por múltiplas identidades disciplinares, heterogênea por natureza e exposta a fortes solicitações práticas e externas, a pesquisa em mídia arrisca, de fato, perpetuar divergências e conflitos internos que, apesar de fundamentados, por muito tempo obscureceram as exigências de integração e de sistematicidade e as efetivas transformações que, nesse sentido, estavam sendo verificadas.

Equilibrando-se entre a eliminação do problema de comunicação e a ignorância dos nexos estruturais entre mídia e or-

16. Na realidade, isso não constitui um traço distintivo apenas dos últimos desenvolvimentos da *communication research*, mas também um conhecimento adquirido há tempos e pouco praticado. Bauer oferece um exemplo bastante interessante da tendência a se passar de questões metodológicas a hipóteses teóricas que marcaram uma mudança para os estudos sobre a mídia. "As primeiras pesquisas empíricas sobre os efeitos das comunicações de massa partiram da asserção implícita de que, numa sociedade de meios de comunicação de massa, as comunicações informais tinham um papel secundário. Mas as tentativas de estabelecer quais seriam os efeitos das comunicações de massa obrigaram Lazarsfeld e os seus pesquisadores [...] a conceder uma função mais relevante à influência pessoal. Como sua atenção foi canalizada para esse problema, imediatamente o trabalho experimental de Lewin e de outros psicólogos assumiu um significado *teórico*" (Bauer, 1964b, p. 518). Sobre a influência de Lewin nos estudos de comunicação, ver 3.2.1.

ganização social, esse setor de estudos oscilou – conforme as perspectivas disciplinares – entre insignificância e contradição. De um lado, a pertinência sociológica exclusiva descuida dos problemas de comunicação, enfatizando a relevância das estruturas organizacionais e dos processos sociais. De outro, o interesse exclusivo pelos processos de comunicação negligencia a relação mídia/sociedade e enfatiza a centralidade dos dispositivos de comunicação. Essa polaridade – que reproduz parcialmente a oposição entre pesquisa crítica e pesquisa administrativa – atravessa (sobrepondo-se e entrecruzando-se de modo vário com aquela oposição) a *communication research*, acentuando seu caráter de área temática desomogênea, percorrida por perspectivas concorrentes.

Na minha opinião, essa situação tende a ocultar a profunda evolução praticada na pesquisa, arriscando diminuí-la. Isso pode ser verificado, por exemplo, na polêmica contra as tentativas de elaborar uma teoria da comunicação. Segundo McQuail, "os meios de comunicação de massa são um fenômeno muito complexo para serem representados por um modelo de tipo convencional, [e ainda,] devido a vários aspectos, as principais atividades sociais a serem estudadas não são predominantemente 'de comunicação', a não ser no sentido de que todas as relações sociais dependem da comunicação" (McQuail, 1981, p. 54). As comunicações de massa são, "em grande parte, caracterizadas por desigualdade, solipsismo, irracionalidade e disfuncionalidade [...], e as atividades envolvidas podem, muitas vezes, revelar-se bastante diversas para participantes 'situados' de modo diferente" (*ibid.*).

Além da assimetria das funções de destinador e destinatário, outros aspectos fundamentais da mídia – conforme essa posição – desaconselham uma abordagem essencialmente de comunicação: de fato, emissores e receptores constituem grupos sociais estruturados de maneira diferente. No caso dos emissores, trata-se de grupos com níveis organizacionais formais, hierarquias, coesão fortemente condicionada por valores profissionais compartilhados e por sistemas eficazes de sanções e recompensas. Os destinatários, ao contrário, mesmo apresentando uma situação estruturada, em que os vínculos de grupo e os sistemas de referência são articulados e, em parte, compartilhados, não possuem formas de agregação comparáveis com as dos emissores, e, além disso, é difícil que a audiência tenha uma percepção coletiva de si mesma (McQuail, 1975).

No entanto, não se trata apenas disso: a forte estrutura organizacional que qualifica os emissores na mídia implica, muitas vezes, o fato de que

> *os comunicadores não se empenham na comunicação e, quando o fazem, não estão necessariamente se comunicando em primeiro lugar com o público, como concebido normalmente, mas com públicos muito específicos, que podem ser constituídos de colegas, anunciantes potenciais ou membros de outras instituições. Levando-se isso em conta, seria difícil representar o processo de comunicação de massa mediante qualquer simples modelo de comunicação* (McQuail, 1975, p. 177).

O estudo dos meios de comunicação de massa deveria, portanto, concernir essencialmente ao seu papel de difusores das estruturas dominantes de poder e à sua capacidade de gerar um efeito de conformação da audiência. Somente nesse nível pode-se captar o significado da comunicação de massa.

Essa tendência – originada em parte pelo funcionalismo implícito na "hereditariedade" da teoria crítica – está se tornando a forma atualizada com que, no âmbito global dos estudos da mídia, repropõem-se "antigas" contraposições. E é em relação a essas tendências que uma das tarefas mais difíceis e decisivas de hoje é definir e desenvolver toda convergência possível entre as diversas competências científicas, exercidas sobre o objeto de estudo que são os meios de comunicação de massa. Se cada uma dessas competências confina a relevância das outras fora dos problemas considerados essenciais e prioritários, acaba-se dificultando justamente o esforço de agregação que, por outro lado, parece estar prestes a se configurar em algumas áreas (ver Capítulos 2 e 3). Mas há também outro aspecto: se a pesquisa não se concentra nas possíveis relações, conexões e mediações entre as diversas abordagens, o resultado implícito na "fundamentalidade" afirmada de uma competência sobre as outras é a "sobrevivência" – como no caso supracitado – da "velha" representação linear-transmissiva do processo de comunicação. Por trás do funcionalismo que define o objeto primário de análise na macrofunção de controle social desenvolvida pela mídia, há uma idéia de comunicação que confunde a unidirecionalidade do processo de transmissão pela simplicidade da ação de comunicação, e pressupõe-se também um conceito de cultura que implica um compartilhamento completo e homogêneo do mapa cognitivo por parte de todos os membros de uma sociedade, com um hiperdeterminismo que é amplamente contradito por pesquisas desenvolvidas em outros campos (ver Sankoff, 1980).

Não se trata de inverter a relação entre tendência sociológica e tendência da comunicação na atual pesquisa em mídia, mas de encontrar e aprofundar as integrações, os apelos e as assimilações entre as duas perspectivas.

Não chega a ser necessário inventar esses pontos de contato, pois estes já foram "tocados" e "evocados" por algumas das áreas de pesquisa mais recentes. A estas dedicarei uma ilustração bastante aprofundada nos próximos dois capítulos. No presente, busquei, em contrapartida, fornecer um quadro sintético dos principais momentos e desenvolvimentos teóricos nos estudos sobre as comunicações de massa; se algum aspecto permaneceu excluído, foi pela heterogeneidade do campo e pelo corte interpretativo que move este trabalho.

SEGUNDA PARTE

NOVAS TENDÊNCIAS DA PESQUISA: MEIOS DE COMUNICAÇÃO DE MASSA E CONSTRUÇÃO DA REALIDADE

2. O estudo dos efeitos a longo prazo

2.1 Premissa

O segundo e o terceiro capítulos ilustram as tendências atuais da *communication research*, capazes de superar o *impasse* do debate ideológico e, ao mesmo tempo, de propor, para problemas específicos, integrações possíveis entre âmbitos disciplinares diversos. Não obstante a grande variedade de temas hoje presentes na atenção dos estudiosos, não são muitos os que melhor desenvolvem essa função "estimulante": pessoalmente, os mais complexos e significativos me parecem, de um lado, a questão dos efeitos da mídia, de outro, o problema de como estes constroem a imagem da realidade social. Ambos os temas estão estreitamente ligados, e algumas questões enfrentadas por um são úteis para a elaboração correta do outro.

Antes de aprofundar o ponto inicial, é oportuno mostrar como se determinou a passagem para a nova elaboração.

Durante muito tempo, o estudo sobre os efeitos permaneceu ligado ao que Schulz (1982) define como "Transfermodell der Kommunikation"*. Este implica as seguintes premissas:

a. *os processos de comunicação são* assimétricos*: existem um sujeito ativo, que emite o estímulo, e um sujeito mais passivo, que é atingido por esse estímulo e reage;*

b. *a comunicação é* individual, *um processo que diz respeito, antes de tudo, a cada indivíduo e que deve ser estudado em relação a estes indivíduos;*

* Modelo de transferência da comunicação. (N. da T.)

c. *a comunicação é* intencional, *a introdução do processo por parte do comunicador ocorre intencionalmente e, em geral, destina-se a um objetivo; o comunicador visa a um determinado efeito;*
d. *os processos de comunicação são* episódicos*: o início e o fim da comunicação são limitados temporalmente, e cada episódio de comunicação tem um efeito isolável e independente* (Schulz, 1982, 52).

Hoje, esse paradigma apresenta-se profundamente modificado, alguns dos seus assuntos foram abandonados ou transformados: ou seja, passou-se dos efeitos entendidos como *mudanças a curto prazo* para efeitos entendidos como *conseqüências de longo período*.

Conquistou-se a consciência de que "as comunicações não intervêm *diretamente* no comportamento explícito; de preferência, *tendem a influenciar o modo como o destinatário organiza a própria imagem do ambiente*" (Roberts, 1972, p. 361) [grifo meu].

As principais diferenças entre o velho e o novo paradigma de pesquisa sobre os efeitos são as seguintes: *a.* não mais estudos de casos individuais (sobretudo "campanhas"), mas cobertura global de todo o sistema da mídia, focalizada em determinadas áreas temáticas; *b.* não mais dados levantados essencialmente a partir das entrevistas com o público, mas metodologias integradas e complexas; *c.* não mais observações e a medição das mudanças de postura e opinião, mas a reconstrução do processo com o qual o indivíduo modifica a própria representação da realidade social (Noelle Neumann, 1983).

Na evolução que vem sendo seguida há algum tempo pelo problema dos efeitos, muda, em primeiro lugar, o *tipo de efeito*, que não mais concerne às atitudes, aos valores, aos comportamentos do destinatário, mas é um *efeito cognitivo* sobre os sistemas de conhecimentos que o indivíduo assume e estrutura com estabilidade, devido ao seu consumo de comunicações de massa. Em segundo lugar, muda o quadro temporal: não mais efeitos pontuais, ligados à exposição a cada mensagem, mas efeitos cumulativos, sedimentados no tempo. Isso salienta o caráter processual da comunicação, que deve ser analisada tanto na sua dinâmica interna, quanto nas suas relações com outros processos de comunicação, precedentes ou contemporâneos. Sendo assim, a duração do arco de tempo dentro do qual tais efeitos se tornam perceptíveis (e, de certo modo, mensuráveis) é muito ampla. Evidenciam-se a interação e a interdependência *permanentes* dos fatores que entram em jogo no processo de influência, e esse aspecto – na minha opinião – fundamenta a via interdisciplinar empreendida por essa elaboração de pesquisa.

A mudança de perspectiva na problemática – muito tradicional e "clássica" – dos efeitos pode ser explicada de várias maneiras: em primeiro lugar, ela se vincula à já observada ciclicidade do clima de opinião acerca da "potência" da comunicação de massa (ver 1.4.3): um dos textos que marcaram a mudança intitula-se significativamente "Return to the Concept of Powerful Mass Media" (Noelle Neumann, 1973).

A isso se acrescenta um elemento interno à lógica "administrativa" de boa parte da *communication research*, ou seja, o fato de que a teoria dos "efeitos limitados" era funcional tanto para os grandes aparatos de comunicação de massa, quanto para a imagem profissional dos jornalistas, uma vez que contribuía para "defender" uns e outros de controles e pressões sociais excessivas, que, por sua vez, ter-se-iam inevitavelmente acentuado caso se desse crédito à idéia de uma influência maciça da mídia sobre o público (Noelle Neumann, 1983). A passagem para outro paradigma tornou-se mais fácil com a atenuação desse elemento, que ajuda a explicar o êxito e a duração da teoria sobre os "efeitos limitados".

No entanto, existem outros dois fatores: *a.* a recente orientação, de cunho mais sociológico, da *communication research*, com a influência crescente da sociologia do conhecimento (ver 1.8); *b.* o abandono "definitivo" da teoria de informação da comunicação, funcional por sua parte – mesmo não estando sozinha –, para conceituar como únicos efeitos significativos os mensuráveis, visíveis, comportamentais, que se manifestam enquanto reação a um estímulo.

Ao voltar sua atenção para a importância e para a função dos processos simbólicos e de comunicação como pressupostos da sociabilidade, a sociologia do conhecimento torna-se progressivamente uma das temáticas-guia na fase atual da pesquisa: sendo assim, não é por acaso que, de modo paralelo, a temática dos efeitos se identifica na perspectiva dos processos de construção da realidade. Como freqüentemente ocorre na pesquisa em mídia, esse motivo não é totalmente novo, mas surge várias vezes na literatura, ainda que em formas fragmentárias ou descontínuas: um exemplo são os trabalhos de Walter Lippmann (1922) e de Lazarsfeld (1940), dos quais transparece nitidamente a consciência das dificuldades de levantamento, mas também da indubitável existência de efeitos muito importantes, relativos à aquisição de conhecimentos e de representações da realidade.

Uma etapa fundamental da tentativa de desviar a atenção da pesquisa para esse tipo de efeito é constituída pelas críticas de Lang e Lang (1962) ao paradigma dos "efeitos limitados". Eles observam que a situação de comunicação própria das "campanhas" (eleitorais, presidenciais, informativas etc.) é tal, que enfatiza o efeito de estabilidade e de reforço e, por outro lado, "desencoraja" a visibilidade de outros tipos de influências. Mas, além do caráter específico da situação de comunicação de muitos dos estudos sobre os efeitos, "há algo no modo como o problema foi encarado que pode obscurecer algumas das modalidades com as quais os meios de comunicação de massa são eficazes" (Lang-Lang, 1962, p. 682).

Por exemplo, o índice principal para medir os efeitos não pode ser a quantidade de consumo e de atenção prestada à comunicação de massa: é necessário também possuir alguma medida a respeito do conteúdo e do significado daquilo a que se expõe. Além disso, o contexto da "campanha" dificulta a possibilidade de considerar outro tipo de impacto da mídia, o cumulativo, ligado a uma exposição cotidiana, normal e continuada.

De resto, já nos estudos sobre os "efeitos limitados", estão contidos motivos significativos para a redefinição do problema, em particular o fato de que a eficácia dos meios de comunicação de massa – inclusive na situação de "campanha" – consiste muitas vezes na sua capacidade de modificar a imagem do que é ou não importante, dos temas e problemas primários no contexto da competição eleitoral.

> *Desse modo, os meios de comunicação de massa exercem a influência que têm, uma vez que constituem algo mais do que um simples canal, por meio do qual a política dos partidos é apresentada ao eleitorado. Ao filtrar, estruturar e enfatizar determinadas atividades públicas, o conteúdo da mídia não se limita a transmitir o que os porta-vozes proclamam e o que os candidatos afirmam [...] Não apenas durante a campanha, mas também nos períodos intermediários, os meios de comunicação de massa fornecem perspectivas, modelam as imagens dos candidatos e dos partidos, ajudam a promover os temas sobre os quais versará a campanha e definem a atmosfera e a área específicas de relevância e reatividade, marcadas por toda competição eleitoral particular* (Lang-Lang, 1962, p. 689).

No que concerne ao segundo fator, é evidente que a passagem dos "efeitos limitados" aos "efeitos cumulativos" implica o abandono do modelo transmissivo da comunicação por um modelo centrado no processo de significação. É a partir desse ponto de vista que a mídia desempenha uma função de construção da realidade (*creating a second-hand reality*; ibid.). A influência da mídia é postulada, uma vez que esses efeitos nos ajudam a "estruturar a imagem da realidade social, durante o longo período, a organizar novos elementos dessa imagem, a formar novas opiniões e crenças" (Roberts, 1972, p. 377).

> *Muito do que as pessoas conhecem sobre a vida política é aprendido de segunda ou de terceira mão por meio da mídia. Esta estrutura um contexto político muito real, mas que nós podemos conhecer apenas "de longe" [...]. Além disso, os meios de comunicação de massa estruturam uma realidade mais vasta, não local, da qual é difícil subtrair-*

*se [...]. Há algo de invasor (*obtrusive*) em relação ao que a mídia apresenta, algo que torna sua influência cumulativa* (Lang-Lang, 1962, p. 694).

Não estamos mais no campo dos efeitos intencionais, ligados a um contexto de comunicação limitado no tempo e caracterizado por objetivos que visam obter tais efeitos: passamos agora para efeitos em certa medida latentes, implícitos no modo como determinadas distorções na produção das mensagens se reverberam no patrimônio cognitivo dos destinatários. Hoje, no centro da problemática dos efeitos, coloca-se, portanto, a relação entre a ação constante dos meios de comunicação de massa e o conjunto de conhecimentos sobre a realidade social, que dá forma a uma determinada cultura e nela age dinamicamente. Nessa relação, três características da mídia são relevantes: a acumulação, a consonância e a onipresença (Noelle Neumann, 1973).

O conceito de *acumulação* refere-se ao fato de que a capacidade da mídia de criar e sustentar a relevância de um tema é o resultado total (obtido após um certo tempo) do modo como funciona a cobertura informativa no *sistema* de comunicações de massa. Não efeitos pontuais, mas conseqüências ligadas à repetitividade da produção de comunicações de massa.

A *consonância* vincula-se ao fato de que, nos processos de produção da informação, os traços comuns e as semelhanças tendem a ser mais significativos e numerosos do que as diferenças (ver Capítulo 3), o que conduz a mensagens substancialmente mais semelhantes do que dessemelhantes.

O conceito de *onipresença*, enfim, diz respeito não apenas à difusão quantitativa dos meios de comunicação de massa, mas também ao fato de que o saber público – o conjunto de conhecimentos, opiniões, atitudes, difundido pela comunicação de massa – possui uma qualidade particular: é sabido publicamente que ele é publicamente conhecido.

Isso reforça a *disponibilidade para a expressão e para a visibilidade* dos pontos de vista difundidos pela mídia e, portanto, o poder de conformação que essa visibilidade possui sobre os que ainda não elaboraram uma posição própria. Muitas vezes, o resultado final é que a distribuição efetiva da opinião pública regula-se e adapta-se à refletida pela mídia, conforme um esquema de profecia que se autoverifica. Em síntese, a nova problemática dos efeitos analisa os processos e os modos com os quais os meios de comunicação de massa "estabelecem as condições da nossa experiência do mundo além das esferas de interações nas quais vivemos" (Fishman, 1980, p. 12).

2.2 A hipótese da *agenda-setting*

No âmbito das mudanças descritas no item precedente, a hipótese da *agenda-setting* ocupa uma posição importante. Ela sustenta que,

> *em conseqüência da ação dos jornais, da televisão e dos outros meios de informação, o público é ciente ou ignora, dá atenção ou descuida, enfatiza ou negligencia elementos específicos dos cenários públicos. As pessoas tendem a incluir ou excluir dos próprios conhecimentos o que a mídia inclui ou exclui do próprio conteúdo. Além disso, o público tende a conferir ao que ele inclui uma importância que reflete de perto a ênfase atribuída pelos meios de comunicação de massa aos acontecimentos, aos problemas, às pessoas* (Shaw, 1979, p. 96).

Essa formulação clássica da hipótese inscreve-se na linha que vai de Lippmann aos Lang, a Noelle Neumann: "A hipótese da *agenda-setting* não sustenta que a mídia tenta persuadir [...]. Descrevendo e precisando a realidade externa, a mídia apresenta ao público uma lista de fatos a respeito dos quais se pode ter uma opinião e discutir [...]. A asserção fundamental da *agenda-setting* é que a compreensão das pessoas em relação a grande parte da realidade social é modificada pelos meios de comunicação de massa" (Shaw, 1979, pp. 96, 101).

Como afirma Cohen, se é verdade que a imprensa "pode não conseguir, na maior parte do tempo, dizer às pessoas o que pensar, por outro lado ela se encontra surpreendentemente em condições de dizer aos próprios leitores sobre quais temas pensar alguma coisa" (1963, p. 13).

Antes de expor alguns exemplos de pesquisas conduzidas nesse âmbito, é oportuno precisar os aspectos gerais da hipótese.

Em primeiro lugar, embora eu apresente a *agenda-setting* como um conjunto integrado de assuntos e estratégias de pesquisa, na realidade a homogeneidade encontra-se mais na enunciação geral da hipótese do que no conjunto de confrontos e verificações empíricas, também devido a uma certa desomogeneidade metodológica. A hipótese da *agenda-setting* no estado atual é, portanto, mais um núcleo de ocasiões e conhecimentos parciais, suscetível de ser ulteriormente articulado e integrado numa teoria geral sobre a mediação simbólica e sobre os efeitos de realidade, praticados pela mídia, do que um paradigma de pesquisa definido e estável.

Esse aspecto vincula-se à segunda observação: essa hipótese sobre as influências a longo prazo é um bom terreno de integrações praticáveis em outras tendências de pesquisa. Em particular, visto que o efeito de que se trata diz respeito ao conjunto estruturado de conhecimentos assimilados pela mídia, os diversos fatores que, na produção de informação, determinam as "distorções involuntárias" nas representações difundidas pelos meios de comunicação de massa (ver Capítulo 3) assumem importância também com relação à hipótese da *agenda-setting*. "À medida que o destinatário não é capaz de controlar a exatidão da representação da realidade social, *com base em algum padrão externo à mídia*, a imagem que ele forma para si mesmo mediante essa representação acaba por ser distorcida, estereotipada ou manipulada" (Roberts, 1972, p. 380). Sendo assim, a hipótese coloca o problema de uma *continuidade em nível cognitivo* entre as distorções que se originam nas fases de produção da informação e os critérios de relevância, de organização dos conhecimentos, que os usufruidores de tal informação assimilam e tornam seus.

Já Galtung-Ruge (1965) – mesmo partindo de um problema diferente – haviam observado algo semelhante quando afirmavam que os critérios de relevância adotados pelos jornalistas para selecionar os acontecimentos a serem transformados em notícias percorriam todo o processo que parte do acontecimento para chegar até o leitor. Do mesmo modo que as rotinas de produção e os critérios de relevância em sua aplicação constante formam o quadro institucional e profissional dentro do qual a *noticiabilidade* (ver 3.3) dos eventos é percebida pelos jornalistas, a ênfase constante de certos temas, aspectos e problemas forma uma moldura interpretativa, um esquema de conhecimentos, um *frame* que se aplica (de maneira mais ou menos consciente) para dar sentido ao que observamos.

Em outras palavras, "os meios de comunicação de massa fornecem algo que é mais do que simplesmente um certo número de notícias. Eles fornecem também as categorias em que os destinatários podem facilmente situá-las de modo significativo" (Shaw, 1979, p. 103). Veremos mais adiante o aspecto metodológico ligado a esta e a outras possíveis integrações da hipótese de *agenda-setting*: esta dá lugar a um setor de pesquisa específico, mas, ao mesmo tempo, ao núcleo de uma série de outras questões.

Por fim, a hipótese salienta a variedade existente entre a quantidade de informações, conhecimentos e interpretações da realidade social, apreendidas pelos meios de comunicação de massa, e as experiências de "primeira mão", pessoal e diretamente vividas pelos indivíduos.

> *Nas sociedades industriais de capitalismo maduro, seja por causa da diferenciação e da globalização social, seja* também *devido à função central dos meios de comunicação de massa, tem ocorrido um aumento da presença de fatias e "pacotes" de realidade que os indivíduos não provam diretamente nem definem interativamente na vida cotidiana, mas que "vivem"* exclusivamente *em função ou por meio da mediação simbólica dos meios de comunicação de massa* (Grossi, 1983, p. 225).

Salientando essa crescente *dependência cognitiva* da mídia, a hipótese da *agenda-setting* postula um impacto direto –

ainda que não imediato – sobre os destinatários, que se configura segundo dois níveis: *a.* a "ordem do dia" dos temas, argumentos, problemas, presentes na agenda da mídia; *b.* a hierarquia de importância e de prioridade com que esses elementos estão dispostos na "ordem do dia".

"A maneira de hierarquizar os acontecimentos ou os temas públicos importantes, por parte de um indivíduo, assemelha-se à avaliação dos mesmos problemas praticada pela mídia, mas apenas se a agenda dos meios de comunicação de massa for medida em relação a um período longo, como um efeito cumulativo" (Shaw, 1979, p. 102). A determinação, junto ao fato de limitar a influência no âmbito cognitivo, de um lado explica o êxito da hipótese, de outro encontra-se na base do seu impasse metodológico e das dificuldades de uma verificação empírica que queira superar a indeterminação da formulação inicial. Isso impõe sobretudo o recurso a métodos e abordagens que estão fora dos instrumentos usados em geral para a verificação (análises de conteúdo e questionários). De fato, até o presente momento, abre-se uma curiosa contradição: em relação à hipótese da *agenda-setting*, as problemáticas dos processos de mediação simbólica e dos mecanismos de construção da realidade são extremamente pertinentes, do mesmo modo que é crucial todo o quadro da sociologia do conhecimento. No entanto, no *corpus* de pesquisas, os traços dessas competências teóricas são praticamente ausentes, assim como parece frágil a consciência da utilidade de outras disciplinas (psicologia cognitiva, semiótica textual). Sendo assim, deparamos com uma direção de análises surgida numa matriz de tipo sociológico-politico-lógico, que define os problemas para os quais a complementaridade dos modelos teóricos é realmente indispensável, mas que na prática de pesquisa ainda não desenvolveu adequadamente essa consciência.

2.3 Alguns dados sobre o efeito de *agenda-setting*

Ao se adiantar que neste parágrafo serão expostos apenas alguns resultados das pesquisas mais significativas, pode-se antecipar que, em seu conjunto, os dados parecem atestar um certo nível de efeito de agenda, mesmo não sendo de modo tão "rígido" como a formulação inicial da hipótese permitia supor.

A exposição é organizada conforme o tipo de problema que as pesquisas citadas mais focalizam.

2.3.1 O diferente poder de agenda dos diversos meios de comunicação de massa

Uma pesquisa de McClure e Patterson (1976) sobre a campanha presidencial americana de 1972[1] evidencia um importante esclarecimento a ser aduzido à hipótese: para os consumidores de informação televisiva, o aumento de consumo não se traduz num maior efeito de *agenda-setting*, enquanto o mesmo ocorre para os que consomem muita informação impressa. "Em cada análise dos dados de 1972, a comparação entre a influência da informação televisiva e o poder de outros canais de comunicação política (jornais, *spots* publicitários) mostra que a exposição às notícias televisivas teve, invariavelmente, os menores efeitos sobre o público [...]. Há uma confirmação limitada à hipótese da *agenda-setting*. Em alguns temas, mas não todos, os níveis de exposição aos meios de comunicação de massa mostram uma influência direta exercida pela *agenda-setting*. De todo modo, normalmente o efeito direto correlaciona-se com o consumo de jornais locais, e não com os noticiários televisivos" (McClure-Patterson, 1976, pp. 24, 28).

Ambos os meios são dotados de um poder diferente de influência: as notícias televisivas são muito breves, velozes, heterogêneas e "amarradas" num formato temporal limitado, ou seja, são muito fragmentárias para ter um efeito significativo

---

1. A pesquisa, efetuada com base na declaração de 626 pessoas, compõe-se de uma análise de conteúdo dos noticiários televisivos e dos diários locais, de três blocos de entrevistas antes da eleição e de uma entrevista telefônica após a eleição, da classificação dos indivíduos conforme seu grau de fruição da mídia, de uma escala da relevância que os indivíduos atribuem aos principais temas eleitorais.

de agenda. Sendo assim, as características de produção dos noticiários televisivos não permitem uma eficácia cognitiva duradoura, enquanto, por outro lado, a informação impressa ainda possui a capacidade de indicar com eficácia a variada relevância dos problemas apresentados. "A informação impressa fornece aos leitores uma indicação *forte*, *constante* e *visível* de saliência" (McClure-Patterson, 1976, p. 26), enquanto a televisiva tende *normalmente* a planificar a relevância e o significado do que é transmitido.

Trata-se de um ponto de integração entre a abordagem de *agenda-setting* e outros tipos de pesquisa: na minha opinião, as modalidades de mediação simbólica dos meios de comunicação de massa podem realmente ser mais bem compreendidas ao se estender a análise às limitações e condições produtivo-profissionais que vinculam a construção dos textos difundidos pela comunicação de massa. Assim como nesse terreno os estudos de *newsmaking* (ver Capítulo 3) se desvencilham de toda teoria "conspirativa" (ver 1.8), as eventuais sobrestimações do efeito de *agenda-setting* são "freadas" pelo estudo a respeito dos caracteres construtivos e produtivos da informação televisiva cotidiana.

A diferente eficácia de *agenda-setting* entre informação televisiva e impressa também é confirmada por um trabalho mais amplo e detalhado, realizado por Patterson-McClure (1976), acerca do impacto da televisão sobre os conhecimentos dos eleitores. Os temas substanciais do confronto político são sistematicamente prejudicados em favor dos elementos de competição, do "folclore" político, da adaptação da campanha dos candidatos em liça. "As redes televisivas subestimam, minimizam os temas eleitorais. Muitas das opiniões dos candidatos sobre os temas principais são inteiramente ignoradas. Quando não o são, raramente constituem o único argumento da notícia. Mais freqüentemente, quando as redes relatam algo sobre um argumento, a notícia é carregada de muitos 'berloques', cuja função é torná-la visivelmente interessante. O resultado é uma cobertura tão superficial dos temas, que perde seu significado" (Patterson-McClure, 1976, p. 36).

A informação televisiva cotidiana fornece, portanto, uma situação de aprendizado impossível: o público é assediado por informações fragmentárias, totalmente incapazes de formar um quadro cognitivo adequado para as escolhas que o eleitor é chamado a fazer.

A conclusões semelhantes chega um estudo sobre a cobertura de uma rede televisiva americana, na Convenção democrática de Miami Beach, de 1972 (Paletz-Elson, 1976). A ênfase das controvérsias, dos aspectos insólitos, o destaque dado aos candidatos principais (em detrimento da atividade dos delegados), a penalização dos temas discutidos e da própria discussão, a importância dada aos elementos de conflito e de dramatização são fatores que contribuem, de modo determinante, para que essas características sejam atribuídas mais à natureza do acontecimento político do que à lógica da sua representação televisiva.

A pesquisa de Patterson (1980) sobre a eleição presidencial americana de 1976 fornece uma confirmação ulterior[2]. "Ao cobrir a campanha presidencial de 1976, a imprensa concentrou-se na batalha dos candidatos na disputa pela presidência, relegando a segundo plano os problemas mais genéricos de política e de liderança nacionais [...]. Vencer ou perder, estratégias e organização, comícios e táticas foram os temas dominantes dos noticiários cotidianos. Em contrapartida, a substância da eleição recebeu uma atenção muito limitada. Apenas 30% da cobertura concernia às posições políticas dos candidatos, às suas capacidades pessoais e de governo, ao seu currículo privado e público, à informação de base sobre as *issues*, ao apoio dos grupos aos candidatos e às suas promessas eleitorais" (Patterson, 1980, p. 270).

---

2. A pesquisa é composta pela indagação feita a 1.200 pessoas, entrevistadas sete vezes (concomitantemente com os momentos significativos da campanha eleitoral) a respeito do seu consumo de comunicações de massa, seus conhecimentos sobre os temas, o envolvimento na campanha, as impressões sobre os candidatos. A agenda da mídia é obtida com uma análise de conteúdo – para todo o ano de 1976 – dos serviços das três redes televisivas, de quatro diários e dois semanários.

Duas são as conclusões que se podem tirar: os vários meios de comunicação de massa possuem uma capacidade diferenciada de estabelecer a ordem do dia dos argumentos publicamente relevantes. A televisão parece ser menos influente do que a informação impressa.

A segunda conclusão diz respeito aos temas e aspectos privilegiados na cobertura informativa das campanhas eleitorais: controvérsias, competição, "folclore político" vão em detrimento da informação mais significativa e importante.

As conseqüências não são insignificantes: "O poder de redigir a agenda das eleições é o poder de *estabelecer o contexto* em que os candidatos presidenciais são avaliados. Martelando dia após dia o tema do desemprego, enquanto se cala a respeito da integração racial, os meios de comunicação de massa impulsionam o desemprego para o vértice da agenda da campanha e relegam a integração racial a segundo plano. O efeito pode ser decisivo: uma eleição disputada com base no desemprego será muito diferente de uma disputada com base na integração; em alguns casos, até mesmo o resultado final pode ser diferente. Os noticiários televisivos desempenham um papel nesse processo de *agenda-setting*" (Patterson-McClure, 1976, p. 75). Desempenham-no sobretudo em relação ao *baixo rendimento* de agenda: entendo não tanto a capacidade de focalizar temas e argumentos precisos, delimitados, uma ordem do dia hierarquizada (efeito mais conforme à informação impressa), quanto, ao contrário, a capacidade mais indiferenciada (mas igualmente relevante) de enfatizar certos aspectos gerais em detrimento de outros (os aspectos competitivos e formais, de "bastidor" vs. os elementos substanciais de uma estratégia política).

Em outras palavras, a incapacidade da informação televisiva cotidiana de fornecer instrumentos cognitivos adequados para uma escolha política racional não cancela o fato de que a televisão, com sua informação fragmentada, *fornece, de maneira geral, uma representação* da política, por exemplo, como uma arena em que se sucedem continuamente falsas mudanças imprevistas, em que os temas desviam-se mutuamente da atenção das pessoas sem que se possa entender direito qual será sua conclusão.

Desse modo, a análise da agenda do meio televisivo leva-nos a constatar, de um lado, sua inadequação para estabelecer no público um conjunto de conhecimentos precisos (*rendimento alto* de agenda), mas, de outro, salienta a imagem política global que esse meio fornece: trata-se sempre de um efeito de *agenda-setting*, centrado menos em noções específicas, articuladas e definidas na sua relevância do que em âmbitos simbólicos mais vastos e genéricos. O estudo sobre a capacidade diferencial de agenda dos diversos meios de comunicação de massa permite também articular diversas *qualidades* de influência.

Duas observações para concluir o item: a primeira concerne a um dispositivo ulterior de *agenda-setting*, além do "baixo rendimento" e ao do "alto": a omissão, a não-cobertura de certos temas, a intencional cobertura acanhada ou prejudicada, recebida por certos argumentos. Esse tipo de *agenda-setting* funciona certamente para todos os meios de comunicação de massa, ultrapassando as diferenças técnicas, jornalísticas, de linguagem, pelo simples fato de que o acesso a fontes alternativas às que garantem o fornecimento constante de notícias é o que há de mais difícil e oneroso (ver 3.5.2).

Pode haver entre os diferentes meios de comunicação de massa vários modos de gerar o efeito de *agenda-setting* por omissão, mas todos, em certa medida, incorrem nele, e certamente também o *sistema* informativo em seu conjunto.

A segunda observação diz respeito à elaboração correta do confronto entre as capacidades de *agenda-setting* dos meios de comunicação de massa: este deve ser situado segundo as *modalidades específicas* de cada meio de gerar esse efeito, mais do que conforme uma capacidade (ou incapacidade) absoluta de produzi-lo. O meio televisivo – *em determinadas condições e segundo caracteres próprios a ele* – também pode obter efeito de *agenda-setting*. A cobertura televisiva determina uma saliência particular em circunstâncias como a ruptura da programação ordinária para informar a respeito de eventos "extraordinários", o uso de uma apresentação visual eficaz e atraente sobre os acontecimentos noticiados, a cobertura feita ao vivo, em linha direta, de um evento. Esses traços de comunicação e as condições técnicas atribuem uma relevância particular à informação televisiva e, portanto, uma potencialidade maior de sua parte para obter efeitos de *agenda-setting*. O uso dos *visuals* (ou seja, dos acontecimentos públicos programados para encontrar um amplo espaço e uma cobertura imediata ao vivo nos telejornais: por exemplo, a viagem de Reagan à China, as celebrações na Normandia etc.) testemunha justamente a consciência de que o meio televisivo também possui um efeito de agenda particular e específico.

2.3.2 Efeitos cognitivos vs. *predisposições?*

Na já citada pesquisa de McClure-Patterson (1976), afirma-se muito claramente que "a *agenda-setting* é verossimilmente um efeito indireto, mediado pelas disposições precedentes dos eleitores destinatários das mensagens" (1976, p. 28). Por outro lado, Shaw afirma não apenas que "a pesquisa em *agenda-setting* reconhece que os atributos psicológicos e sociais dos eleitores determinam o seu uso político dos meios de comunicação de massa" (1979, p. 99), mas também que "a *agenda-setting* reconhece a importância dos contatos interpessoais ao determinar o impacto definitivo do conteúdo da mídia no público. A *agenda-setting* usa os fatores interpessoais para ajudar a explicar as condições nas quais os efeitos de *agenda-setting* são mais pronunciados" (1979, p. 97).

Trata-se, indubitavelmente, de um ponto delicado: de um lado, existe a vontade de inserir a problemática mais "tradicional" sobre os efeitos (percepção, exposição, memorização seletivas) na hipótese da *agenda-setting*, explicitando sua complementaridade; de outro, há também a dificuldade de construir uma teoria sobre efeitos puramente cognitivos, distintos do componente de valor.

A hipótese da *agenda-setting* sustenta que a mídia é eficaz na construção da imagem da realidade que o indivíduo começa a estruturar. Essa imagem – que é simplesmente uma metáfora representativa da totalidade de toda a informação sobre o mundo, que cada indivíduo tratou, organizou e acumulou – pode ser pensada como um padrão em relação ao qual a informação nova é confrontada para dar-lhe o seu significado. Esse padrão inclui o quadro de referência e as necessidades, valores, crenças e expectativas que influenciam o que o destinatário extrai de uma situação de comunicação" (Roberts, 1972, p. 366). Por conseguinte, nesse quadro, a formação da agenda do público torna-se o resultado de algo muito mais complexo do que a "simples" estruturação de uma ordem do dia de temas e problemas por parte da mídia.

Alguns dados confirmam essa constatação: na já mencionada pesquisa de McClure-Patterson (1976), é dado o exemplo das notícias sobre as negociações de paz de Paris.

> *Com a forte cobertura ao final da campanha eleitoral de 1972, que dava a entender que a paz estava próxima, o tema do Vietnã começou a se voltar em favor de Nixon. Sua política externa no sudeste asiático parecia justificada, e essas notícias eram bem recebidas por seus partidários. Estes estavam prontos para acentuar a saliência do tema. No entanto, a situação se mostrava totalmente diferente para os partidários de McGovern: de fato, todo aumento na importância do tema do Vietnã teria produzido para estes últimos uma notável dissonância cognitiva*[3]*. Com efeito, podia-se prever que, quanto mais os defensores de McGovern fossem expostos à cobertura informativa sobre os acordos de paz, mais estes provavelmente teriam* reduzido *a proeminência do problema. Os dados confirmam essas previsões. Quanto ao tema do Vietnã, o poder de* agenda-setting *dos meios de comunicação de massa era clara-*

3. A teoria da dissonância cognitiva (Festinger, 1957) afirma que a presença simultânea de conhecimentos contraditórios e dissonantes entre si produz discordância cognitiva, o que faz surgir no indivíduo a motivação para resolver a própria dissonância, a fim de estabelecer um estado de equilíbrio. Entre os dois componentes contraditórios, tende-se a eliminar ou transformar o menos central, menos relevante para o indivíduo, ou menos geral.

> *mente mediado pelos hábitos dos eleitores de apoiar um dos candidatos. Os defensores de Nixon eram receptivos em relação à ênfase da mídia; os de McGovern, não. No que se refere às notícias televisivas, quanto mais os partidários de McGovern eram expostos à cobertura das redes, mais estes* diminuíam *a saliência do problema Vietnã. Os dados parecem indicar que, em relação às mudanças de relevância do eleitor, a preferência por um candidato exercia uma influência mais forte do que a exposição à mídia* (McClure-Patterson, 1976, p. 26).

O mesmo problema das relações entre efeitos cognitivos e estruturas de valores é evidenciado por um estudo sobre as eleições dinamarquesas de 1971 (Siune-Borre, 1975)[4]. Nele se observa que a função da mídia foi incisiva ao modificar as prioridades dos temas que eram de conhecimento do público: "O aumento da saliência dos temas do Mercado Comum, da economia e da política fiscal [...] caminha paralelamente à promoção desses três temas nos meios de comunicação de massa [...]. O declínio ou a estagnação de argumentos como os problemas sociais, a educação e a cultura, os problemas do ambiente, está em paralelo com sua relativa penalização dos mesmos na mídia" (Siune-Borre, 1975, p. 67). *No entanto*, o público também reluta em descartar por completo os próprios temas preferidos para adotar simplesmente o perfil temático apresentado pela mídia ("temas como a política de habitação ou a ambiental persistem no eleitorado, ainda que a esses temas tenha sido dada pouca importância na campanha radiotelevisiva") (Siune-Borre, 1975, p. 68).

---

4. Um grupo de 1.302 pessoas entrevistadas antes e depois das eleições gerais e uma análise do conteúdo sobre os programas políticos radiotelevisivos constituem as fontes dos dados da pesquisa. Além disso, são identificadas nove áreas temáticas, que delimitam as agendas da mídia e do público (Mercado Comum, problemas econômicos, exportações e importações, política fiscal, mercado de trabalho, problema de habitação, problemas sociais, educação e cultura, problemas ambientais).

Sendo assim, delineia-se uma tendência à *persuasão temperada pela persistência*: as opiniões pessoais dos destinatários parecem agir no sentido de integrar a agenda subjetiva com a proposta pela mídia.

A esse respeito, deve-se considerar também outro elemento na formulação "clássica" da hipótese de *agenda-setting*. Presume-se, portanto, que

> *a influência dos meios de informação seja a mesma em relação a todos os tipos de temas. Essa admissão é implícita no projeto dessas pesquisas porque apenas com base nela pode-se esperar que toda a lista de* issues *na agenda dos meios de comunicação de massa possa "transferir-se" para a agenda do público, mantendo a mesma ordem de prioridade entre os argumentos. Essa passagem é o teste de verificação do efeito de* agenda-setting, *usado por quase todos os estudos nesse âmbito de pesquisa* (Zucker, 1978, p. 227).

Contra essa asserção implícita, avança-se a hipótese de uma maior articulação interna ao efeito de *agenda-setting*: a capacidade de influência dos meios de comunicação de massa sobre o conhecimento do que é importante e relevante varia conforme os temas tratados. Ela é maior sobre alguns do que sobre outros: a discriminante que distingue as *issues* "influenciáveis" das que o são em menor escala é a sua "centralidade" (Zucker a define como *obtrusiveness*).

"Quanto menor for a experiência direta das pessoas em relação a uma determinada área temática, mais ela dependerá da mídia para obter as informações e os quadros interpretativos relativos àquela área. As pessoas não precisam dos meios de comunicação de massa para experimentar o aumento dos preços. Essas condições, quando existem, invadem a vida cotidiana das pessoas" (Zucker, 1978, p. 227). A experiência direta, imediata e pessoal de um problema torna-o suficientemente saliente e significativo, a ponto de atenuar, em segundo plano, a influência cognitiva da mídia. A variável da "centralidade" deve, portanto, ser considerada como um dos fatores de mediação da *agenda-setting*.

Esse tema da mediação é tocado por uma pesquisa sobre a função de *agenda-setting*, desempenhada pelo diário *Unità* (Bechelloni, 1982). No que concerne ao objetivo de entender se o diário consegue ou não "orientar a 'percepção do mundo' dos leitores, obtendo como resultado que toda uma série de problemas seja sentida por eles segundo uma ordem de importância semelhante ou próxima à ordem instituída pelo próprio jornal" (Bechelloni, 1982, p. 286), o estudo evidencia que os temas de relevância nacional, cobertos na primeira página do *Unità*, são amplamente citados pelos leitores como questões da ordem do dia, "ou seja, que um argumento fortemente valorizado no diário tem quase todas as probabilidades de ser igualmente valorizado na agenda do leitor, enquanto um argumento pouco valorizado pode também, *conforme as condições e as lógicas que deveriam ser definidas, ser situado pelo próprio leitor em zonas de maior centralidade*" (Bechelloni, 1982, p. 288) [grifo meu].

Em relação às limitações que situam no efeito de *agenda-setting* a centralidade do tema para o indivíduo e as suas predisposições, é possível supor também outros tipos de correlações que poderiam atenuar as próprias limitações: em todo caso, o problema de integrar a hipótese sobre a influência cognitiva da mídia com as aquisições precedentes da pesquisa sobre os efeitos permanece decisivo para a evolução da pesquisa nesse setor.

2.3.3 Quais conhecimentos e quais públicos para o efeito de agenda-setting*?*

Da sumária exposição de dados e resultados, parece bastante evidente que a hipótese da *agenda-setting* é, na realidade, mais complexa do que sua formulação inicial nos faz prever.

Uma tentativa de assumir tal complexidade é representada por uma pesquisa de Benton-Frazier (1976), na qual se articula de modo mais preciso o conceito de "conhecimentos assimilados" pelos destinatários, analisando qual gênero de noções é aprendido e em quais níveis elas se situam. Sendo assim, já não é suficiente observar se há um aprendizado de informações e sobre quais temas, mas é necessário analisar também os tipos de informações difundidas e "passadas" de uma agenda a outra.

O projeto da pesquisa – desenvolvida em torno de temas econômicos – distingue três níveis de conhecimentos: *a.* o primeiro é o mais superficial e inclui simplesmente o "título" da área temática (por exemplo: economia, poluição, burocracia, política etc.); *b.* o segundo nível define conhecimentos mais articulados, por exemplo, os diversos aspectos de um problema, as suas causas, as soluções propostas (desemprego, inflação, preço elevado das matérias-primas, redução das taxas de juro etc.); *c.* o terceiro nível caracterizado pelos autores concerne a informações ainda mais específicas, como as argumentações favoráveis ou contrárias às soluções avançadas, os grupos defensores das diversas estratégias econômicas etc.

"O primeiro objetivo da pesquisa era verificar a hipotética função de *agenda-setting* da mídia, no segundo e no terceiro níveis. Os estudos precedentes concentraram-se exclusivamente no primeiro nível, isto é, nos 'nomes' dos temas" (Benton-Frazier, 1976, p. 263)[5].

Os dados obtidos manifestam um efeito de agenda também para o segundo e o terceiro níveis de conhecimentos, em particular para quem usufrui da informação impressa, enquanto no caso dos espectadores televisivos o grau de correlação entre as agendas é baixo. Deve-se observar, porém, que os fortes consumidores de informação televisiva também apresentam um efeito de agenda no segundo e no terceiro níveis, que, no entanto, vincula-se aos jornais. "A televisão parece desem-

5. Os dados da pesquisa derivam de 111 entrevistas e de uma análise do conteúdo sobre a cobertura informativa do tema "economia" nas três redes nacionais de televisão, em dois diários de Mineápolis e nos semanários *Time* e *Newsweek*, por um período de três semanas.

penhar um papel secundário, pouco significativo, ao estabelecer a agenda nos níveis 2 e 3, que implicam um conhecimento mais profundo dos temas econômicos. No momento em que se articula a hipótese da *agenda-setting* em diversos níveis do processo de aquisição das informações, os dados obtidos indicam funções diferentes para os vários meios de comunicação de massa" (Benton-Frazier, 1976, p. 270).

O interesse da tentativa de Benton-Frazier, na minha opinião, consiste sobretudo em articular os níveis de conhecimento sobre os quais se pode realizar algum efeito de mídia: a esse propósito, em perspectiva, uma atenção para com os atuais estudos de psicologia cognitiva e de análise do discurso parece útil para a exigência de maior especificidade da *agenda-setting*. Essa direção de trabalho relaciona-se também às observações citadas no parágrafo 2.3.2, sobre a variável da "centralidade" do tema.

Dizia-se que a "centralidade" provavelmente limita o efeito de agenda: essa correlação adquire maior relevância se se especifica melhor em relação a quais níveis diversos de conhecimento observa-se o efeito de agenda. Se, de fato, referirmonos, por exemplo, aos níveis mais articulados de conhecimento das *issues*, é possível pensar que eles acabem sendo, de todo modo, influenciados pela agenda da mídia, ultrapassando a centralidade do tema para o indivíduo. Em outras palavras, o impacto da variável "centralidade do tema" decresce com a progressiva articulação dos níveis de conhecimento, aos quais se define a agenda do público.

Trata-se, obviamente, de uma correlação a ser totalmente verificada, mas que parece indicativa da complexidade que a hipótese da *agenda-setting* revela, tão logo se passa da sua formulação programática para uma análise mais aprofundada.

Outro lado da complexidade diz respeito à avaliação do efeito de agenda em públicos qualitativa e institucionalmente diferenciados. Em vez de considerar uma agenda média de um público genérico, um estudo recente (Cook-Tyler *et alii*, 1983) determina-se a avaliar os efeitos cognitivos de um inquérito televisivo (sobre os abusos e as fraudes existentes nos programas federais de assistência médica domiciliar) junto ao público genérico, aos líderes de alguns grupos de interesse (associações de aposentados, de assistência etc.) e a alguns expoentes governamentais dos departamentos públicos, diretamente interessados no argumento do inquérito[6]. Relativamente à audiência genérica, os resultados manifestam um nítido efeito de *agenda-setting*: "Aqueles que viram [a transmissão] consideram mais do que antes que o programa de auxílio domiciliar é importante, que o auxílio governamental a ele é indispensável e que o problema dos abusos é relevante" (Cook *et alii*, 1983, p. 24). Por outro lado, em relação aos "públicos específicos", a influência não parece homogênea: os responsáveis governamentais manifestam um efeito de agenda, enquanto os grupos de interesse, não. No primeiro caso, são modificadas as percepções da relevância do problema, a convicção de que seja necessária uma ação política sobre a questão e, sobretudo, a opinião acerca da percepção que o público genérico tem da importância do tema.

Além dessa tentativa de especificar a influência cognitiva segundo a colocação institucional de setores diversos de público, é evidente que o problema – inter-relacionado aos precedentes – acentua a exigência de se separar da formulação original da hipótese da *agenda-setting*. A difusão homogênea desse tipo de efeito parece muito problemática, a ponto de requerer tanto uma elaboração metodológica mais atenta, quanto uma reflexão teórica aprofundada.

---

6. Um elemento característico da pesquisa é que ela foi elaborada para permitir um trabalho prolongado de grupo entre os realizadores da indagação televisiva e os estudiosos de *agenda-setting*. Uma equipe interdisciplinar de sociólogos, estudiosos de política e de meios de comunicação de massa pôde desenvolver uma abordagem etnográfica para todas as fases de criação e produção da indagação, uma pesquisa de *agenda-setting* com públicos diferenciados e uma análise das mudanças na política assistencial, atribuíveis às informações reveladas pela sondagem televisiva e passíveis de pertencer ao efeito de agenda. A partir desse ponto de vista, a pesquisa – da qual se pôde consultar apenas um relatório – coloca em prática a abordagem integrada e complexa, tantas vezes auspiciada.

Isso conduz a uma consideração geral, ou seja, de que globalmente as verificações mais "consistentes" da hipótese derivam de uma sua aplicação "monolítica". Um exemplo é fornecido por um dos primeiros estudos na matéria (McCombs-Shaw, 1972), sobre a campanha eleitoral de 1968 para a presidência. Segundo o projeto da pesquisa, colocava-se a cada indivíduo o pedido de ilustrar quais eram, no período do levantamento, os temas-chave, independentemente do que os candidatos presidenciais afirmavam (a pergunta do questionário era a seguinte: "Qual tema lhe interessa mais nestes dias? Independentemente daquilo que afirmam os candidatos, quais são as duas ou três áreas principais, para você, sobre as quais o governo deveria fazer alguma coisa?") (McCombs-Shaw, 1972, p. 178). Os resultados apresentavam "uma relação muito forte entre a ênfase colocada pela mídia sobre os temas da campanha [...] e as avaliações dos eleitores sobre a saliência e a importância dos diversos argumentos. Porém, enquanto os três candidatos presidenciais [Nixon, Humphrey, Wallace] diferenciavam-se muito em relação ao peso dado aos temas, as opiniões dos eleitores pareciam refletir uma miscelânea da cobertura da mídia. Isso sugere que os eleitores prestam alguma atenção em toda a informação política *independentemente* do fato de provir de um candidato específico e preferido ou de dizer respeito a ele" (McCombs-Shaw, 1972, p. 181). A diferença dessa conclusão da daquelas referidas, por exemplo, no parágrafo 2.3.2, está fortemente vinculada à elaboração metodológica que explicitamente requeria indicações e avaliações heterogêneas, indiferentes às disposições partidárias e às opiniões de voto dos entrevistados. Isso evidencia os riscos inerentes às verificações da *agenda-setting*, que se baseiam em medidas agregadas de dados e prescindem das correlações com os mecanismos de exposição, percepção, memorização seletivas que – quando, por sua vez, são consideradas – parecem influir no próprio efeito de *agenda-setting*. A escolha de usar uma avaliação global e heterogênea da agenda da mídia ou, ao contrário, de se valer de dados desagregados para cada meio (além do fato de considerar, ou não, os hábitos de consumo e as orientações políticas dos indivíduos) pode conduzir, portanto, a resultados bastante diferentes.

Como afirmam McCombs-Shaw (1972), a explicação de um efeito de *agenda-setting* parece plausível sobretudo se esta se limita a se basear em dados e correlações globais.

Ao final desta breve resenha de pesquisas, podemos, então, tentar indicar alguns pontos problemáticos e desenvolvimentos possíveis que hoje se abrem para a pesquisa sobre os efeitos a longo prazo dos meios de comunicação de massa.

2.4 Limites, problemas e aspectos metodológicos na hipótese da *agenda-setting*

Já mencionamos no item precedente alguns problemas e limites internos à hipótese de *agenda-setting*: a exigência que se começa a perceber sensivelmente nesse setor é a necessidade de uma estratégia teórica de pesquisa, que substitua o empirismo tático seguido até agora (McCombs, 1981). "Enquanto a pesquisa de *agenda-setting*, igualmente a grande parte da pesquisa, sente o efeito de insuficiências metodológicas, seus problemas fundamentais são de tipo conceitual" (Lang-Lang, 1981, p. 448). Nos próximos itens, tentarei justamente delineá-los de modo resumido, junto às integrações disciplinares que parecem mais profícuas.

2.4.1 As agendas dos diversos meios de comunicação de massa

Já se observou que um aspecto importante na hipótese é a capacidade variada de diferentes meios de comunicação de massa de gerar influência de tipo cognitivo. Isso conduz ao problema do modo de levantamento das agendas dos meios considerados. Na maioria dos casos, esse levantamento baseia-se numa medida que reúne os elementos de conteúdo dos diversos meios; por outro lado, às vezes esse procedimento acompanha-se de uma desagregação dos dados, a fim de correlacionar a agenda de um meio específico com a dos destinatários que são seus fortes consumidores. Indubitavelmente, esse procedimento é muito importante se quisermos levar em conta as especificidades de comunicação que caracterizam e distinguem a imprensa do rádio e da televisão, e que presumivelmente influem na capacidade de gerar efeitos de agenda. O uso de medidas agregadas tende, porém, a anular essa especificidade.

Não obstante o conhecimento da utilidade dos dados desagregados, permanece verdadeira a constatação de que

> *a decisão de levantar operativamente a agenda dos meios de comunicação de massa, considerando cada meio em separado ou usando medidas agregadas de toda a mídia, não recebeu a atenção que merece [...]. A imprensa e os outros meios de comunicação de massa diferem parcialmente na sua escolha de qual tema específico devem enfatizar com mais intensidade. O resultado é que, se a agenda dos destinatários é formada pela mídia, o meio específico de que se ocupa representa uma variável importante. As agendas da mídia deveriam ser reunidas apenas quando houvesse uma correlação muito elevada entre os diversos meios* (De George, 1981, p. 221).

No entanto, no que se refere a essa indicação metodológica, torna-se importante também a escolha dos temas, cujo efeito de agenda e, conseqüentemente, do *frame* temporal (ver 2.4.3) deve ser verificado. Por exemplo, a oportunidade de usar dados agregados para a agenda da mídia varia muito conforme se queira verificar o efeito de *agenda-setting* durante uma campanha eleitoral ou sobre a cobertura em períodos normais de algumas grandes tematizações (droga, poluição, emergência moral, terrorismo etc.). Mais num caso do que no outro, a homogeneidade da cobertura informativa pode ser estruturalmente relevante e vinculada, o que justamente permite usar dados agregados sem perder muito em fidedignidade: em contrapartida, isso não ocorre com outros contextos de comunicação.

No que concerne à comparação entre os meios de comunicação de massa, "embora a conclusão da eficácia diferenciada [entre imprensa e televisão] pareça dominar, a incomparabilidade nas técnicas de mensuração e as dificuldades na formulação da hipótese afligem esse tipo de pesquisa. Grande parte do problema é metodológico: é difícil, se não impossível, citar dois estudos que usem a mesma metodologia" (Eyal, 1981, p. 226).

Isso esclarece parcialmente uma certa divergência nas conclusões sobre o diferencial de eficácia de agenda. Com respeito aos resultados citados em 2.3.1 (que salientam a maior eficácia da informação impressa em relação à televisiva), e em confirmação da necessidade de esclarecer o problema segundo a análise das *modalidades específicas* de cada meio para gerar efeitos de agenda, McCombs (1976) defende uma eficácia *temporalmente graduada e diferenciada* dos vários meios de comunicação de massa.

> *Os jornais são os primeiros promotores a organizar a agenda do público. Eles definem amplamente o âmbito do interesse público, mas os noticiários televisivos não são totalmente desprovidos de influência. A televisão possui um certo impacto a curto prazo na composição da agenda do público. Talvez o melhor modo de descrever e distinguir essas influências seja chamar a função dos jornais de "agenda-setting" e a da televisão de "ênfase" (ou* spotlighting*). Muitas vezes, a natureza fundamental da agenda parece ser organizada pelos jornais, enquanto a televisão essencialmente reorganiza ou reordena os temas principais da agenda* (McCombs, 1976, p. 6).

Com base nessa "divisão do trabalho" de influência, McCombs (1977) traça – no caso de uma campanha eleitoral – duas fases temporalmente distintas: no seu primeiro período, o papel desempenhado pela imprensa é relevante, ao contrário do da televisão; à medida que o dia das eleições se aproxima, as partes se invertem e a televisão parece ganhar maior peso ao reforçar os temas relevantes[7].

Além da necessidade de avaliar comparativamente a eficácia de agenda segundo as peculiaridades de cada meio, há também o problema de um confronto homogêneo. Em geral, considera-se a informação televisiva dos noticiários, enquanto com freqüência para a imprensa são considerados tanto os diários quanto alguns semanários. Em alguns casos, portanto, a comparabilidade dos dados é limitada pela desomogeneidade dos gêneros informativos levados em consideração. Sendo assim, conforme a agenda dos meios de comunicação de massa, é necessário adotar parâmetros explícitos e claros de identificação dos gêneros informativos que permitem uma comparação equilibrada entre um meio e outro. Por sua vez, isso também implica uma avaliação atenta do modo como evoluem e se modificam os gêneros da mídia no campo da informação. No momento em que se coloca o problema da eficácia variada de *agenda-setting* de um meio em relação a outro, faz-se referência a uma série de fatores relativos às tecnologias de comunicação, aos formatos informativos de cada meio, aos gêneros considerados.

A partir desse ponto de vista, também é crucial o fato de que os meios de comunicação de massa possuem diversos limiares de relevância (ver Capítulo 3) em relação aos temas: estes últimos, portanto, não são todos igualmente relevantes do mesmo modo para cada meio.

"Alguns temas nascem de condições que *atingem diretamente quase todos* da mesma maneira [...]. Um tipo diferente

---

7. Uma função importante nessa inversão de papéis é desempenhada, provavelmente, pelos grandes debates televisivos que vêem o confronto face a face entre dois candidatos à presidência (por exemplo, Carter/Reagan; Giscard/Mitterrand): na sua férrea regulamentação interna – que às vezes chega a definir o tipo de enquadramento que se pode usar e o que, ao contrário, é proibido: sobre esse ponto, a propósito do debate Giscard/Mitterrand, ver Delavaud-Géré (1981) –, eles representam o triunfo dos critérios de relevância e de noticiabilidade, próprios do meio televisivo: espetaculosidade, espírito de competição, conflito, equilíbrio político, contraposição facilmente identificável dos temas etc.

de tema concerne às situações cujos efeitos são *praticados seletivamente* [...]. Por fim, existem desenvolvimentos cujos efeitos estão, *em geral, muito distantes* de quase todos [...]. Essas três categorias possuem limiares de perceptibilidade bastante diferentes, e a natureza da influência exercida pela mídia varia em correspondência" (Lang-Lang, 1981, p. 452).

Um exemplo da conexão entre: *a.* critérios de relevância aplicados pela mídia; *b.* limiar de visibilidade dos temas; *c.* efeitos de agenda articulados de modo variado como resultado da relação entre *a.* e *b.*, é dado pela chamada *tematização*.

Por esse termo entende-se a transformação e o desenvolvimento de um certo número de acontecimentos e fatos distintos, num único âmbito de relevância, que justamente acaba sendo tematizado. A tematização é um procedimento informativo que faz parte da hipótese da *agenda-setting*, representando uma modalidade que lhe é particular: tematizar um problema significa, na realidade, colocá-lo na ordem do dia da atenção do público, dar-lhe a importância adequada, salientar sua centralidade e sua significatividade em relação ao fluxo normal da informação não-tematizada.

Sua função é "selecionar ulteriormente [...] os grandes temas nos quais se deve concentrar a atenção pública e mobilizá-la para as decisões. O que então distingue um tema de um evento ou de uma classe de eventos, à qual já tenham sido atribuídos relevância e maior empenho de comunicação, é, nesta acepção, não apenas a reunião de uma série de eventos e com uma duração consistente, dentro de uma seção *ad hoc* (específica, temporal e espacialmente limitada), mas o fato de se fazer convergir essa mesma série de eventos na indicação de um *problema* que tenha um significado público e que reivindique uma solução (ou decisão)" (Rositi, 1982, p. 139).

Em relação à estratégia de comunicação da tematização, voltada a obter efeitos de *agenda-setting*, repropõe-se o problema da eficácia variada entre imprensa e televisão. Se é verdade que a informação impressa organiza-se em torno da memória dos acontecimentos, enquanto a televisiva concentra-se mais na atualidade, pode-se imaginar para a imprensa uma função de "produção de informação secundária ou *informação tematizada*" (Marletti, 1982, p. 210), que amplia a notícia, contextualizando-a e aprofundando-a. Esta permite ou permitiria ultrapassar cada acontecimento para inseri-lo seja no seu contexto social, econômico, político, seja num quadro interpretativo que o vincula a outros acontecimentos e fenômenos.

Mas no processo da tematização também parece implícita outra dimensão, que está ligada não apenas à quantidade de informações e ao tipo de conhecimentos que produzem tematização sobre um acontecimento: é a natureza pública do tema, sua relevância social. Nem todo acontecimento ou problema é suscetível de tematização, apenas os que denotam alguma relevância político-social. Os meios de comunicação de massa, portanto, tematizam dentro dos limites que eles mesmos não definem, num território que eles não delimitam, mas que simplesmente reconhecem e começam a cultivar.

Em relação ao efeito de *agenda-setting*, a tematização apresenta-se, portanto, como uma possibilidade limitada da seleção dos argumentos passíveis de serem tematizados. Enquanto, em princípio, é possível pensar num efeito de *agenda-setting* sobre qualquer série de argumentos, contanto que seja extensivamente coberta pela mídia, a tematização (com conseqüente *agenda-setting*) deveria ser possível apenas em âmbitos já providos de uma relevância "institucional".

O caso específico da tematização – como exemplo de uma direção particular de pesquisa no campo mais amplo da hipótese de *agenda-setting* – indica um desenvolvimento que a hipótese está começando a percorrer, ou seja, o problema de como nasce um tema dentro dos mecanismos complexos da informação de massa, de quais são as forças, os processos e as condições que limitam ou enfatizam sua visibilidade social. "Ao analisar o papel dos meios de comunicação de massa em relação a como se estruturam os temas de uma campanha ou as controvérsias num período, deve-se ir além de uma busca da simples correspondência entre o tratamento de certos temas na imprensa e a medida em que o público é consciente, informado e interessado a respeito deles" (Lang-Lang, 1981, p. 453). A hipótese da *agenda-setting* estende-se, portanto, para receber as integrações e sugestões necessárias do estudo sobre as condições sociais, profissionais e técnicas de transformação dos eventos em notícias e temas (ver Capítulo 3).

2.4.2 A natureza e os processos da agenda-setting

O procedimento padrão desse tipo de pesquisa prevê uma comparação entre a agenda da mídia e a do público: uma medida agregada do conteúdo dos meios de comunicação é confrontada com uma medida agregada dos conhecimentos possuídos pelos destinatários. O aspecto mais negligenciado – e, no entanto, crucial para uma articulação satisfatória da hipótese – concerne às modalidades de "passagem", de transformação de uma agenda para outra. Já se pôde observar no parágrafo 2.3.2 a objeção feita por Zucker (1978) à asserção, implícita na hipótese, de uma "transferência" homogênea de uma agenda a outra. Mas este não é o único aspecto problemático.

> *A hipótese da* agenda-setting *desenvolve-se partindo de um interesse geral para o modo como as pessoas organizam e estruturam a realidade circunstante. A metáfora da* agenda-setting *é uma macrodescrição desse processo [...]. Ela se baseia em algumas admissões e interrogações específicas sobre o tipo de estratégias ativadas pelos indivíduos quando estes estruturam o próprio mundo. Por exemplo,* a típica medida da agenda da mídia – que articula os temas conforme a freqüência das suas referências – baseia-se no pressuposto de que a freqüência com que um tema ou argumento aparece é uma indicação relevante usada pelos destinatários para avaliar sua saliência (McCombs, 1981, p. 211) [grifo meu][8].

---

8. Paralelamente a essa tese, emprega-se outra, ou seja, de que a freqüência das menções serve para ajudar o destinatário a organizar o próprio

Essa tese me parece particularmente redutiva em relação à complexidade dos fenômenos cognitivos envolvidos.

Medir a importância de um argumento (e pressupor que ela seja sentida) apenas com base no número de vezes em que é mencionado é mais o resultado de um procedimento metodológico, vinculado ao instrumento de levantamento da agenda da mídia (a análise de conteúdo), do que da reflexão teórica sobre o problema.

Conceituar apenas a variável da freqüência como índice da percepção de saliência dos temas parece amplamente insuficiente. A idéia de que uma freqüência alta defina uma forte saliência está ligada a um modelo de comunicação hipersimplificado, pré-semiótico: o pressuposto de que a freqüência da explicitação de um argumento nos meios de comunicação de massa seja a indicação usada pelos destinatários para levantar sua significatividade implica uma idéia de mensagem em que todos os elementos necessários para a sua compreensão e interpretação estejam explicitamente contidos nela.

As pesquisas a respeito dos processos de compreensão e de verbalização – nos âmbitos da psicologia cognitiva e da semiótica textual – avançam numa direção diferente, salientando o fato de que, para a interpretação e a compreensão de um texto, também são essenciais elementos que não foram explicitamente mencionados nele. Para conseguir tratar a informação contida no texto, o destinatário deve combinar a informação que entra com a já acumulada na memória:

> *a primeira parte de um texto (ou mesmo apenas os primeiros elementos lexicais contidos nele) ativa uma cena*

---

ambiente, a satisfazer a necessidade de orientação diante de uma realidade externa, percebida como cada vez mais complexa, incontrolável, causadora de ansiedade. O vínculo com a hipótese dos usos e gratificações é consistente e, segundo McCombs (1981), contribui para explicar o predomínio de um conceito de agenda (do público) mais intrapessoal do que interpessoal na pesquisa. A partir desse ponto de vista, na análise dos efeitos a longo prazo, ainda persiste uma dimensão mais individual do que coletiva.

> *esquemática*[9]*, em que muitos elementos ainda são deixados, por assim dizer, em branco; as partes seguintes do texto passam a preencher esses espaços brancos (ou pelo menos alguns deles), introduzindo novas cenas, mudando e sobrepondo outros de modo variado, conforme vínculos causais, temporais etc. Quem interpreta constrói pouco a pouco para si mesmo um mundo mental possível, onde insere os novos detalhes que o texto vai lhe fornecendo, modificando, onde necessário, as cenas precedentes que havia construído. Um texto coerente é um texto em que as várias partes contribuem para a criação de uma única cena, em geral muito complexa. É importante salientar que a natureza final desse "mundo textual" muitas vezes depende de aspectos das cenas que nunca são explicitamente mencionados no texto. Isso nos reconduz à função e à importância desempenhadas pelos conhecimentos extralingüísticos na interpretação textual e à necessidade de um modelo teórico que permita justificar o sistema dedutivo requerido para a compreensão do texto* (Violi, 1982, p. 93).

Essa orientação confirma o deslocamento de tendências, que está sendo verificado – sem um projeto unitário, mas de modo quase generalizado – em muitas áreas relativas de pesquisa, em sentido lato, para os problemas de comunicação, e que também atinge o campo científico com o qual se ocupa. De fato, é evidente que uma hipótese que diz respeito explicitamente à capacidade da mídia de fornecer aos receptores sistemas estruturais de conhecimento (não apenas a ordem do dia

9. "O termo 'cena' se refere às experiências, ações, objetos, percepções do mundo real e à memória que os indivíduos têm deles" (Violi, 1982, p. 79): em algumas das atuais tendências de estudo no campo da lingüística, e em particular da semântica, salienta-se que "os significados são relativos às cenas" (*ibid.*), ou seja, que a compreensão dos elementos lingüísticos pode ocorrer apenas com base na compreensão de outra coisa; em particular, salienta-se a mistura contínua e necessária entre conhecimento da língua e conhecimento do mundo, entre dicionário e enciclopédia.

relativa aos temas, mas também sua hierarquia interna) não pode ignorar totalmente o problema de *como* ocorre essa passagem, de quais mecanismos de comunicação, interpretativos, de compreensão e memorização servem de prova e garantia da verificação desse efeito. Não é mais o problema da decodificação aberrante que "transtorna" o conjunto de conhecimentos transmitidos pela mídia, muito menos o de como a percepção e a exposição seletiva modificam o conteúdo fruído com respeito ao transmitido. Em se tratando de efeitos a longo prazo, que excedem cada episódio de comunicação, o problema para a hipótese de *agenda-setting* é ter um modelo suficientemente fidedigno e complexo, em condições de explicar como a informação nova, assimilada pela mídia, *transforma-se* em elementos da enciclopédia dos destinatários, ou seja, do conjunto dos seus conhecimentos sobre o mundo.

Indubitavelmente, a hipótese de *agenda-setting* não se confunde com esse modelo, mas deve dispor dele: não pode limitar-se, como princípio de explicação, ao pressuposto da freqüência, que não se encontra em condições de esclarecer e justificar a realização de um efeito cognitivo tão complexo e relevante.

Este é um dos pontos de maior interesse e de produtividade mais fecunda da própria hipótese, embora, por esse caminho, sua atividade imediata e a verificação empírica articulada ainda se mostrem distantes.

Um esboço dessa elaboração "alargada" da *agenda-setting* encontra-se em alguns trabalhos de Findahl-Höijer (1975) e de Larsen (1980; 1983). Este último, em particular, tenta ampliar o âmbito da hipótese, incluindo nela a análise dos procedimentos de tratamento e de lembrança da informação (*news memory, discourse processing*). O objetivo é delinear alguns traços fundamentais do processo de aprendizagem, presente no efeito de *agenda-setting*: os resultados (provisórios e limitados pela escassez dos estudos realizados, mas ainda assim significativos) indicam que as estratégias de tratamento da informação seguidas pelos destinatários concernem, sobretudo, à identificação das macroestruturas nos noticiários, e que estas últimas constituem o que é lembrado com maior facilidade. Em outras palavras, o bom senso de um texto, de um discurso, de um conjunto de orações não está vinculado apenas ao fato de ser coerente na conexão entre uma frase e outra, mas também ao fato de ser global, ou seja, de possuir uma unidade, um "tema condutor". A macroestrutura deriva da informação representada nas diversas orações que compõem um texto, e essa derivação se realiza por meio de macrorregras, como a supressão (de detalhes irrelevantes), a generalização e a "construção" (na qual, por exemplo, as ações-componentes definem uma ação geral) (van Dijk, 1983). No entanto, se levarmos em conta que os processos de compreensão não concernem apenas à compreensão dos textos, mas também à dos estados de coisas descritas pelos textos, torna-se evidente que esses processos implicam, de modo crucial, amplos estratos de conhecimentos sobre o mundo, adquiridos anteriormente. "Usar [este] conhecimento no processo de compreensão do discurso significa estar em condições de correlacionar o próprio discurso a qualquer estrutura de conhecimento preexistente, que, portanto, fornece a ele um modelo de situação" (van Dijk-Kintsch, 1983, p. 337).

É provável – e algumas hipóteses sobre os procedimentos de compreensão e memorização dos textos o apresentam como uma tese central – que existam estratégias de uso dos conhecimentos, ou seja, que, em vez de uma "ativação mais ou menos cega de todo o conhecimento possível [na compreensão de um texto, o uso do conhecimento] seja estratégico, dependendo dos objetivos do indivíduo, da quantidade de conhecimento colocado à disposição pelo texto e pelo contexto, do nível de tratamento ou do grau de coerência necessário para a compreensão, que formam justamente os critérios para o uso estratégico do conhecimento" (van Dijk-Kintsch, 1983, p. 13).

A função predominante das macroestruturas na compreensão e na memorização dos textos informativos não é o único resultado indicado no trabalho de Larsen (1983): no que de fato concerne à função dos conhecimentos já acumulados na memória, parece realizar-se uma dinâmica do processo de compreensão e de lembrança, que restringe, em parte, o sentido da hipótese de *agenda-setting*.

O conhecimento adquirido anteriormente sobre os acontecimentos, cujas atualizações formam o noticiário, parece incidir conforme duas direções:

a. a memorização se concentra mais na informação já adquirida do que na nova. A familiaridade com o argumento acrescenta, portanto, a facilidade de memorização.

b. Dentre as informações novas, parece privilegiada a cronologicamente mais recente (os últimos desenvolvimentos de um fato) em relação à que amplia os conhecimentos (ou seja, a informação de fundo).

Conseqüentemente – com base nesses dois procedimentos de memorização e de acúmulo de informação –, seria acentuada (e eventualmente atualizada) a parte de conhecimento sobre o mundo já adquirido de alguma forma (Larsen, 1983).

Como prova do fato de que a hipótese da *agenda-setting* contém elementos que a estimulam a se confrontar com os problemas da compreensão e da memorização, há também dois modelos explicativos diferentes, que MacKuen e Coombs (1981) ilustram a propósito do impacto da informação nova, adquirida por meio da mídia.

O primeiro modelo – o da *atenção* – sugere que a receptividade do destinatário para a informação nova varia proporcionalmente à atenção pela informação apresentada e à sua capacidade cognitiva de tratá-la adequadamente, de compreendê-la e inseri-la nos esquemas de conhecimento adquirido.

O segundo modelo – o do *enquadramento cognitivo* – sustenta, por sua vez, que os indivíduos mais atentos, interessados, com maior competência cognitiva, são também os menos receptivos à influência, uma vez que são dotados de um sistema de conhecimentos já bem articulado e consolidado.

Como conclusão – muito além do fato de existirem diversos níveis e procedimentos de compreensão e muitos modos de um texto ser compreendido –, permanece a constatação de que é ao longo das linhas de pesquisa que acabamos de mencionar que alguns problemas conceituais da hipótese de *agenda-setting* serão elaborados e articulados ulteriormente. A natureza cumulativa desse efeito cognitivo da mídia é realmente difícil de ser analisada se continuarmos completamente alheios à problemática dos processos semióticos de compreensão, elaboração e memorização dos conhecimentos difundidos pelos discursos dos meios de comunicação de massa.

2.4.3 O parâmetro temporal na hipótese da agenda-setting

Já foi dito várias vezes que a influência da comunicação de massa tem sido estudada como efeito a longo prazo: coloca-se, então, o problema de definir o melhor arco temporal para verificar sua existência ou inexistência. "Intuitivamente, a variável temporal pareceria crucial, mas uma resenha da literatura a esse respeito indica que ela não chegou a ser tratada como tal. A questão do *frame* temporal apropriado para a *agenda-setting* ainda deve ser elaborada" (Eyal-Winter-De George, 1981, p. 212).

Em geral, nesse tipo de pesquisa, distinguem-se cinco parâmetros temporais diferentes:

a. o *frame* temporal, ou seja, todo o período de levantamento dos dados das duas agendas (a da mídia e a do público), a extensão global do tempo em que se realiza a verificação do efeito;

b. o intervalo temporal (*time-lag*), ou seja, o período que transcorre entre o levantamento da variável independente (a cobertura informativa da mídia) e o da dependente (a agenda do público);

c. a duração do levantamento da agenda da mídia, ou seja, o período total de cobertura informativa durante o qual se reúne a agenda, por meio da análise de conteúdo. No caso de campanhas eleitorais, muitas vezes é a duração de toda a campanha;

d. a duração do levantamento da agenda do público, ou seja, o período durante o qual é levantado o conhecimento do público a respeito dos argumentos mais significativos;

e. a duração do melhor efeito, ou seja, o período dentro do qual se determina a máxima associação entre a ênfase dos temas por parte da mídia e sua importância nos conhecimentos do público (Eyal-Winter-De George, 1981).

Parece imediatamente evidente que cada um desses parâmetros é muito difícil de ser determinado: qual é o melhor intervalo entre a mensuração de uma agenda e a de outra? Quanto tempo deve passar antes que o efeito de agenda se manifeste ou, ao contrário, antes que se atenue e desapareça? Qual a melhor duração para fazer o levantamento da agenda dos meios de comunicação de massa?

Essas são perguntas sem uma resposta teoricamente fundamentada e motivada; e, no entanto, é provável que todas elas influam consideravelmente nos resultados que se podem obter.

Além disso, do total da pesquisa até agora desenvolvida não chegam indicações unívocas e teoricamente satisfatórias: o *frame* temporal pode levar de três semanas a três anos ou mais; alguns estudos apresentam uma sobreposição entre o levantamento da agenda da mídia e o da do público, com uma conseqüente ausência de *time-lag*, enquanto, em outros casos, há um *time-lag* de cinco ou nove meses. Um estudo de Stone-McCombs (1981) indica, num período variável de dois a seis meses, o tempo necessário para um tema de média relevância nacional, a ser registrado entre os importantes para o público: de todo modo, a conclusão é apenas indicativa e orientadora.

O período de determinação da agenda da mídia também é muito variável, indo da análise de conteúdo de uma única semana a muitos meses de levantamento. Outro aspecto crucial, cuja determinação ainda é imprecisa, diz respeito ao intervalo de tempo a partir do qual se deve medir o conhecimento de temas no público: em se tratando, por definição, de efeitos cognitivos e cumulativos, é lícito pensar que estes ainda podem ser levantados mesmo depois de certo período. Nesse caso, porém, torna-se mais difícil atribuí-los à cobertura informativa do período em que foi levantada a agenda da mídia do que ao fato de que a fruição de comunicações de massa no período de *time-lag* interfere provavelmente com a *agenda-setting*. "O número de outros fatores em atividade no período de construção [da agenda] com efeitos de reforço potencial na saliência do tema deveria tornar-nos prudentes quanto à direção de qualquer efeito da mídia" (Lang-Lang, 1981, p. 450).

Por outro lado, em relação ao problema da determinação ideal do *time-lag*, é pertinente também a escolha do acontecimento sobre o qual se quer medir o efeito de agenda (campanha eleitoral vs. evento específico vs. conjunto de temas particulares, cuja cobertura dura um período prolongado, por exemplo a negociação para o desarmamento etc.). Com efeito, as *issues* "variam em relação à quantidade de tempo necessária para colocá-las numa posição de relevância na opinião pública. Um embargo petrolífero impulsiona, repentinamente, o tema da escassez das fontes de energia e da política de economia energética nas agendas do público. Um derramamento de óleo confere importância ao tema da poluição ambiental; por outro lado, podem ser necessários vários anos para que o tema da moralidade no governo se torne proeminente na consciência do público.

"Visto que cada *issue* tem sua própria dinâmica temporal, examinar mais de um tema por vez pode ser problemático" (Eyal-Winter-De George, 1981, p. 216). Uma averiguação negativa de efeito de agenda pode simplesmente corresponder ao fato de que os tempos de influência das diversas *issues* não são sincrônicos.

Por outro lado, é necessário considerar também que, "poucos anos depois que um argumento encontra-se em posição de relevância na mídia, a maior parte das pessoas já tem uma idéia definida sobre ele e, portanto, está menos sujeita a ser influenciada em relação a quando a *issue* tornou-se relevante na mídia pela primeira vez" (Zucker, 1978, p. 237). Os conhecimentos já passaram a fazer parte da enciclopédia dos destinatários, enquanto as perguntas dos questionários ou das entrevistas no levantamento da agenda e do público pedem que seja mencionada sobretudo a informação nova, recentemente adquirida por meio da exposição aos meios de comunicação de massa num período não muito distante.

Por fim, quanto aos temas cobertos pela mídia de maneira constante, a atenção tende a enfraquecer, e a informação é mais difícil de ser recebida, exceto nos momentos de saliência de uma *continuing story*.

Para concluirmos, devemos notar que, não obstante a *agenda-setting* seja uma hipótese sobre a influência cumulativa e sobre os efeitos a longo prazo, na realidade a pesquisa muitas vezes se limitou a um contexto de comunicação específico, o da "campanha", traindo assim, num certo sentido, as premissas iniciais. Obviamente, boas razões metodológicas justificam esse dado de fato, mas, em todo caso – como dito no item 1.4.3 –, a situação de comunicação da "campanha eleitoral" é, por muitos aspectos, incongruente em relação à pesquisa de efeitos cognitivos sedimentados. É evidente, porém, que, tão logo se abandonam os limites temporais formalmente definíveis e reconhecíveis de uma campanha presidencial, os problemas ilustrados neste item tornam-se difíceis e complexos. É quase impossível, na situação atual, fornecer indicações conclusivas sobre o aspecto metodológico do *frame* temporal na pesquisa de *agenda-setting*: as observações citadas concordam ao considerar que o caminho a ser seguido seja o de analisar, de maneira independente, meios de comunicação diversos e *issues* diferentes, usando modelos de *frame* temporal variados.

2.4.4 Outras questões em agenda

Antes de aludir brevemente a alguns problemas que – junto aos precedentes – prefiguram as possíveis "causas iniciais" com diferentes métodos de pesquisa, existem outras características a serem explicitadas.

Podem-se distinguir três tipos de agenda do público ou, como afirmam McLeod-Becker-Byrnes (1974), três tipos de saliência:

a. a agenda intrapessoal (ou saliência individual), que corresponde ao que o indivíduo considera como os temas mais importantes: trata-se de uma relevância pessoal, atribuída a um problema pela pessoa, nos termos do próprio conjunto de prioridades;

b. a agenda interpessoal (saliência comunitária), ou seja, os temas dos quais e sobre os quais o indivíduo fala e discute com outros: ela define, portanto, uma relevância intersubjetiva, isto é, a quantidade atual de importância atribuída a um tema, dentro de uma rede de relações e de comunicação interpessoal;

c. o terceiro tipo de agenda é relativo à percepção que um indivíduo possui da situação da opinião pública (*perceived community salience*; De George, 1981): é a saliência percebida, ou seja, a importância que o indivíduo pensa que os outros atribuem ao tema; corresponde a um "clima de opinião" e pode fazer parte das chamadas tematizações.

Na maior parte dos casos, as pesquisas focalizam sobretudo o primeiro tipo de agenda – intrapessoal –, estando este mais próximo da existência de um efeito causal direto entre conhecimentos difundidos pela mídia e relevância atribuída pelo indivíduo às várias *issues*. É também o tipo de agenda mais fácil de ser levantado com as metodologias normalmente empregadas (questionários, entrevistas). A configuração dos outros dois tipos de agenda – além de expor alguns dos problemas vistos nos ítens precedentes – exigiria também a preparação de diversos instrumentos de levantamento. De todo modo, é evidente que, conforme o tipo de agenda do público que se escolhe como alvo, algumas das numerosas variáveis que entram em jogo numa hipótese substancialmente tão complexa como esta tornam-se mais relevantes do que outras: por exemplo, a variável da "centralidade" do tema (ver 2.3.2 e 2.4.1) concerne mais à agenda intrapessoal do que à interpessoal.

Outra tripartição refere-se ao modelo do efeito de agenda (Becker-McCombs-McLeod, 1975). A influência cognitiva realmente pode ser elaborada das seguintes formas:

a. modelo do conhecimento: concerne apenas à presença ou ausência de um tema na agenda do público;

b. modelo da saliência: concerne à presença de alguns temas, dois ou três, e permite alguma indicação sobre a sua importância relativa. Neste modelo, porém, não se busca a resposta exata de toda a agenda da mídia por parte do público;

c. modelo das prioridades: diz respeito a toda a hierarquia num conjunto mais completo de temas, por parte dos indivíduos, e implica o confronto entre essa hierarquia e a atenção prestada pela mídia aos temas hierarquizados.

Essas diferenciações são o sintoma da exigência de se articular o núcleo forte da hipótese de *agenda-setting*, em direções mais específicas, de modo semelhante à distinção entre níveis diversamente complexos de conhecimentos adquiridos (Benton-Frazier, 1976, ver 2.3.3). O fato de que, por este caminho, a hipótese se complica e a sua averiguação se torna cada vez mais "árdua" é uma das duas tensões mais relevantes a que é submetida essa tendência de pesquisa.

A outra, na minha opinião, é representada pelo apelo que áreas vizinhas exercem sobre ela: eis um exemplo de convergência possível. Entre as críticas construtivas, movidas pelos Langs (1981) para a hipótese de *agenda-setting*, está a de "atribuir à mídia muita e muito pouca influência ao mesmo tempo. Toda a questão de como se originam as *issues* é negligenciada, e também não há nenhum reconhecimento do processo de construção das agendas ou do processo através do qual um objeto, que atraiu a opinião pública pelo fato de ser uma notícia importante, dá lugar a um tema político" (Lang-Lang, 1981, p. 448). Sendo assim, a *agenda-setting* precisa alargar as próprias referências teóricas até conseguir englobar o tema a respeito do que é e como nasce uma *issue*; caso contrário, sem uma definição e uma delimitação claras dessa parte do próprio objeto de pesquisa, ela acaba se fazendo onicompreensiva, a ponto de se tornar pouco significativa. Também a esse propósito, a pesquisa existente revela desníveis e desomogeneidade. De fato, vez por outra, os temas foram conceituados como:

a. "preocupações" (*concerns*), ou seja, as coisas com que as pessoas se preocupam individualmente;

b. "percepção dos problemas-chave", ou seja, as questões que o governo deveria enfrentar e resolver;

c. "existência de alternativas políticas", dentre as quais as pessoas devem escolher;

d. "controvérsias públicas";

e. "razões ou motivos subjacentes a uma abertura política" (Lang-Lang, 1981).

A proximidade e a sobreposição parcial entre essas acepções constituem apenas um dos problemas relativos à determinação do conceito de "tema": o outro aspecto crucial é que os temas possuem um desenvolvimento muito heterogêneo na sua "vida de comunicação", mal representado pela pesquisa pura e simples de correlações positivas entre agendas da mídia e do público. Por exemplo, já se mencionou o fato de que nem todos os temas possuem a mesma visibilidade e o mesmo limiar de relevância para os destinatários: em relação a essa condição de partida, a "intensa atividade" empregada pela mídia para levar à agenda temas diversamente visíveis representa uma fase de grande importância, mas de êxito incerto, ligado a múltiplas variáveis. Desse modo, pode-se supor que, mais do que linear, o processo de "construção de agenda seja um processo coletivo, com um certo grau de reciprocidade" (Lang-Lang, 1981, p. 465).

Algumas fases, em particular, parecem relevantes:

1. a mídia enfatiza um acontecimento, uma ação, um grupo, uma personalidade etc., de modo que passa para primeiro plano. Tipos diversos de temas requerem quantidade e qualidade diferentes de cobertura para atrair a atenção. Esta é a fase da *focalização*, mas é apenas a primeira, necessária, porém insuficiente para determinar a influência cognitiva por si mesma;

2. o objeto focalizado pela atenção da mídia deve ser *enquadrado* e interpretado à luz de algum tipo de problema que ele representa: é a fase do *framing*, ou seja, do "delineamento" de um quadro interpretativo para o que foi coberto intensivamente;

3. na terceira fase, cria-se um *vínculo* entre o objeto ou o evento e um sistema simbólico, de modo que o objeto torna-se parte de um panorama social e político reconhecido; é a fase em que os meios de comunicação de massa são decisivos na ligação de acontecimentos discretos, descontínuos em relação a um fato constante, que se desenvolve sem solução de continuidade;

4. por fim, o tema ganha peso se puder personificar-se em indivíduos que se tornem seus "porta-vozes". A possibilidade de dar forma à agenda está, em grande parte, na sua habilidade de dirigir a atenção da mídia num processo de ênfase que repropõe todo o ciclo de fases.

Na minha opinião, a importância dessa indicação reside no fato de explicitar alguns vínculos fundamentais entre: *a.* a lógica interna ao funcionamento da informação de massa, *b.* os critérios de relevância que a estruturam, *c.* os processos simbólicos que regem a atividade de comunicação, *d.* as influências cognitivas que, por meio de mediações complexas entre todas essas variáveis, podem realizar-se sobre o indivíduo.

De um lado, o caminho da hipótese de *agenda-setting* parece, portanto, orientado a articular a própria formulação inicial em direção a um aprofundamento na dinâmica interna de um efeito peculiarmente cognitivo e cumulativo, e, de outro, em direção à verificação mais precisa da continuidade entre lógica de produção nos aparatos de informação e mecanismos de aquisição dos conhecimentos por parte dos destinatários.

Se é verdade que "a evidente simplicidade da formulação da *agenda-setting* explica grande parte da sua atração" (Lang-Lang, 1981, p. 448), espero que fique igualmente claro como a fecundidade cognitiva dessa direção de trabalho passa pela integração das muitas sugestões que ela implicitamente já contém.

3. Da sociologia dos emissores ao *newsmaking*

3.1 Premissa

A segunda área da pesquisa de comunicação recente, que oferece muitos pontos de contato com os temas expostos nos capítulos precedentes, é a dos estudos sobre os emissores e sobre os processos de produção nas comunicações de massa. Este último âmbito tornou-se uma verdadeira corrente de pesquisa apenas há alguns anos. Sua relevância também está relacionada ao fato de que ele fornece a oportunidade concreta de unir os dois principais ramos da pesquisa, o sociológico e o especificamente de comunicação, representando, nesse sentido, um exemplo já parcialmente realizado da superação disciplinar, tantas vezes almejado para a pesquisa em mídia. Além disso, alguns motivos contidos no capítulo precedente ilustram, de um lado, as convergências praticadas entre a pesquisa sobre os emissores e sobre a lógica de produção na mídia e, de outro, a pesquisa sobre os efeitos a longo prazo, manifestando, portanto, outras conexões a serem aprofundadas.

Por fim, um dos resultados significativos desse âmbito de pesquisa foi o de desidealizar a análise e o debate sobre as comunicações de massa em geral e sobre o setor da informação em particular, favorecendo, ao mesmo tempo, uma atenção maior para com as evidências fornecidas pelo trabalho de pesquisa. De todo modo, é necessário precisar que, dentro de uma abordagem que deveria ser voltada a toda a produção de comunicação de massa, os esforços de análise, na maioria dos casos, acabaram se voltando para o campo da informação, dada a sua relevância e a sua centralidade. Sendo assim, com algumas exceções, a sociologia dos emissores concerne, na realidade, essencialmente aos produtores de notícias. Por conseguinte, a partir desse ponto de vista, o capítulo trata de temas e argumentos específicos de um âmbito particular da *communication research*, enquanto, por outro lado, testemunha mudanças mais significativas que a percorrem na sua totalidade.

A oscilação entre ilustrar os resultados desse tipo de pesquisa e extrair dela indicações gerais, referentes a problemas complexos, é o preço a ser pago pelo fato de se ter escolhido um exemplo específico para nele "ler" as manifestações de uma tendência que engloba a pesquisa de comunicação em seu conjunto.

3.2 Os estudos sobre os emissores: do *gatekeeper* ao *newsmaking*

Se, para o conjunto da pesquisa em mídia, pode-se concordar com Golding-Murdock, que sustentam que não houve desenvolvimento linear partindo de uma abordagem limitada para um paradigma onicompreensivo, mas, ao contrário, um conjunto de perspectivas em concorrência recíproca para "dominar" o campo (Golding-Murdock, 1978), no que se refere aos estudos sobre os emissores houve um andamento linear e progressivo em direção a conhecimentos mais articulados. Isso talvez tenha ocorrido devido à ausência de paradigmas teóricos diversos, em concorrência recíproca: de fato, a abordagem foi e é essencialmente de tipo sociológico (pode variar segundo a metodologia de pesquisa: do questionário à observação).

Já os obstáculos que limitaram esse âmbito foram de ordem diversa: de um lado, a natureza administrativa de boa parte da *communication research* contribuiu para atenuar o interesse cognitivo do tema. Com efeito, os estudos sobre os emissores "foram confinados, de maneira geral, nos níveis mais baixos das operações de produção da mídia [...]. Os níveis mais altos da planificação econômica e da programação política permanecem praticamente inexplorados; as questões mais amplas e relevantes raramente são colocadas, e houve pouquíssimas tentativas sistemáticas de estudar o emissor, que ocupa uma posição crucial numa rede social, com a possibilidade de rejeitar e de selecionar a informação, em consonância com a gama de pressões exercidas num dado sistema social" (Halloran, 1969, p. 7).

Por outro lado, alguma influência exerceu também o modelo de comunicação de informação que, enfatizando o estudo da mensagem e dos efeitos, negligenciava aquele sobre os comunicadores. Não é por acaso, portanto, que a relevância do estudo sobre os emissores define-se à medida que esses dois fatores são superados: paralelamente à consolidação da centralidade social da mídia e à mudança (lenta e não definitiva) de teoria de comunicação, o estudo dos emissores desenvolve-se partindo de conceitos simples para articulações mais complexas entre variáveis que não se referem apenas à lógica de produção interna à mídia. Duas foram as abordagens que caracterizaram esse desenvolvimento: a primeira – ligada à sociologia das profissões – estudou os emissores do ponto de vista das suas características sociológicas, culturais, do padrão de carreira seguido por eles, dos processos de socialização sofridos, e assim por diante. Nessa perspectiva, portanto, são estudados alguns fatores "externos" à organização do trabalho, que influenciam os processos de produção dos comunicadores.

Um exemplo é dado pela pesquisa de Cantor (1971) sobre os produtores televisivos de Hollywood, na qual a autora analisa as relações entre *background* social, formação profissional, funções produtivas, grupos de referência, demandas organizativas e restrições operativas. Dentro desse tecido de variáveis, define-se uma tipologia da função profissional de produtor televisivo (fundada com base em elementos como o recrutamento, a socialização e a carreira profissional, os objetivos almejados, os valores compartilhados) e se observa como ela se correlaciona às limitações dos processos de produção. Conclui-se, por exemplo, que, enquanto os produtores possuem total autoridade sobre roteiristas e atores no que se refere à realização, suas decisões são subordinadas aos diretores das redes, para os quais os programas são produzidos (e obviamente vinculados, por sua vez, às exigências dos patrocinadores e dos índices de audiência). O produtor sente-se como um *middleman*, obrigado a movimentar-se entre constantes negociações, tanto em relação à equipe quanto à rede, para chegar a um produto aceitável por todos.

A segunda abordagem, ao contrário, é representada pelos estudos que analisam a *lógica dos processos* com que é produzida a comunicação de massa e o tipo de organização do trabalho dentro do qual se realiza a "construção" das mensagens. Essas determinações – muito complexas – parecem decisivas quanto ao produto acabado, seja ele um noticiário ou uma série de filmes para a televisão.

Pelos motivos mencionados no item 3.1, detenho-me nesta segunda perspectiva de estudo, cujas etapas mais significativas ilustrarei a seguir.

3.2.1 A pesquisa sobre os gatekeepers

O conceito de *gatekeeper* (selecionador) é elaborado por Kurt Lewin num estudo realizado em 1947 sobre as dinâmicas interativas nos grupos sociais, em particular com respeito aos problemas ligados à mudança de hábitos alimentares. Identificando os "canais" nos quais flui a seqüência de comportamentos relativos a um certo campo, Lewin observa que algumas zonas nos canais podem funcionar como "cancela" ou "porteiro": "A constelação das forças antes e depois da zona-filtro é decididamente diferente, de modo que a passagem ou o bloco da unidade através de todo o canal depende, em grande parte, do que acontece na zona-filtro. Isso ocorre não apenas com os canais da alimentação, mas também com a seqüência de uma informação por meio dos canais de comunicação num grupo" (Lewin, 1947, p. 145).

As zonas-filtro são controladas ou por sistemas objetivos de regras ou por *gatekeepers*: nesse caso, um indivíduo ou um grupo tem "o poder de decidir se deixa passar ou interrompe a informação" (*ibid.*).

White (1950) usou esse conceito para estudar o desenvolvimento do fluxo de notícias dentro dos canais organizacionais dos aparatos de informação e, sobretudo, para definir os pontos que funcionam como "cancelas", que determinam se a informação passa ou é rejeitada. O estudo de um caso – a observação de como age "Mr. Gates", um jornalista com 25 anos de experiência, que atua numa cidade de 100.000 habitantes em Midwest e tem como tarefa selecionar, da grande quantidade de comunicações de agências que chega todo dia, as notícias a serem publicadas no jornal – permite compreender como ocorre o processo de seleção, tanto quantitativa como qualitativamente.

Cerca de nove em dez comunicações de agência são eliminadas, e apenas uma em cada dez encontra o caminho para aparecer como notícia no jornal. Além disso, embora os motivos com base nos quais o selecionador efetua as próprias escolhas, descartando a maior parte das agências, possam parecer fortemente subjetivos, na realidade, se observarmos as histórias (com as relativas proporções) fornecidas pelas agências e as escolhidas por "Mr. Gates", elas parecem quase idênticas. Somente em três categorias há uma diferença percentual de dois pontos entre as comunicações das agências e as notícias que "passaram" pelo jornalista encarregado.

A pesquisa de White mostra que, "das 1.333 explicações de recusa de uma notícia, quase 800 a atribuíam à falta de espaço, e cerca de 300 citavam a sobreposição com histórias já selecionadas ou a falta de interesse jornalístico ou de qualidade de escrita. Outros 76 casos se referiam a eventos em áreas muito distantes do jornal e, portanto, presumivelmente sem interesse para o leitor [...]. Estatisticamente, essas *normas profissionais excedem a distorção subjetiva* no que concerne às explicações fornecidas pelo jornalista e relatadas por White" (Hirsch, 1977, p. 22). Pesquisas posteriores também confirmaram que, na seleção e no filtro das notícias, as normas ocupacionais, profissionais e organizacionais parecem mais fortes do que as preferências pessoais.

O mérito desses primeiros estudos foi definir *onde*, em quais pontos do aparato, a ação de filtro é exercida *explícita* e *institucionalmente*. White analisa a atividade de *gatekeeping* no sentido específico de seleção: posteriormente, esse tipo de pesquisa conhece outras duas fases, centradas na função do aparato como instituição social, e sobre uma abordagem sistêmica. Em outras palavras, supera-se o caráter individualista da atividade do *gatekeeper*, acentuando, em particular, a idéia da seleção como processo ordenado hierarquicamente e ligado a uma rede complexa de *feedback*.

"As decisões do *gatekeeper* são realizadas menos numa base de avaliação individual de noticiabilidade do que em relação a um conjunto de valores que incluem critérios tanto profissionais quanto organizacionais, como a eficiência, a produção de notícias, a velocidade" (Robinson, 1981, p. 97).

Ampliando-se o problema da seleção do *gatekeeper* para o controle do processo informativo em sua totalidade, torna-se muito importante o *modo* como é realizada essa filtragem: "Na transmissão da mensagem por meio dos canais, pode-se envolver muito mais do que a simples rejeição ou aceitação [...]. O *gatekeeping* nos meios de comunicação de massa inclui todas as formas de controle da informação, que podem ser determinadas nas decisões sobre a codificação das mensagens, a seleção, a formação da mensagem, a difusão, a programação, a exclusão de toda a mensagem ou dos seus componentes" (Donohue-Tichenor-Olien, 1972, p. 43)[1].

Sobre esse tema, as pesquisas coincidentemente esclarecem que, na seleção, as referências implícitas no grupo de colegas e no sistema das fontes prevalecem sobre as implícitas no próprio público. Enquanto este último é pouco conhecido pelos jornalistas, o contexto profissional-organizacional-burocrático circunstante exerce uma influência decisiva nas escolhas

---

1. A herança da elaboração funcionalista continua a percorrer a *communication research* e permanece parcialmente também nessa abordagem. A propósito do *gatekeeper* (como parte do estudo sobre o controle da informação), os autores determinam que "não se pressupõe que o controle social seja a única função desempenhada pelos meios de comunicação de massa; afirma-se, sobretudo, que todos os processos de comunicação possuem neles uma função de controle, seja ela manifesta ou latente" (Donohue-Tichenor-Olien, 1972, p. 43).

dos *gatekeepers*[2]: o já clássico estudo de Breed (1955) sobre o controle social nas redações – analisando os mecanismos com os quais é mantida a linha editorial-política dos jornais – assegura que ela (raramente explicitada e discutida) é aprendida por "osmose" e imposta sobretudo mediante o processo de socialização dos jornalistas dentro da redação. A principal fonte de expectativas, orientações e valores profissionais não é o público, mas o grupo de referência, constituído pelos colegas ou superiores. Breed determina seis motivos que induzem conformidade à orientação do jornal: *a.* a autoridade institucional e as sanções; *b.* os sentimentos de obrigação e estima em relação aos superiores; *c.* as aspirações à mobilidade profissional; *d.* a ausência de fidelidade de grupo contrária; *e.* a natureza agradável do trabalho; *f.* o fato de que a notícia tornou-se um valor.

Todos esses fatores agem incrementando a formação e a função do grupo de referência. O resultado é que o jornalista, na sua atividade cotidiana, "em vez de aderir a ideais sociais e profissionais, redefine os próprios valores no nível mais pragmático do grupo redacional" (Breed, 1955, p. 335).

O conjunto desses estudos – além da pesquisa de Breed, podem ser lembradas as de Gieber (1956) sobre dezesseis *telegraph editors* e as de Stempel (1964) sobre o uso da Associated Press por parte de vinte diários americanos – salientou, em geral, a necessidade de integrar a análise da função de *gatekeeper* na do total de funções produtivas e da organização burocrática, da qual esse total faz parte.

Essa passagem marca a transição dos estudos sobre a manipulação explícita da informação para o problema da "distor-

---

2. A título de comparação, pode-se citar um estudo sobre as modalidades do *gatekeeping* nas revistas e publicações científicas; esse estudo busca determinar o peso do conhecimento dos editores a respeito da colocação e do currículo acadêmico-científico dos autores na seleção dos artigos a serem publicados. Como resultado, observa-se que um dos fatores que influenciam a avaliação dos artigos é o *background* institucional-acadêmico dos que realizam a seleção: como êxito do seu treinamento acadêmico e profissional, os *gatekeepers* nesse campo tendem a privilegiar em sua seleção os artigos de quem compartilha da mesma "biografia acadêmico-científica" ou de uma semelhante (Crane, 1967).

ção inconsciente" (*unwitting bias*) que se produz constantemente na cobertura informativa.

3.2.2 Os estudos sobre a "distorção involuntária"

À medida que a pesquisa sobre os comunicadores determina o próprio interesse para as condições *normais*, cotidianas, em que age a organização jornalística, coloca-se em evidência um tipo de "deformação" nos conteúdos informativos, não imputável a violações da autonomia profissional, mas sim ao modo em que é organizada, institucionalizada e desempenhada a profissão de jornalista. Em outras palavras, se os estudos sobre os *gatekeepers* correlacionavam o conteúdo dos jornais com o trabalho de seleção das notícias, desenvolvido justamente pelo "guardião da cancela", os estudos recentes sobre a produção de notícias comparam a imagem da realidade social, fornecida pela mídia, com a organização e a produção rotineira dos aparatos jornalísticos.

> *[Ocorre um distanciamento] do conceito de "manipulação" (*bias*), [entendida como] a distorção deliberada das notícias com fins políticos ou pessoais, conceito que regularmente limita a perspectiva dos que criticam a mídia, para as distorções voluntárias e a curto prazo. O conceito de manipulação implica uma posição de equilíbrio, da qual as notícias podem ser tiradas devido à influência do preconceito, da conspiração ou dos que detêm o poder político e comercial. Essa noção possui dois limites cruciais. Um é a impossibilidade de definir onde se situa na realidade essa posição de equilíbrio [...]. O outro encontra-se ligado à tentação de supor que, se essas várias influências pudessem ser removidas e os jornalistas pudessem ser liberados dos vínculos que os unem, a autonomia profissional garantiria uma imparcialidade incorrupta e uma informação completa. [O tipo de pesquisa apresentada neste capítulo] destina-se a ilustrar como o profissiona-*

lismo, com seus valores e suas rotinas, acrescenta por si mesmo restrições importantes a respeito da informação produzida (Golding-Elliott, 1979, p. 12).

A partir desse ponto de vista, autonomia profissional e distorção na informação surgem como dois lados da mesma moeda: a perspectiva é muito mais radical do que a que, ao reconduzir toda carência e manipulação da cobertura informativa *exclusivamente* a pressões e influências explícitas externas, impede a apreensão do funcionamento da "distorção inconsciente", ligada às práticas profissionais, às rotinas de produção normais, aos valores compartilhados e interiorizados sobre as modalidades de desempenhar o ofício de informar.

Os vínculos entre essa abordagem da sociologia dos emissores e algumas outras tendências da *communication research* parecem mais claros e profícuos. De um lado, tem-se a conexão com o estudo dos efeitos a longo prazo: as distorções inconscientes, que dia após dia enfatizam uma certa representação da realidade social, prejudicando alguns de seus aspectos em favor de outros, são um elemento que entra em jogo na dinâmica da difusão de efeitos cognitivos, ligados àquela imagem da realidade. Paralelamente à mudança da delimitação temporal no estudo dos efeitos, ampliou-se o *frame* temporal na análise da produção dos meios de comunicação de massa: agora, no centro da atenção, está a condição normal, cotidiana dos aparatos, seja para as mensagens que produzem, seja para os efeitos que determinam.

Por outro lado, a relevância assumida pela sociologia do conhecimento e, de maneira mais geral, pelos estudos sobre os fenômenos culturais influencia e engloba essa tendência de pesquisa. Dos meios de comunicação de massa – que constituem um núcleo central da produção simbólica nas sociedades atuais –, é necessário conhecer não apenas os sistemas de valores, de representações, de imaginário coletivo que eles propõem, mas também o modo, os processos, as restrições e as limitações com que se realizam.

Em relação a esse objetivo, a pesquisa leva em consideração tanto os fatores organizacionais, burocráticos, ligados à estruturação dos processos de produção, como os elementos mais específicos de comunicação, ou seja, intrínsecos à peculiaridade da "matéria-prima" trabalhada. A atenção dupla e simultânea em relação a ambos os elementos revela um bom resultado em alguns estudos que Golding-Elliott indicam como exemplares da *fase intermediária da passagem do gatekeeping ao newsmaking*.

Trata-se de análises da maneira como a mídia representou alguns acontecimentos particulares. Os exemplos mais conhecidos são o estudo dos Langs (1953) sobre a cobertura televisiva do retorno do general MacArthur a Chicago, ou o estudo – sempre dos Langs (1955) – sobre a cobertura que as três redes americanas fizeram da Convenção democrática de 1952, ou, por fim, a pesquisa sobre o tratamento que os principais meios de comunicação ingleses reservaram a uma importante manifestação londrina contra a guerra do Vietnã (Halloran *et alii*, 1970). Todos esses trabalhos evidenciam a existência de uma lógica específica da mídia (ligada às suas exigências de produção, de expressão, à rede de fontes que usam, às imagens que tem do público etc.), que estrutura de modo muito incisivo a imagem dos acontecimentos cobertos. "Na seleção dos principais materiais [...], no tempo atribuído a eles e nas conexões feitas entre eles, [o jornalismo televisivo] deixa uma marca específica no evento, criando uma atmosfera e um conjunto de expectativas, *o que determina um contexto de interpretação* do material visual e dos 'fatos' que formam o próprio evento" (Lang-Lang, 1955, p. 181).

As exigências de organização e de estrutura e as características técnico-expressivas, próprias de cada meio de comunicação de massa, são elementos cruciais para determinar a representação da realidade social fornecida pela mídia.

Em todos esses estudos de casos específicos, fala-se sempre de "distorção inconsciente" (*unwitting bias*) ou de "estruturas inferenciais" (*inferential structures*) para indicar os critérios fundamentais que guiam a seleção dos eventos e a sua apresentação. A diferença principal em relação aos estudos sobre a produção de informação (*newsmaking*) é que estes últimos não se referem à cobertura de um acontecimento particular, mas ao andamento normal da cobertura informativa para períodos extensos. Amplia-se a problemática do caso excepcional para o andamento rotineiro.

3.2.3 Aspectos metodológicos da pesquisa sobre o newsmaking

Antes de expor, de modo articulado, os principais pontos dessa abordagem, ilustrarei sinteticamente o aspecto metodológico que a caracteriza.

Todas as pesquisas de *newsmaking* têm em comum a técnica da observação participante (dentre os exemplos mais relevantes, podem-se citar Warner, 1971; Elliott, 1972; Epstein, 1973; Altheide, 1976; Schlesinger, 1978a; Tuchman, 1978; Alvarado-Bunscombe, 1978; Golding-Elliott, 1979; Gans, 1979; Fishman, 1980; Bantz-McCorkle-Baade, 1981). Desse modo, é possível reunir e obter sistematicamente as informações e os dados fundamentais sobre as rotinas de produção que atuam na indústria da mídia.

> *A abordagem etnográfica, diferentemente de outras abordagens centradas no* produto *da mídia, permite a observação, orientada teoricamente, das práticas sociais efetivas, que dão lugar à produção cultural. Todas as formas de análise das mensagens produzidas deparam com problemas complicados de inferência concernentes aos processos de produção enquanto tais e, por conseguinte, contêm carências explicativas* (Schlesinger, 1978b, p. 31).

Os dados são recolhidos pelo pesquisador, presente no ambiente que serve de objeto de estudo, seja com a observação sistemática do que ocorre nesse espaço, seja por meio de conversações mais ou menos informais e ocasionais, ou verdadeiras entrevistas, conduzidas com os que desenvolvem os processos de produção.

Os critérios específicos que regem a seleção e a estruturação do material de observação, acumulado pouco a pouco, podem ser diferentes: o importante é que a fase da observação (isto é, da presença do pesquisador em campo) esteja sempre ligada a hipóteses de pesquisa, que seja orientada segundo aceitações teóricas precisas, e que não se constitua de maneira indistinguível e casual. A observação desenvolve-se, portanto, dentro de dois limites que marcam seu insucesso: de um lado, a insignificância e a ausência de um projeto de pesquisa, de outro, ao contrário, a imposição de uma seleção rígida do material observável. Com respeito ao modo como o estudioso se comporta na cena social que estuda, também pode haver amplas variações: de uma postura de observador passivo, que reduz ao mínimo as interações com os indivíduos analisados, a uma postura mais participativa e integrada. De todo modo, mais cedo ou mais tarde, o observador encontra-se diante de um momento em que sua função corre o risco de se confundir com a de participante a título pleno na atividade observada: é o estágio conhecido pela expressão *going native*. Em outras palavras, "começa-se a reconhecer os valores e as ações de modo tão claro, que fica difícil imaginar como eles poderiam ser diferentes" (Elliott, 1972, p. 174). O pesquisador acaba assimilando o modo de proceder, de pensar, de avaliar dos jornalistas e torna-se "um deles", modificando o próprio papel na situação. Mesmo não sendo, no sentido estrito, um participante do processo de produção das notícias, ele deixa de ser um simples observador. A passagem coincide parcialmente com a socialização sofrida por parte do grupo estudado e em relação a ele; a interrupção ou a conclusão do período de trabalho em campo permitem o que Schlesinger (1978b) chama de *disengagement*, fase que normalmente é acompanhada pela reestruturação do material recolhido, reorganizando-o desde o nível fenomenológico das observações dispersas e fragmentadas até o mais geral das interpretações sociológicas sobre os caracteres fundamentais dos processos sociais estudados. Outro momento delicado encontra-se no início do período de observação, quando geralmente é consentido o acesso ao aparato jornalístico por um tempo muito breve (dois ou três dias), evidentemente insuficiente, mesmo que apenas para se familiarizar com o ambiente. "Esse período, como o das entrevistas, é com toda evidência um teste ulterior de oportunidades. Eu tinha de provar, com muita sensatez do ponto de vista da BBC, que não seria inoportuno" (Schlesinger, 1978b, p. 5), que não causaria, pelo simples fato de estar presente, incômodo e dificuldades nos processos normais de produção.

Evidentemente, o problema de obter acesso prolongado às redações é essencial para esse tipo de estudo.

Uma característica da etnografia da comunicação, aplicada aos problemas do *newsmaking*, é permitir a observação dos momentos e das fases de crise, quando fenômenos e eventos ambíguos, incertos ou pouco claros, redefinem-se de modo incongruente; ou quando reorganizações parciais do trabalho ou ajustes da linha editorial introduzem equilíbrios instáveis a serem estabilizados. "A existência desses momentos de crise corrige cada imagem do processo de produção como algo '-automático'. Em geral, enquanto a produção de notícias é feita de modo rotineiro, as próprias rotinas são continuamente corrigidas e os seus elementos entram em novas relações" (Schlesinger, 1978b, p. 35).

Esses breves motivos metodológicos – sem, obviamente, exaurir os problemas de uma técnica de pesquisa muito usada não somente em sociologia, mas também em antropologia – serviram apenas para salientar que, também do ponto de vista dos instrumentos de análise, a abordagem do *newsmaking* se apresenta com alguma novidade em relação à maior parte da *communication research.*

3.3 O *newsmaking*: critérios de relevância e "noticiabilidade"

"Qual imagem do mundo passam os noticiários radiotelevisivos? Como essa imagem se correlaciona com as exigências cotidianas da produção de notícias nas organizações radiotelevisivas?" (Golding-Elliott, 1979, p. 1).

Essas perguntas definem o âmbito e descrevem os problemas com os quais se ocupa a abordagem do *newsmaking*. Este se articula principalmente em dois binários: a cultura profissional dos jornalistas; a organização do trabalho e dos processos de produção. As conexões e as relações entre os dois aspectos constituem o ponto central desse tipo de pesquisa.

> *O objetivo declarado de cada aparato de informação é o de fornecer relatórios dos acontecimentos significativos e interessantes. Mesmo em se tratando evidentemente de um propósito claro, como muitos outros fenômenos simples em aparência, esse objetivo é inextricavelmente complexo. O mundo da vida cotidiana – a fonte das notícias – é formado por uma "superabundância de acontecimentos" [...]. O aparato de informação deve selecionar esses eventos. Pelo menos, a seleção implica o reconhecimento de que um acontecimento é um evento, e não uma sucessão casual de coisas, cuja forma e cujo tipo subtraem-se à gravação. O objetivo de selecionar é dificultado por uma característica ulterior dos acontecimentos. Cada um deles pode reivindicar ser o único, ou seja, o fruto de uma conjunção específica de forças sociais, econômicas, políticas e psicológicas, que transformaram o evento "nesse evento particular" [...]. Do ponto de vista do aparato informativo, é impossível aceitar essa exigência para todos os acontecimentos. Como qualquer outra organização complexa, um meio de informação não pode trabalhar com base em fenômenos idiossincrásicos. Deve reduzir todos os fenômenos a classificações construídas para esse fim, do mesmo modo como os hospitais "reduzem" cada paciente a um conjunto de sintomas e doenças [...]. Essas exigências ligadas à superabundância de acontecimentos indicam que os aparatos de informação, com o objetivo de produzir notícias, devem satisfazer (entre outras coisas) três tarefas:*
>
> *1. devem tornar possível o reconhecimento de um evento (inclusive dos excepcionais) como evento noticiável;*
>
> *2. devem elaborar modos de relatar os eventos, que não levem em conta a pretensão de cada acontecimento de ser uma exposição idiossincrásica;*

3. devem organizar o trabalho temporal e espacialmente de maneira tal, que os eventos noticiáveis possam afluir e ser trabalhados de modo planificado. Essas tarefas estão inter-relacionadas (Tuchman, 1977, p. 45).

Desse modo, na produção de informação de massa, temos, de um lado, a cultura profissional, entendida como "um emaranhado inextricável de retóricas de fachada e astúcias táticas, de códigos, estereótipos, símbolos, padronizações latentes, representações de papéis, rituais e convenções, relativos às funções da mídia e dos jornalistas na sociedade, à concepção do produto-notícia e às modalidades que controlam a sua confecção. Posteriormente, a ideologia se traduz numa série de paradigmas e práticas profissionais adotadas como naturais" (Garbarino, 1982, p. 10).

Por outro lado, existem restrições ligadas à organização do trabalho, sobre as quais se constroem convenções profissionais, "que determinam a definição de notícia, legitimam o processo de produção (do uso das fontes à seleção dos eventos, às modalidades de confecção) e contribuem para prevenir as críticas do público" (Garbarino, 1982, p. 12). Determina-se, assim, um conjunto de critérios de relevância, que definem a *noticiabilidade* (*newsworthiness*) de cada evento, ou seja, a sua "aptidão" para ser transformado em notícia.

Nesse quadro, o entrelaçamento entre características da organização do trabalho nos aparatos da mídia e elementos da cultura profissional é absolutamente restrito e vinculador, e isso define justamente o conjunto de características que os eventos devem possuir (ou apresentar aos olhos dos jornalistas) para poder ser transformados em notícias, isto é, para conseguir satisfazer as três tarefas acima citadas. A noticiabilidade é constituída pelo complexo de requisitos que se exigem para os eventos – do ponto de vista da estrutura do trabalho nos aparatos informativos *e* do ponto de vista do profissionalismo dos jornalistas –, para adquirir a existência pública de notícia. Tudo o que não responde a esses requisitos é "selecionado", uma vez que não se mostra adequado às rotinas de produção e aos cânones da cultura profissional: não conquistando o estatuto público de notícia, permanece simplesmente um evento que se perde na "matéria-prima" que o aparato informativo não consegue transformar e que, portanto, não deverá fazer parte dos conhecimentos de mundo, adquiridos pelo público por meio da comunicação de massa. Pode-se dizer também que a noticiabilidade corresponde ao conjunto de critérios, operações e instrumentos com os quais os aparatos de informação enfrentam a tarefa de escolher cotidianamente, de um número imprevisível e indefinido de acontecimentos, uma quantidade finita e tendencialmente estável de notícias.

Sendo assim, a noticiabilidade está estreitamente ligada aos processos que padronizam e tornam rotineiras as práticas de produção: ela equivale a introduzir práticas de produção estáveis numa "matéria-prima" (os acontecimentos do mundo), por sua natureza extremamente variável e imprevisível. "Sem uma certa rotina de que se possa valer para fazer frente aos acontecimentos imprevistos, as organizações jornalísticas, como empreendimentos racionais, faliriam" (Tuchman, 1973, p. 160). A definição de noticiabilidade vincula-se ao conceito de *perspectiva da notícia* (*newperspective*; Altheide, 1976): essa é a resposta dada pelo aparato informativo à pergunta que domina a atividade dos jornalistas, ou seja: quais acontecimentos cotidianos são importantes?

"As notícias são o que os jornalistas definem como tais. Essa tese raramente é explicitada, visto que parte do *modus operandi* dos jornalistas é que os eventos ocorrem 'fora', e os primeiros limitam-se, simplesmente, a relatá-los. Em contrapartida, sustentar que os jornalistas fazem ou selecionam arbitrariamente as notícias seria contrário à sua posição epistemológica, uma teoria implícita do conhecimento, construída com base em procedimentos práticos para resolver exigências organizacionais" (Altheide, 1976, p. 113).

A partir dessa perspectiva, "faz notícia" o que – tornado pertinente pela cultura profissional dos jornalistas – é suscetível de ser "trabalhado" pelo aparato sem muitas alterações e subversões do ciclo de produção normal. É óbvio que, no caso de eventos excepcionais, o aparato tem a elasticidade necessária para adaptar os próprios procedimentos à situação contingente. No entanto, em geral, a noticiabilidade de um acontecimento é avaliada em relação ao grau de integração que ele representa com respeito ao andamento normal e rotineiro das fases de produção.

"A notícia é o produto de um processo organizado, que implica uma *perspectiva prática* sobre os eventos, voltada a representá-los, a dar estimativas simples e diretas sobre suas relações, e a fazer isso de modo que consiga atrair a atenção dos espectadores" (Altheide, 1976, p. 112). A definição e a escolha do que é noticiável – com respeito ao que, por sua vez, não faz notícia – são sempre orientadas pragmaticamente, isto é, em primeiro lugar, para a "condição factível" do produto informativo a ser realizado em tempos e com recursos limitados.

Essa condição contribui para a "*descontextualização* ou para remover um acontecimento do contexto em que ocorreu, para poder *recontextualizá-lo* no formato do noticiário" (Altheide, 1976, p. 179).

3.3.1 Fragmentação da informação e noticiabilidade

O discurso sobre a "noticiabilidade" pode parecer, à primeira vista, uma ligação abstrata "com os fundamentos constitucionais da instituição jornalística" (Garbarino, 1982, p. 9): de fato, geralmente a reação dos profissionais da informação a esse tipo de pesquisa (aliás, pouco conhecida, pelo menos na Itália) é de cepticismo. A gama dos argumentos que se contrapõem a ela é vasta: parte-se da idéia de que a notícia é tão imprescindível quanto os acontecimentos e, portanto, não pode ser limitada a esquemas analíticos, visto que é fruto de capacidades exclusivamente subjetivas (o "faro" para a notícia; "jornalista se nasce" etc.), até chegar à observação de que um analista não tem condições de compreender a lógica da produção de notícias, uma vez que é alheio e externo ao ofício e, por conseguinte, não é capaz de captar seus elementos significativos.

Para além da pouca familiaridade entre os dois mundos, como pano de fundo encontra-se o fato de que "o que o sociólogo descreve como uma conseqüência inevitável da organização da produção, o jornalista entende como uma acusação de manipulação ou de incompetência" (Golding-Elliott, 1979, p. 9).

Deixando de lado essas "incompreensões", é possível observar como essa abordagem permite explicar um dos caracteres atribuídos por unanimidade à informação de massa, em particular à televisiva (o "prato de resistência" da "dieta" informativa de boa parte do público).

As pesquisas sobre o conteúdo dos telejornais mostram que estes (mas não apenas estes) se distinguem pela "fragmentação da imagem da sociedade, mediante a [...] justaposição de acontecimentos-notícia, sendo que cada um deles é apresentado como auto-suficiente, sem ser explicado nem explicar outros acontecimentos-notícia [...]; em relação aos telejornais inteiros, não se pode encontrar nenhuma outra organização latente, a não ser aquela [descritível] como movimento que parte de uma imagem fragmentada da sociedade para a sua recomposição, mediante a homogeneidade dos interesses e a representação política" (Rositi, 1975, pp. 5, 20). Sobre o mesmo tema, as observações de Findhal-Höijer – numa análise da informação televisiva sueca – sustentam que o jornalismo radiotelevisivo permanece num nível superficial e fora de contexto.

> *As poucas tentativas de descrever um tema de modo mais aprofundado são, em geral, desprovidas de sistematicidade e pouco incisivas [...]. A falta mais grave é o fato de que a metade dos temas estudados ou não apresentava simplesmente a informação de* background, *ou fornecia apenas referências incompletas em relação aos fatores e motivos subjacentes. Muitas vezes, as causas dos acontecimentos são mencionadas apressadamente, de passagem, em frases subordinadas, sem o destaque necessário [...]. Comparando notícias breves e longas sobre o mesmo evento, descobre-se que a menção aos fatores causais não se encontra em algumas notícias longas, enquanto as causas*

> *podem ser tratadas de modo suficiente nas notícias mais breves. Além disso, alguns relatos longos estão repletos de detalhes marginais e irrelevantes, que não ajudam absolutamente a explicar a situação [...]. O que, em geral, é transmitido ao público é a localização dos acontecimentos, os indivíduos envolvidos com eles, e detalhes como os nomes geográficos, das personagens públicas, de indústrias etc. Com freqüência, esses elementos ocupam automaticamente o primeiro lugar na memória dos destinatários, enquanto as causas e as conseqüências dos eventos permanecem em segundo plano. O resultado global é uma lembrança fragmentária, em que os indivíduos conservam detalhes isolados, mas não o contexto* (Findhal-Höijer, 1981, p. 116; ver a esse respeito o item 2.4.2).

Os limites rígidos da duração dos noticiários e do seu formato fazem com que os dois ou três minutos de duração das notícias maiores "não sejam suficientes para fornecer o contexto histórico ou geográfico da maior parte dos acontecimentos [...]. O centro das atenções está no que ocorre, não na razão pela qual ocorre ou em suas causas profundas. Essa limitação do tempo disponível provoca, inevitavelmente, a imagem de uma sociedade instável" (Epstein, 1981, p. 127).

Essas características fundamentais podem ser reconduzidas às modalidades de produção da informação: o conjunto de fatores que determina a noticiabilidade dos acontecimentos permite realizar cotidianamente a cobertura informativa, mas dificulta o aprofundamento e a compreensão de muitos aspectos significativos nos fatos apresentados como notícias. Desse modo, a noticiabilidade constitui um elemento da distorção involuntária, contida na cobertura informativa dos meios de comunicação de massa.

Altheide observa que a noticiabilidade de um evento "encontra-se, *em geral*, sujeita à divergência, mas depende *sempre* dos interesses e das necessidades do aparato informativo e dos jornalistas" (1976, p. 112). Isso significa que, de um lado, os critérios de relevância são flexíveis e variáveis em relação à mudança de alguns parâmetros, de outro, são sempre considerados com respeito ao modo de ação do organismo que produz a informação.

A imagem de um processo estabelecido de maneira rígida e de uma avaliação esquematicamente preordenada da noticiabilidade é falaciosa: suas margens de flexibilidade e de ajuste induzem a adiantar uma hipótese sobre a natureza negociada dos processos de produção de informação. Sendo assim, o produto informativo parece ser o resultado de uma série de negociações, orientadas pragmaticamente, que têm por objeto o que deve ser inserido e de que modo deve ser inserido no jornal, no noticiário ou no telejornal. Essas negociações são realizadas pelos jornalistas em função de fatores com diferentes graus de importância e de rigidez, e ocorrem em momentos diversos do processo de produção (Magistretti, 1981).

A presença de modelos e valores profissionais compartilhados e estreitamente interligados aos procedimentos rotineiros é um aspecto essencial, que encontra precedentes inclusive nas análises da produção de comunicação de massa, fora da informação cotidiana. Uma distorção involuntária, análoga à da noticiabilidade, também pode ser observada no setor dos programas jornalísticos de atualidade.

Philipp Elliott – ao final de uma análise detalhada sobre a história da produção e da realização de uma série de transmissões da Associated Television, dedicadas ao tema do preconceito em seus vários componentes e manifestações – salienta a diferença entre apresentar um argumento através do meio televisivo e oferecer um relato significativo e uma ilustração coerente a respeito: as principais características da produção televisiva permitem que se atinja o primeiro objetivo, tornando, ao contrário, extremamente dificultoso e improvável o segundo. "O *status* de não-especializado do comunicador, os critérios de produção vigentes, a natureza do meio, o desejo dos comunicadores de se distanciar das suas fontes, suas crenças a respeito das reações do público, tudo isso impediu que do programa televisivo resultasse um relatório coerente do assunto tratado" (Elliott, 1972, p. 149).

No campo da ficção, a análise dos procedimentos de produção também coloca em relevo a natureza complexa e forçosamente redutiva (com respeito às intenções e às idéias de partida) que caracteriza a comunicação televisiva. Um exemplo é fornecido por Alvarado-Bunscombe (1978), que estudam a produção de uma série de filmes policiais para a televisão na Thames Television: um aspecto significativo da sua análise concerne à imagem que os produtores têm do público e como ela incide nas escolhas de realização e na "popularidade" do programa. Os autores observam que "as decisões a respeito do elenco, do roteiro e assim por diante eram todas tomadas num contexto, e por isso tentava-se dar ao programa um apelo que atingisse um público vasto. Mas os tipos de avaliação que os produtores faziam quando decidiam que algo 'ia bem' ou, ao contrário, 'não funcionava' refletiam as suas opiniões e sensações imediatas, mais do que uma consideração objetiva do que o público teria pensado. Isso parece indicar que os produtores de televisão possuem seus sistemas pessoais de valores, sua ideologia específica de entretenimento" (Alvarado-Bunscombe, 1978, p. 251).

Por conseguinte, distorção, fragmentação, dificuldade de argumentar e tratar de modo aprofundado e coerente os temas apresentados[3] são, de um lado, características atribuíveis à maneira como se desenvolve a produção televisiva e, de outro, aos valores e à cultura profissional que os jornalistas interiorizam

---

3. Uma análise de Rositi sobre os documentários de atualidade da Rai, no período de abril-junho de 1980 (Tam Tam, Speciale TG1, TG2, Gulliver, TG3 semanal), evidencia que o problema de como articular as informações essenciais ao longo do programa ainda não tem solução. Além disso, os programas tendem praticamente a ocultar o trabalho do conhecimento, não se interrogam sobre a relevância dos temas selecionados, apresentam elencos de estados de coisas com inter-relações explícitas de tipo causal muito escassas. Sendo assim, conferem ao espectador uma grande liberdade de integrar, por meio da imagem privada, a rede das causas e dos efeitos; mantêm firme o princípio de que a principal relação entre os acontecimentos sociais é a vontade consciente dos indivíduos. A imagem global é a de um mundo social em que muitas novidades ocorrem pela vontade de muitos indivíduos, num contexto desprovido de vínculos externos em relação à vontade dos próprios indivíduos (Rositi, 1982).

e praticam. O entrelaçamento das duas ordens de fatores é muito estreito, e cada um acaba por reforçar o outro, tornando-os ainda mais vinculadores.

3.4 O *newsmaking*: os valores/notícia

Tendo definido a noticiabilidade como o conjunto de elementos por meio dos quais o aparato informativo controla e administra a quantidade e o tipo de acontecimentos que servirão de base para a seleção das notícias, podemos definir os valores/notícia (*new values*) como um componente da noticiabilidade. Eles representam a resposta à seguinte pergunta: quais acontecimentos são considerados suficientemente interessantes, significativos, relevantes, para serem transformados em notícias? Antes de examinarmos em detalhes a sua articulação, é necessário fazer algumas considerações gerais sobre a sua função.

Em primeiro lugar, deve-se determinar que, embora o discurso sobre esses fatores apresente-se inevitavelmente como um elenco e uma lista de valores/notícia individualizados, na realidade eles operam na prática de modo complementar. Na seleção dos eventos a serem transformados em notícias, os critérios de relevância funcionam conjuntamente, "em maços": são as diversas relações e as combinações que se determinam entre diferentes valores/notícia, para "recomendar" a seleção de um fato.

Um segundo aspecto geral é que os valores/notícia são critérios de relevância difundidos ao longo de todo o processo de produção: sendo assim, estão presentes não apenas na seleção das notícias, mas também permeiam os procedimentos posteriores, porém com uma importância diferente.

> *Os valores/notícia são usados de duas maneiras. São critérios para selecionar, do material disponível para a redação, os elementos dignos de ser incluídos no produto final. Em segundo lugar, eles funcionam como linhas-guia para a apresentação do material, sugerindo o que deve*

> *ser enfatizado, o que deve ser omitido, onde dar prioridade na preparação das notícias a serem apresentadas ao público. Os valores/notícia são, portanto,* regras práticas *que compreendem um* corpus *de conhecimentos profissionais que, implícita e muitas vezes explicitamente, explicam e guiam os procedimentos de trabalho redacional. Não é verdade [...] que estão além da compreensão dos jornalistas, que, por sua vez, não seriam capazes de articulá-los. Na realidade, os valores/notícia estão continuamente presentes nas interações cotidianas dos jornalistas em sua cooperação profissional. Mas ainda mais, eles constituem referências claras e disponíveis a conhecimentos compartilhados a respeito da natureza e dos objetivos das notícias, referências que podem ser utilizadas para facilitar a elaboração complexa e rápida dos noticiários. Os valores/notícia são a qualidade dos eventos ou da sua construção jornalística, cuja ausência ou presença relativa os indica para a inclusão num produto informativo.* Quanto mais um acontecimento exibe essas qualidades, maiores são suas chances de ser incluído (Golding-Elliott, 1979, p. 114) [grifo meu].

A "distorção involuntária", que faz parte das rotinas de produção e dos valores profissionais, reproduz-se em cadeia em todas as fases do trabalho. Sendo assim, o aspecto importante a ser ressaltado é que os critérios de relevância agem de modo difuso, até se transformarem em critérios de saliência, aplicados implicitamente pelos próprios leitores.

Outro aspecto geral, relativo aos valores/notícia, diz respeito ao tipo de processo do qual eles fazem parte. Obviamente, os jornalistas não podem decidir a cada vez, desde o princípio, como selecionar os fatos que aparecerão sob vestes de notícia: isso tornaria o seu trabalho impraticável. A exigência primária é, portanto, a de fazer dessa incumbência uma rotina, a fim de torná-la passível de ser cumprida e administrada. Os valores/notícia servem justamente para isso.

Eles agem de modo peculiar:

> *A seleção das notícias é um processo de decisão e de escolha,* realizado rapidamente *[...]. Os critérios devem ser* aplicáveis de maneira fácil e rápida, *de modo que as escolhas possam ser feitas sem muita reflexão. Considerações simples também ajudam os jornalistas a evitar incertezas excessivas sobre o fato de ter ou não efetuado a escolha apropriada. Por outro lado, os critérios devem ser* flexíveis, *a fim de poder se adaptar à variedade sem-fim de eventos disponíveis; além disso, eles devem ser* relacionáveis e comparáveis, *visto que a conveniência de uma notícia depende sempre de quais outras estão disponíveis. Com efeito, existem critérios relativos ao acréscimo ou à supressão de notícias que [podem ser definidas como] inclusivas e exclusivas (*inclusionary/exclusionary*). Os critérios devem ser também* facilmente racionalizados, *de modo que, se uma notícia for substituída por outra, haja sempre um motivo aceitável para fazê-lo. Por fim, mas não menos importante, os critérios são* orientados para a eficiência, *a fim de garantir o fornecimento necessário de notícias adequadas, com o mínimo dispêndio de tempo, esforço e dinheiro. O resultado é um amplo número de critérios, e toda notícia disponível pode ser avaliada com base em muitos deles, alguns contrastantes entre si. Para prevenir o caos, a aplicação dos critérios relativos às notícias requer consenso entre os jornalistas e, sobretudo, uma organização hierárquica em que aqueles com mais poder possam impor sua opinião sobre os critérios relevantes para uma determinada notícia* (Gans, 1979, p. 82).

O rigor dos valores/notícia não é, portanto, o de uma classificação abstrata, teoricamente coerente e articulada: trata-se, preferencialmente, da lógica de uma tipificação, destinada à realização programada de objetivos práticos e, em primeiro lugar, a tornar possível a repetitividade de certos procedimentos. Sendo assim, os valores/notícia devem permitir uma seleção do material, feita apressadamente, de modo quase "automático", caracterizada por um certo grau de flexibilidade e de comparação, que seja defensável *postmortem* e, sobretudo, que não seja suscetível de muitos obstáculos.

Por conseguinte, é falacioso representar o processo de seleção como uma escolha rígida, sem margens, preordenada, vinculada a critérios fixos. Estes últimos certamente encontram-se presentes – justamente os valores/notícia e outros elementos de produção –, mas a sua relevância é sempre complementar a uma avaliação complexa, que busca definir um ponto de equilíbrio entre múltiplos fatores.

A análise de alguns procedimentos de produção específicos permitirá esclarecer melhor este ponto.

Das duas considerações gerais que restam a ser feitas, a primeira diz respeito à natureza dinâmica dos valores/notícia: estes alteram-se no tempo e, mesmo apresentando uma forte homogeneidade dentro da cultura profissional (além das divisões ideológicas, de geração, de meio de expressão etc.), não permanecem sempre os mesmos. Isso se manifesta claramente na especialização temática a que os meios de informação se dedicam num determinado período histórico. Argumentos que alguns anos atrás simplesmente não "existiam", hoje fazem normalmente notícia, mostrando a extensão gradual do número e do tipo de assuntos temáticos, considerados noticiáveis. Alguns deles impuseram-se a ponto de determinar uma cobertura informativa específica, sob a forma de seções, opiniões especializadas, inserções especiais e assim por diante. Um exemplo é o das páginas culturais e de espetáculos, cuja presença significativa implicou, evidentemente, uma adaptação e uma extensão dos critérios de noticiabilidade numa área que antes não fazia notícia, ou pelo menos não na medida atual. Outro exemplo é a cobertura informativa que os meios de comunicação de massa reservam aos chamados *single issue movements*, ou seja, os movimentos de opinião que se solidificam na sociedade civil, em torno de problemas isolados, ultrapassando as divisões e as estratificações ideológico-partidárias tradicionais (por exemplo, os "verdes"). Esses movimentos começam a fazer notícia, a superar o limiar da noticiabilidade, quando se considera que se tornaram significativos e relevantes o bastante para encontrar o interesse do público, ou quando dão lugar a eventos estudados propositadamente, para ir ao encontro das exigências da mídia. Determina-se, portanto, uma integração entre as estratégias de noticiabilidade, adotadas pelos *single issue movements*, e os valores/notícia, aplicados pelos aparatos de informação: no âmbito da comunicação, esses movimentos produzem tudo aquilo de que a mídia "se nutre" (documentação que pode ser objeto de controvérsia, materiais informativos a serem utilizados, figuras de líderes, manifestações de massa, às vezes conflitos em praça pública e, portanto, material visual a ser empregado etc.). À medida que a integração em nível de noticiabilidade procede, os meios de comunicação de massa são *estruturalmente* levados a falar desses movimentos e a difundir sua imagem: isso, por sua vez, aumenta sua importância e sua função, acelerando, ao mesmo tempo, seu andamento em direção à institucionalização. Esses movimentos acabam por se tornar fontes estáveis (e não mais ocasionais e controversas) dos aparatos da mídia.

Em geral, pode-se dizer que cada novo setor, tema, argumento ou assunto que representa uma ampliação da esfera informativa torna-se regularmente "noticiado", na medida em que ocorrem um reajuste e uma redefinição dos valores/notícia[4]. A

---

4. Golding-Elliott indicam um tipo de mudança na "extensão gradual do número e na gama de indivíduos considerados idôneos para a informação televisiva. Essa extensão tem seu impacto mais eficaz fora dos noticiários, na produção de programas jornalísticos de pesquisa (*fly on the wall documentaries*), nos quais microfones e câmeras entram em 'santuários' até então fechados à vista do público. [Esse gênero] concerne ao direito de transmitir fatos indiscretos e de tratar de assuntos controversos, ainda numa fase de notícias incertas, ou de tratar figuras oficiais de modo mais inquiridor do que deferente, ou ainda de abandonar proibições que se impõem por si mesmas ou que são oficiais, ligadas mais à natureza do meio televisivo do que ao conteúdo das notícias" (Golding-Elliott, 1979, p. 216). Segundo os autores, essa mudança relaciona-se a uma característica fundamental da informação na mídia, ou seja, sua condição fragmentária. O jornalismo que relata eventos e fatos é o resultado tanto do tipo de procedimentos de produção, quanto da necessidade institucional do serviço público: o jornalismo "especulativo" também precisa de um fundamento e o encontra na prática de mostrar que as próprias conclusões se baseiam em elementos igualmente presentes na imprensa, nos

segunda consideração – ligada à precedente – determina que "a especialização temática constitui um índice significativo do modo como os valores/notícia são traduzidos em práticas organizacionais [...]. As notícias tenderão a refletir a estrutura da equipe: os especialistas não podem ser deixados inativos, e, do mesmo modo como as notícias chegam regularmente das capitais estrangeiras porque há alguém no local que as produz, os temas cobertos por um especialista terão uma presença garantida nos noticiários" (Golding-Elliott, 1979, p. 99). A organização de uma redação em setores temáticos específicos, o tipo de correspondentes e especialistas de que ela usufrui são indicações (relativas ao aparato) dos critérios de noticiabilidade vigentes.

Sozinho, obviamente esse dado não basta para descrever em detalhes os valores/notícia em ação: serve, porém, para explicar e predizer as zonas mais densas de cobertura informativa. Por exemplo, na rádio sueca (Sveriges Radio), em 1978, a especialização envolvia (na amostra de 62 entrevistados por Golding-Elliott) 40 jornalistas assim subdivididos: 7 em temas parlamentares e de política interna; 6 em economia e finanças; 4 em problemas sindicais; 3 em política internacional e 8 em determinados países estrangeiros; por fim, 12 em áreas isoladas, como ciências, problemas educativos, ambiente, medicina. "Esses temas fornecem a maior parte das notícias e *espera-se que forneçam acontecimentos dotados de noticiabilidade fidedigna* (*reliable newsworthiness*)" (Golding-Elliott, 1979, p. 100) [grifo meu].

Os valores/notícia derivam de admissões implícitas ou de considerações relativas a:

a. os caracteres substantivos das notícias; o seu *conteúdo*;

b. a disponibilidade do material e os critérios relativos ao *produto* informativo;

c. o *público*;

d. a *concorrência*.

---

outros meios de comunicação, que as indiscrições são difundidas. "Isso significa que, enquanto a informação televisiva *faz as notícias* que a maior parte das pessoas acompanha, ela raramente *faz notícia* no sentido de introduzir novos dados ou interpretações" (*ibid.*).

A primeira ordem de considerações concerne ao evento a ser transformado em notícia; a segunda diz respeito ao conjunto dos processos de produção e de realização; a terceira, à imagem que os jornalistas têm dos destinatários; e a última, às relações entre os meios de comunicação de massa presentes no mercado de informação.

3.4.1 Critérios substantivos

Os critérios substantivos articulam-se essencialmente em dois fatores: a importância e o interesse da notícia. Afirmar que uma notícia é escolhida por ser importante ou interessante não esclarece muito, enquanto não se especificarem ulteriormente os dois valores/notícia, explicitando sua aplicação operativa.

A importância parece ser determinada por quatro variáveis:

1. *Grau e nível hierárquico dos indivíduos envolvidos no acontecimento noticiável*, seja no que concerne às instituições governamentais, seja quanto aos outros organismos e hierarquias sociais. Esta acepção do valor/notícia como "importância do acontecimento" cobre os dois fatores definidos por Galtung-Ruge ("quanto mais o acontecimento interessar às nações de elite, maior será sua probabilidade de se tornar notícia"; "quanto mais o acontecimento interessar a pessoas de elite, maior será sua probabilidade de se tornar notícia"; 1965, p. 119) e parcialmente também o sentido em que Golding-Elliott articulam o mesmo critério de relevância ("itens que possam ser enfadonhos, repetitivos, não-visualizáveis devem ser incluídos do mesmo modo, não obstante o desinteresse do público. O item refere-se a algo que o público deve conhecer [...]. Muitas vezes, a importância é aplicada às notícias políticas e externas"; 1979, p. 118)[5].

---

5. A pesquisa de Golding-Elliott é a análise comparativa das rotinas de produção na informação cotidiana das três redes de televisão da Suécia, da Irlanda e da Nigéria. Neste último país, o valor/notícia "importância do acon-

O parâmetro para avaliar a importância de um acontecimento noticiável é especificado ulteriormente: embora os "graus" mais elevados nas hierarquias do poder econômico, da riqueza ou do prestígio também façam notícia, possuem a desvantagem (com respeito aos ordenamentos institucionais) de não ser formalmente articulados: "A hierarquia governamental é visível e definida de modo estável em ordem de autoridade, o que auxilia os jornalistas em suas avaliações de importância" (Gans, 1979, p. 147)[6].

Alguns fatores que definem operativamente o valor/notícia "importância" de um evento são, portanto, o grau de poder institucional, a relevância de outras hierarquias não-institucio-

---

tecimento" assume, segundo os autores, uma relevância particular em relação à categoria de notícias sobre os temas do desenvolvimento, que "compreende itens incluídos propositadamente pela sua utilidade na promoção dos objetivos sociais ligados ao desenvolvimento [...]. Esse fato tinha o efeito de promover notícias sobre questões internas, que, de outro modo, eram rejeitadas pelas notícias externas, coletadas com mais facilidade e tecnicamente de padrão superior" (1979, p. 118). Esse aspecto é muito importante e indica que, apesar da homogeneidade e da compacidade dos valores/notícia, podem-se determinar alguns modelos diversos em relação às diferenças de sistema político, econômico, social. Por exemplo, nos países do Leste, no que diz respeito aos fatos do cotidiano, pode-se dizer que "good news is news; bad news is not really news at all", ao contrário do que ocorre no Ocidente. Não obstante as consideráveis diversidades entre um país e outro do bloco soviético, a noticiabilidade dos eventos negativos (acidentes, terremotos, desastres naturais etc.) é fortemente limitada, se não for nula. Sobre esses problemas, ver especialmente o Capítulo 2 em Lendvai (1981) e a primeira parte em Robinson (1981).

6. Gans se refere evidentemente ao sistema político presidencial dos Estados Unidos, em que o presidente, desse ponto de vista, é o nível mais noticiável de todos. A esse propósito, Boorstin sustenta que o "aumento do poder e do prestígio da presidência não se deve apenas ao alargamento dos poderes do cargo e à necessidade de processos rápidos de decisão, mas também ao surgimento de processos centralizados de coleta e de difusão de notícias, e ao aumento do número de correspondentes em Washington. O presidente tem um acesso cada vez mais imediato e constante ao mundo dos pseudo-acontecimentos" (Boorstin, 1972, p. 147). Com os devidos ajustes, essas considerações valem também para sistemas institucionais diversos e representam *uma* das explicações do amplo espaço de informação que o âmbito político-partidário ocupa.

nais, a sua visibilidade (isto é, a capacidade de ser reconhecido fora do grupo de poder em questão), a extensão e o peso dessas organizações sociais e econômicas. "Embora esse critério se sobreponha ao relativo às fontes, que favorece o uso de fontes oficiais e de grau elevado, ele não racionaliza simplesmente a escolha dessas fontes, mas funciona como um componente autônomo na determinação da noticiabilidade. O fato de os dois critérios coincidirem facilita e agiliza a seleção das notícias" (Gans, 1979, p. 148).

2. *Impacto sobre a nação e sobre o interesse nacional.* O segundo fator que operativamente determina a importância de um acontecimento é a sua potencialidade de influir ou de incidir sobre os interesses do país. Semelhante a esse fator é o valor/notícia que Galtung-Ruge indicam com o termo "significatividade". Para ser noticiável, o acontecimento deve ser significativo, ou seja, "interpretável dentro do contexto cultural do ouvinte ou do leitor" (Galtung-Ruge, 1965, p. 117): a relevância referente ao sistema de valores ideológicos e aos interesses próprios do país em questão determina a importância de um evento. Por exemplo, no que concerne à cobertura das notícias no exterior, Gans observa que, nos Estados Unidos, dominam três categorias de países: os mais próximos aos Estados Unidos ou os mais fortes dentre os aliados da Otan; os países do bloco oriental e os aliados mais potentes da União Soviética; por fim, os países que não entram nas duas primeiras categorias e são cobertos apenas esporadicamente. Estes "fazem notícia apenas quando são palco de acontecimentos insolitamente dramáticos, como conflitos, golpes de estado ou grandes desastres" (Gans, 1979, p. 31).

Relacionado a esse fator está também o valor/notícia da *proximidade*, seja como vizinhança geográfica, seja como vizinhança cultural. "As notícias são culturalmente próximas se se referem a eventos que pertencem à esfera normal de experiência dos jornalistas e do seu público. São os tipos de acontecimentos que implicam uma esfera compartilhada de linguagem e aceitações culturais comuns [...]. A proximidade geográfica refere-se simplesmente à regra prática da precedência das notícias internas e à disposição das notícias externas conforme sua proximidade com o público. Em relação a esse fato, *a distância geográfica acaba, de qualquer modo, sendo distorcida pelos mecanismos de coleta das notícias* [...]. A distribuição da coleta de notícias não tem nada de casual e, em termos jornalísticos, Lagos, por exemplo, está muito mais próxima de Londres do que de Acra. Apesar disso, esse critério da proximidade é aplicado, e muitos redatores nigerianos adotavam uma geografia da noticiabilidade disposta segundo três ordens de distância: Nigéria, África, resto do mundo" (Golding-Elliott, 1979, p. 119) [grifo meu].

Por outro lado, como afirmava um jornalista do *Times*, "é extremamente difícil cobrir a África. Sem contar o fato de que há muitos Estados, poucos entre eles possuem as infra-estruturas políticas e sociais necessárias para produzir notícia".

A asserção ilustra muito claramente o vínculo estrutural nas definições de notícia: "Se um país não tem condições de satisfazer esses critérios, pode ser prudente não fazer notícia e, literalmente, não produz de fato nenhuma notícia" (Golding-Elliott, 1979, p. 155).

Na correlação entre a estrutura dos valores/notícia e a organização concreta do trabalho (em particular, das fontes, dos correspondentes e dos outros meios de coleta das notícias), cada um dos dois elementos remete ao outro e é por ele influenciado.

3. *Quantidade de pessoas que o acontecimento (de fato ou potencialmente) envolve.* "Os jornalistas atribuem importância às notícias que dizem respeito a muitas pessoas, e, quanto mais elevado for o número de pessoas, mais importante é a notícia" (Gans, 1979, p. 151). "Quanto maior o número dos indivíduos envolvidos num desastre ou a presença de 'nomes importantes' numa ocasião formal, maior é a visibilidade desses eventos e, portanto, seu valor/notícia" (Golding-Elliott, 1979, p. 119). Também a respeito desse fator, há *complementaridade dos valores/notícia*: de fato, ele se correlaciona diretamente ao da afinidade cultural e da distância (existe correlação ne-

gativa entre proximidade ou *status* da nação e negatividade do acontecimento; Bergsma, 1980). Um evento (por exemplo, um acidente aéreo ou uma catástrofe natural) que envolve um número limitado de pessoas mas ocorre nas proximidades é mais noticiável do que o mesmo tipo de evento que envolve muito mais vítimas mas ocorre em local bem mais distante. A "lei de McLurg" (a partir do nome de um jornalista) é justamente a codificação prática da complementaridade desses valores/notícia e "estabelece uma escala graduada da noticiabilidade relativa para os desastres: um europeu equivale a 28 chineses, ou dois mineiros galeses equivalem a cem paquistaneses. Em geral, essa 'lei' é proposta num *contexto de situação divertida*, mas, como observava um jornalista, 'é um jogo relevante. É ditado pelos fatos'. [Outro jornalista] explicava a lógica subordinada à 'lei de McLurg': 'É uma questão de impacto sobre o público'" (Schlesinger, 1978a, p. 117).

4. *Relevância e significatividade do acontecimento em relação aos desenvolvimentos futuros de uma determinada situação.* Gans caracteriza um exemplo desse fator na cobertura reservada aos primeiros episódios de eventos que têm uma duração prolongada: "As primeiras eleições primárias na campanha presidencial são notícias importantes, não obstante seu papel ainda ambíguo e seu significado ainda incerto a respeito de todo o processo da nomeação presidencial" (Gans, 1979, p. 152)[7].

---

7. A esse respeito, pode-se inserir uma consideração desenvolvida por Patterson (1980) que, ao estudar a campanha para as eleições presidenciais de 1976, observa que "o comportamento dos meios de informação influenciou o conhecimento dos candidatos por parte dos eleitores. Na véspera das eleições primárias de New Hampshire, o grande público ainda desconhecia os adversários democráticos – apenas 20% 'acreditava' conhecer Carter, Udall, Harris, Bayh, Brown, Church e Jackson. A cobertura informativa no dia seguinte das eleições primárias se concentrou em Carter, que se tornou particularmente o candidato democrático mais familiar aos eleitores. Durante as primárias, os eleitores que pensavam conhecer Carter passaram de 80%, um incremento de 60% em relação ao nível precedente às primárias. Por outro lado, os níveis de popularidade de Udall, Brown e Jackson subiram apenas 14% [...].

A importância de uma notícia pode ser enfatizada diversamente, salientada ou acentuada em relação, por exemplo, aos valores/notícia relativos à concorrência (exclusividade de uma entrevista, um furo de reportagem, material filmado que seja particularmente significativo etc.), ou em relação àqueles concernentes ao produto e às suas características técnicas. Existe, portanto, uma variabilidade interna ao valor/notícia "importância", correlacionada a outros fatores de noticiabilidade.

Já foi dito anteriormente que os critérios substantivos são dois: a importância e o *interesse* da notícia. Enquanto as notícias consideradas importantes são, num certo sentido, selecionadas "obrigatoriamente", o elemento do interesse dá lugar a uma avaliação mais heterogênea, mais aberta às opiniões subjetivas, menos vinculadora para todos.

O interesse da história está diretamente ligado às imagens que os jornalistas fazem do público e também ao valor/notícia que Golding-Elliott definem como "capacidade de entretenimento". Interessantes são as notícias que buscam dar ao evento uma interpretação baseada no lado do "interesse humano", do ponto de vista insólito, das pequenas curiosidades que atraem a atenção.

Destinado a manter aceso o interesse do público em relação ao noticiário, esse critério de relevância introduz alguns elementos de contradição com o da importância intrínseca dos acontecimentos. "A solução é normalmente a cooptação de um dos ideais por parte do outro, no sentido de que, para informar um público, é necessário ter chamado sua atenção, e não há muita utilidade em desenvolver um tipo de jornalismo aprofundado e cuidadoso se a audiência manifesta o próprio aborrecimento mudando de canal. Desse modo, a capacidade de entreter encontra-se em posição elevada na lista dos valores/notícia, seja como fim a si mesma, seja como instrumento

---

Essas diferenças se refletiram nos resultados das primárias democráticas [...]. Carter foi o maior beneficiário dessa tendência. Obteve, de fato, muitos votos, justamente devido à sua vantagem em termos de popularidade em relação aos seus rivais" (Patterson, 1980, p. 276).

para realizar outros ideais jornalísticos" (Golding-Elliott, 1979, p. 117). Gans expõe algumas categorias normalmente usadas para identificar os acontecimentos que respondem a esse requisito de noticiabilidade: *a.* histórias de pessoas comuns que passam a agir em situações insólitas, ou histórias de homens públicos, observados em sua vida privada cotidiana; *b.* histórias em que há uma inversão de papéis ("o homem que morde o cão"); *c.* histórias de interesse humano; *d.* histórias de feitos excepcionais e heróicos.

O uso de tal valor/notícia vincula-se ao (relativo ao produto) da "composição balanceada do noticiário" (*balance*), analisado no próximo item.

3.4.2 Critérios relativos ao produto

A segunda classe de valores/notícia diz respeito à disponibilidade de material e aos caracteres específicos do produto informativo.

Quanto à disponibilidade, trata-se de saber "em que medida o evento é acessível para os jornalistas, em que medida é tecnicamente tratável nas formas jornalísticas habituais; se ele já está estruturado de modo que seja facilmente coberto; se requer muito dispêndio de meios para cobri-lo" (Golding-Elliott, 1979, p. 144).

No que concerne aos critérios relativos ao produto, estes se explicam em termos de "consonância com os procedimentos de produção, de congruência com as possibilidades técnicas e organizacionais, com as restrições de realização e com os limites próprios do meio" (*ibid.*). Os critérios relativos ao produto são aplicados em cada notícia, mas, "quanto menos importante for a notícia, mais eles entram em jogo durante a avaliação da própria notícia. Além disso, permitem escolher entre notícias de relevância substantiva semelhante" (Gans, 1979, p. 157).

Golding-Elliott incluem também nessa classe o critério da *brevidade*. Conforme um ditado jornalístico: as notícias deveriam ser como as saias de uma mulher: longas o bastante para cobrir o essencial, mas suficientemente curtas para chamar a atenção: a brevidade, vinculada, de um lado, aos valores/notícia concernentes ao produto, liga-se, de outro, ao mecanismo da seleção das notícias. "Limitar as notícias aos seus elementos manifestamente mais óbvios é essencial se se quiser deixar espaço para uma seleção mínima dos eventos do dia. Esse limite parece enfatizar a objetividade necessária do jornalismo radiotelevisivo, enquanto, na verdade, simplesmente dissimula o vasto edifício de teses e de pressupostos culturais que permitem a essas notícias concisas ter um significado" (Golding-Elliott, 1979, p. 120).

A necessidade de não superar um certo comprimento das notícias (especialmente as radiotelevisivas) é funcional para a disponibilidade de muito material noticiável, o que, por sua vez, é funcional para a escolha mais ampla possível e, portanto, a mais representativa dos eventos importantes daquele dia (dentro dos limites relativamente rígidos do formato dos noticiários).

Entre os critérios de relevância relativos ao produto, inclui-se também o que se refere à *notícia* como resultado de uma ideologia da informação (baseada, por sua vez, na história dos sistemas informativos e do jornalismo). Um dos mais difundidos ditados jornalísticos o esclarece com eficácia: "Bad news is good news".

Muito foi escrito sobre a ideologia da notícia (ver, entre outros, Bechelloni, 1979; Eco, 1979b), isto é, sobre o pressuposto segundo o qual são noticiáveis, em primeiro lugar, os eventos que constituem e representam uma infração, um desvio, uma ruptura do curso normal das coisas. Faz notícia aquilo que altera a rotina, as aparências normais. "Quanto mais um acontecimento for negativo nas suas conseqüências, maior será sua probabilidade de se tornar notícia" (Galtung-Ruge, 1965, p. 119)[8].

---

8. Os autores correlacionam esse elemento a outros valores/notícia, como a *freqüência* ("existe uma assimetria fundamental na vida entre o positivo, que é difícil e requer tempo, e o negativo, que é mais fácil e requer menos tempo [...]. Sendo assim, é mais fácil que um acontecimento negativo se

Diversos elementos, complementares entre si, consolidam a ideologia da notícia: a origem e o tipo de evolução que tiveram as empresas jornalísticas na sociedade ocidental (Schudson, 1978), o gênero de crenças relativas ao público, compartilhadas entre os jornalistas – "obviamente é um princípio fundamental do jornalismo que, quanto maior, mais insólito ou mais cruel for o espetáculo, maior é o valor/notícia. E isso não porque os jornalistas são mais macabros ou menos sensíveis às coisas belas da vida do que as outras pessoas. Essa constatação reflete simplesmente o inevitável fato de que os leitores se interessarão por uma história que os atinge, mas ignorarão, em contrapartida, uma notícia rotineira" (Brucker, 1973, p. 175, citado por Golding-Elliott, 1979). A própria organização do trabalho jornalístico é estruturalmente orientada para reunir mais os eventos pontuais do que as tendências constantes ou os processos sociais emergentes.

A "ideologia da notícia" está, portanto, estreitamente ligada à natureza globalmente fragmentária da cobertura informativa.

Outro valor/notícia relativo ao produto informativo é a *novidade* (Gans usa o termo *novelty*, Golding-Elliott falam de *recency*): "As notícias devem referir-se a eventos amparados o máximo possível pelo momento da transmissão do noticiário" (Golding-Elliott, 1979, p. 121). É clara a conexão entre os valores/notícia "novidade" e "freqüência" (ver 3.4.3): a delimitação temporal estabelecida pela freqüência da informação e pelo seu formato determina também o *frame* em que é avaliada a "novidade" ou não de um certo evento. "A periodicidade da produção de informação constitui, por si só, o quadro de referência em que são percebidos os acontecimentos no mundo.

---

desenvolva completamente entre duas edições de um jornal ou entre dois noticiários; para um acontecimento positivo, isso é mais difícil e específico"), a facilidade de interpretação ("as notícias negativas são mais facilmente consensuais e livres de ambigüidade, no sentido de que existe um acordo sobre a interpretação do acontecimento como negativo"), o fato de serem menos esperadas do que as notícias positivas ("isso pressupõe uma cultura em que as mudanças em sentido positivo, o 'progresso', são, em certa medida, consideradas como uma coisa normal e banal, que não precisa ser salientada").

Sendo assim, a produção cotidiana estabelece uma delimitação diária, e os eventos noticiáveis devem ter ocorrido nas 24 horas entre um noticiário e outro, para merecer sua inclusão neles"[9] (Golding-Elliott, 1979, p. 121).

O aspecto mais interessante diz respeito a alguns critérios de operação para estabelecer quais e quantas novidades os acontecimentos devem apresentar para se tornar notícia: por exemplo, a "novidade interna" (*internal novelty*). "Os jornalistas avaliam a novidade em relação ao fato de uma notícia ser nova para eles mesmos, presumindo que, se for assim, será nova também para o público. Muitas histórias que concernem, por exemplo, a descobertas científicas ou modismos novos podem já ser velhas para as suas fontes. Mas, ainda mais importante, os jornalistas criam a novidade [...]. Eles vêem a realidade externa como um conjunto de acontecimentos díspares e independentes, sendo que cada um deles é novo e pode, portanto, ser relatado como notícia" (Gans, 1979, p. 167). Outro critério interno à "novidade" é o "tabu da repetição"; por isso, se uma notícia proposta é considerada repetitiva ou semelhante a outras, não é julgada suficientemente noticiável. Isso não vale indiscriminadamente, visto que o valor/notícia "importância" é prioritário e, por conseguinte, permite coberturas informativas constantes e repetidas dos assuntos, temas e personagens que lhe sejam pertinentes: um exemplo típico da aplicação diferenciada do "tabu da repetição" são as notícias de política interna.

Para a determinação operativa da "novidade" de um acontecimento, também entram em jogo múltiplos fatores, inclusive o da concorrência; como exprime de maneira eficaz um redator da revista *Newsweek*: "Não queremos chegar tarde, também não queremos sair cedo demais com uma notícia, mas sobretu-

9. Essa passagem refere-se, obviamente, às 24 horas entre uma edição do noticiário e a mesma edição do noticiário do dia seguinte. Além disso, para "mitigar" a "rigidez" desse critério de seleção, intervém outro valor/notícia da *continuidade*, que estabelece limites temporais mais extensos, aos quais, porém, não se pode mais aplicar o critério da novidade, a não ser sob forma de "novos desenvolvimentos" de uma história já noticiada.

do não queremos que o *Time* nos roube um furo de reportagem" (Gans, 1979, p. 171).

Um critério ulterior é a *qualidade* da história. No jornalismo televisivo, Gans determina cinco critérios da qualidade:

a. a ação (a notícia é tão melhor quanto mais ilustrar uma ação também de modo visual, um momento importante de um fato);

b. o ritmo (nos casos em que a notícia encontra-se intrinsecamente desprovida de ação, tenta-se torná-la menos enfadonha, recorrendo a vários procedimentos de exposição ou apresentação);

c. o caráter exaustivo (que pode significar tanto o fornecimento de todos os pontos de vista possíveis sobre um argumento controverso, quanto dar mais dados cognitivos sobre um determinado acontecimento);

d. a clareza da linguagem (levando-se em conta a impossibilidade do espectador televisivo de retomar o que não entendeu ou o que não está claro);

e. os padrões técnicos mínimos.

O último valor/notícia relativo ao produto é o "balanceamento" (*balance*), a composição equilibrada do noticiário em seu conjunto.

O limiar de noticiabilidade de certos fatos depende *também* de quanto uma determinada categoria de acontecimentos já se encontra presente no produto informativo: se não estiver presente, a notícia tem a probabilidade de passar, mesmo se não for muito importante, justamente porque serve para equilibrar a composição global do noticiário (Galtung-Ruge, 1965). O valor de noticiabilidade de certos acontecimentos é, portanto, desenvolvido pelo fato de que eles representam categorias que concorrem para não desequilibrar o produto informativo.

Esse valor/notícia refere-se ao conjunto dos critérios relativos ao público (à necessidade de manter acesos a atenção e o interesse), do mesmo modo que, para certos aspectos, ele acentua a tendência à fragmentação da informação televisiva.

O balanceamento pode referir-se tanto ao jornal ou ao telejornal em seu conjunto, quanto a elementos específicos, como a cobertura geográfica (tenta-se obter notícias que cubram, nos limites do possível, todo o território nacional), as faixas etárias (notícias que possam interessar tendencialmente todos os estratos da população), e assim por diante.

Obviamente, a forma mais explícita, recorrente e formalizada de equilíbrio diz respeito à cobertura informativa das forças políticas e partidárias: sobre esse argumento, muito foi escrito e dito; sendo assim, é suficiente observar apenas um ponto. No que concerne às rotinas reais de produção, a tensão ideal em relação a uma informação pluralista transforma-se exatamente na prática do equilíbrio, razão pela qual à cobertura informativa sobre o partido X deve corresponder a sobre o partido Y e assim por diante.

Uma prática tão consolidada e funcional que acaba se tornando, segundo Anthony Smith, uma espécie de alegoria da vida.

3.4.3 Critérios relativos ao meio

"Geralmente, a quantidade de tempo de transmissão que uma notícia pode ocupar depende menos do argumento que do seu modo de apresentação. Em particular, se há algum material filmado à disposição, as notícias tornam-se mais longas, e a presença de um enviado, ou a disponibilidade de uma entrevista, ou outros modos particulares de apresentar a notícia contribuem diretamente para o seu comprimento, sem se levar em conta seu argumento" (Golding-Elliott, 1979, p. 138).

Na informação televisiva, a avaliação da noticiabilidade de um acontecimento concerne também à possibilidade de ele fornecer um *"bom" material visual*, ou seja, imagens que não apenas correspondam aos padrões técnicos normais, mas que também sejam significativas, que ilustrem os pontos de destaque do evento noticiado. Citações como a seguinte: "Estas imagens ilustram melhor do que qualquer comentário..." explicitam no próprio noticiário a presença e a relevância desse valor/notícia.

De qualquer modo, as conexões e as avaliações interligadas com outros valores/notícia tornam os critérios relativos ao meio mais complexos do que parecem.

> *O texto verbal é tão essencial quanto as imagens, pois muitas vezes é ele que contém a verdadeira notícia, enquanto as imagens acompanham e ilustram as palavras [...]. Além disso, as notícias faladas são uma parte intrínseca do noticiário. Elas fornecem as informações que não podem ser acompanhadas por imagens e ainda atualizam e completam as notícias contidas num serviço filmado. Com efeito, freqüentemente escolhem-se as imagens porque se adaptam à notícia falada, tornando-se, assim, uma espécie de apêndice [...]. Sem dúvida, a informação televisiva é dominada pelos materiais filmados, mas estes são escolhidos depois que são aplicados os critérios substantivos. Imagens emocionantes não podem ser usadas se a notícia à qual dão um confronto visível e imediato não for importante. Naturalmente, quando imagens desse tipo estão disponíveis, os jornalistas tentam convencer-se da importância da história, ou também buscam uma notícia importante que permita justificar o uso daquelas imagens, ainda que a conexão seja fraca* (Gans, 1979, p. 158).
> *À medida que as notícias se desenvolvem durante o dia, a probabilidade de fornecerem um bom material visual torna-se sempre mais importante na discussão dos seus méritos* (Golding-Elliott, 1979, p. 116).

Além disso, esse valor/notícia vincula-se diretamente com quase todos os critérios de relevância, relativos ao público, seja em relação à finalidade de entretê-lo e de fornecer-lhe um produto interessante, seja em relação à finalidade de não cair no sensacionalismo, de não infringir os limites do bom gosto, de privacidade, de decência etc.

Por outro lado, também são freqüentes as notícias importantes, acompanhadas por um suporte visual absolutamente pouco significativo, com as imagens habituais de rotina, que acabam por perturbar e desviar a atenção do conteúdo da notícia, sem acrescentar nada a elas.

Nesses casos, o difícil equilíbrio entre os fatores que determinam, de um lado, a noticiabilidade de um acontecimento e, do outro, a sua apresentação como notícia não foi atingido com clareza suficiente, e o acordo entre os valores/notícia em jogo revela-se mais eficaz.

Um segundo critério de noticiabilidade, relativo ao meio de comunicação, é a *freqüência*: "Por freqüência de um acontecimento entendemos o lapso de tempo necessário para que ele assuma uma forma e adquira um significado [...]; quanto mais a freqüência do acontecimento for semelhante à freqüência do meio de informação, mais provável será sua seleção como notícia por aquele meio de informação" (Galtung-Ruge, 1965, p. 116).

Na informação radiotelevisiva, esse critério privilegia os eventos pontuais, únicos, concluídos num breve período, uma vez que se tornam mais funcionais para os ritmos produtivos da organização do trabalho. Isso obviamente não significa que os outros tipos de acontecimentos não sejam apresentados ou que a eles não seja dado espaço: significa, porém, que nos procedimentos de produção e nos valores profissionais encontram-se inseridos alguns elementos que conduzem a essa "distorção involuntária".

O valor/notícia do *formato* refere-se aos limites de espaço e de tempo que caracterizam o produto informativo. Do ponto de vista da seleção dos eventos noticiáveis, esse critério de relevância facilita e agiliza a escolha, visto que impõe uma espécie de pré-seleção antes ainda que sejam aplicados os outros valores/notícia.

Ele concerne, em geral, ao número dos serviços filmados, que pode ser apresentado numa edição do noticiário, à sua duração, ao comprimento dos trechos e assim por diante. "O critério mais fundamental do valor/notícia 'formato', compartilhado por todos os meios de informação, é que as notícias tornam-se idôneas apenas quando são estruturadas narrativamente [...]. Toda notícia deve ter uma abertura, uma parte central de desenvolvimento e um fechamento [...]. Na televisão, as notícias que não se adaptam a esses parâmetros do formato, como as histórias que não possuem uma conclusão, podem ser excluídas ou relegadas às notícias dadas de modo conciso, a menos que sejam noticiáveis segundo outros valores/notícia. Por exemplo, durante a guerra do Vietnã, a notícia concernente às possibilidades de negociações de paz era ocasionalmente eliminada por ser considerada 'inconcludente'. Por outro lado, as reportagens de batalhas quase nunca eram tiradas, mesmo se a conclusão do correspondente indicasse o caráter não-decisivo do combate" (Gans, 1979, p. 161). Segundo os especialistas do serviço de pesquisas sobre o público da NBC, "essa forma narrativa 'bloqueia' a atenção do público em relação à notícia" (Epstein, 1973, p. 263).

Mudanças relevantes no formato do noticiário implicam, parcialmente, avaliações e composições diversas do conjunto dos valores/notícia aplicados nas escolhas do material noticiável.

3.4.4 Critérios relativos ao público

Estes dizem respeito ao papel que reveste a imagem do público, compartilhada pelos jornalistas. É um aspecto difícil de definir, rico em tensões contrastantes. Por um lado, os jornalistas conhecem pouco seu público: embora os aparatos promovam pesquisas sobre as características da audiência, sobre seus hábitos de audição e sobre suas preferências, os jornalistas raramente os conhecem e têm pouca vontade de conhecê-los. Eles precisam apresentar programas informativos, e não tentar satisfazer um público; quanto menos souberem do público, mais atenção podem dar às notícias (Gans, 1970). Por outro lado, a referência e o apelo às necessidades, às exigências dos destinatários são constantes, e nas próprias rotinas de produção estão encarnadas assunções implícitas sobre o público. "Os jornalistas explicam seu conhecimento [dos interesses do público], fazendo referência às noções correlacionadas de profissionalismo, empenho e experiência. É um argumento circular: dada a habilidade em discriminar, que deriva da sua imersão no mundo das notícias, o jornalista encontra-se na melhor posição para discernir o que é interessante [para o público]. Mas essa explicação não fornece nenhum critério independente [...].

Há necessidade de estratégias para fazer frente à ambigüidade inserida, de um lado, na afirmação de que o interesse do público é, em última instância, o árbitro do que está incluído nos noticiários, e, de outro, na preservação de uma atitude de autonomia" (Schlesinger, 1978a, pp. 117-9). O termo de referência constituído pelo público (ou melhor, pelas crenças que os jornalistas possuem a respeito do público) e os *limites* dessa referência são um dos pontos mais interessantes e menos aprofundados na temática do *newsmaking*, mas não apenas nela (ver 1.9.3).

Do ponto de vista dos valores/notícia, essa categoria também se interliga às precedentes: um exemplo o mostra claramente. Na pesquisa de Schlesinger sobre a BBC, a propósito da "clareza" da linguagem (que entra no valor/notícia da "qualidade"; ver 3.4.2), um jornalista observa: "Encontramos um modo de simplificar a descrição do conceito de 'déficit na balança dos pagamentos', que se traduz em 'diferença entre o que compramos e o que vendemos ao exterior'. Como foi adotada essa expressão? Alguém a imaginou, nós a ouvimos e a consideramos boa. Quando devemos usá-la, perguntamo-nos: 'Como era mesmo a frase que usamos da outra vez?', e a encontramos. A expressão se perpetua, torna-se acessível. *É a frase mais próxima ao que achamos que as pessoas entendem*. Não é muito exata, mas é a melhor, *uma vez que é pronunciada*: não se pode reler o texto até que se compreenda o que foi dito, como é o caso dos jornais" (Schlesinger, 1978a, p. 126) [grifo meu].

No que se refere à especificação do critério em questão, Golding-Elliott (1979) lhe atribuem os da "estrutura narrativa", da capacidade atrativa do material filmado que acompanha a notícia, do entretenimento e da importância da notícia. Por outro lado, Gans (1979) define três categorias: *a.* as notícias que permitem uma identificação por parte do espectador; *b.* as notícias de serviço; *c.* as chamadas *non-burdening stories*, ou seja, notícias leves, que não oprimem o espectador com muitos detalhes, ou com histórias deprimentes, ou desinteressantes.

Há também o aspecto da "proteção", ou seja, a não-noticiabilidade dos fatos ou detalhes de acontecimentos cuja cobertura informativa (presumivelmente) produziria traumas ou ânsias no público, ou feriria sua sensibilidade, seu gosto.

3.4.5 Critérios relativos à concorrência

Segundo Gans, a situação de competição determina três tendências que, por sua vez, refletem-se em alguns dos valores/notícia precedentes, reforçando-os.

Em primeiro lugar, órgãos de informação rivais "ainda tentam usar furos de reportagem para prejudicar os concorrentes, mas, visto que os meios de comunicação de massa possuem concorrentes virtualmente nos mesmos lugares, diminuiu a possibilidade de alguém chegar primeiro com uma notícia daquelas que, em determinada época, 'paravam o jornal enquanto eram impressas'. Em contrapartida, a mídia compete para obter notícias exclusivas, para inventar seções e para descobrir pequenos furos de reportagem sobre os detalhes" (Gans, 1979, p. 177). Disso resultam, indubitavelmente enfatizados, os estímulos à fragmentação, a centrar a cobertura informativa em personalidades de elite e a todos os outros fatores co-responsáveis pela distorção de informação que prejudica uma visão articulada e complexa da realidade social.

A segunda tendência consiste no fato de que a competição gera expectativas recíprocas, no sentido de que pode acontecer de uma notícia ser selecionada por se esperar que os meios de comunicação concorrentes também o façam.

Por fim, "as expectativas recíprocas tornam-se um vínculo comum: elas *desencorajam* as inovações na seleção das notícias, que poderiam suscitar objeções por parte dos graus hierárquicos superiores: por sua vez, isso contribui para a semelhança das coberturas informativas entre noticiários ou jornais concorrentes" (Gans, 1979, p. 177).

A competição produz também o resultado de contribuir para estabelecer parâmetros profissionais dos modelos de referência. Na situação americana, essa função é desenvolvida pelo *New York Times* e pelo *Washington Post*. "O *Times* é tratado como *o* protótipo dos padrões profissionais [...]. Quando os redatores e chefes de redação estão incertos a respeito de uma decisão sobre a seleção de uma notícia, verificarão se, quando e como o *Times* cobriu a história [...]. Quando os jornalistas televisivos e de outros meios usam o *Times* desse modo, eles assumem que o *Times* aplica apenas critérios substantivos e qualitativos e se desinteressa das considerações relativas ao meio, ao formato e ao público. Às vezes, os jornalistas admitem que essa tese é duvidosa, mas sentem sua exigência porque não têm necessidade de crer que [...] existem avaliações profissionais que transcendam as de cada redação e de cada aparato" (Gans, 1979, p. 181). É um aspecto muito significativo, que ajuda a explicar a persistência de um certo modo de produzir informação e a dificuldade de instaurar e generalizar "ideologias da notícia", diferentes da atualmente em voga.

Para concluir esse item, deve-se ainda esclarecer um ponto: nem todos os valores/notícia citados são importantes do mesmo modo, "nem todos são relevantes para cada notícia. Se o fossem, os jornalistas não poderiam desempenhar seu trabalho, pois não teriam tempo para levar todos em consideração [...]. Alguns deles, praticamente, são sempre relevantes, mas o número e a combinação pertinente para as notícias específicas variam" (Gans, 1979, p. 279). A observação parece reforçar a hipótese sobre a natureza negociada da noticiabilidade: os critérios relevantes, portanto, são variáveis (mesmo que de modo limitado) conforme alguns fatores. Isso significa que a "transformação" de um acontecimento em notícia é o resultado de uma ponderação entre avaliações relativas a elementos de diferente peso, relevância e rigidez com respeito aos procedimentos de produção.

A cobertura informativa e o ciclo de informações que um acontecimento recebe são mais claramente compreensíveis se tivermos presente a inter-relação entre essas múltiplas variáveis. Gans cita como exemplo o andamento informativo sobre a guerra do Vietnã:

> *ele foi modelado por uma avaliação inicial sobre a importância e, portanto, tratava-se de uma notícia interna*

[...], emoldurada como uma guerra americana contra um inimigo comunista. Mas a cobertura também foi modelada por critérios relativos às fontes, em particular a tendência (até a ofensiva do Tet) a favorecer as fontes oficiais. Além disso, entraram em jogo outros fatores relativos à disponibilidade das fontes, como as estratégias das altas hierarquias dos meios de comunicação de massa, as estratégias de Saigon, do Pentágono e da Casa Branca, e ainda relativos à inacessibilidade das fontes da Frente Nacional e do Vietnã do Norte, sobretudo uma vez que a mídia havia descrito estes últimos como inimigos. A cobertura informativa da guerra foi ulteriormente modelada por critérios relativos ao produto, pois a procura por filmes dramáticos e de ação levou televisão e semanários a relatar a guerra sobretudo por meio dos combates, das buscas e das operações de antiguerrilha. Mas, uma vez que todos os meios de comunicação de massa haviam escolhido enfatizar as ações desse tipo, eram bloqueados nessa estrada por critérios de concorrência, e ninguém estava preparado para abandonar esse gênero de cobertura.

Critérios relativos ao público obrigaram a televisão, mais do que os semanários, a amenizar as imagens de guerra. Considerações de tipo organizacional desempenharam uma função de suporte, uma vez que a preferência pelas fontes oficiais era completada pela prática dos diretores de confiar nos relatórios otimistas sobre a guerra, que vinham dos correspondentes de Washington. Por outro lado, se os meios de comunicação de massa tivessem prestado mais atenção aos relatórios mais pessimistas dos jovens correspondentes de Saigon, teriam recebido mais pressões do governo, do público, dos anunciantes publicitários, das estações filiadas, que eram todos essencialmente "extremistas". Durante a maior parte da guerra, os protestos contra ela eram tratados como notícias de desordem social. Nesse caso, os jornalistas aplicaram seus valores permanentes: se tivessem agido de outra forma, ter-se-iam encontrado sob pressão. Muitas vezes foram acusados de dar muita publicidade aos "pacifistas" e de deformar, segundo seu ponto de vista, as notícias sobre a guerra [...]. Enquanto muitos correspondentes de Saigon começaram bem antes da ofensiva ao Tet a exprimir dúvidas de que a guerra pudesse ser vencida, suas correspondências televisivas eram subestimadas em Nova York, em parte porque esses cronistas eram mais jovens e menos experientes. Igualmente importante era o fato de que, em Nova York, consideravam-nos muito próximos à própria guerra, muito influenciados pelo derramamento de sangue que podiam observar, para terem uma visão global do andamento do conflito [...]. A ofensiva do Tet teve um impacto traumático, e muitos meios de comunicação nacionais mandaram seus melhores correspondentes, inclusive Walter Cronkite, ao Vietnã do Sul, para avaliar a situação. Por conseguinte, quase todos começaram a perguntar-se, nos editoriais ou nos serviços, se a guerra podia realmente ser vencida (1979, pp. 280, 135).

Outros estudos de casos sobre acontecimentos particulares (ver sobre Watergate, Lang-Lang, 1981) colocariam em evidência diversos critérios de noticiabilidade aplicados na cobertura informativa: o que se deve salientar é que os valores/notícia são avaliados em suas relações recíprocas, em conexão uns com os outros, por "conjuntos" de fatores hierarquizados e complementares entre si, e não tomados de forma isolada ou singular; toda notícia requer, portanto, uma avaliação (por mais automática e inconsciente que seja) da disponibilidade e da fidedignidade das fontes, da importância ou do interesse do evento, da sua novidade, além dos critérios relativos ao produto, ao meio e ao formato.

Essas avaliações são necessárias não apenas enquanto prescrevem os ingredientes essenciais de cada notícia, mas também porque exprimem e representam os interesses dos principais participantes na seleção e na produção de notícias [...]; os critérios que assumem maior relevância o

> *fazem uma vez que são funcionais* contemporaneamente *a muitas das partes em causa. Desse modo, as avaliações sobre a importância também representam as instituições públicas, cujas atividades normalmente são importantes. As considerações sobre o produto, destinadas a atrair audiência, também são funcionais para a prosperidade da empresa; os critérios de exclusão servem tanto para um público com valores diferentes, quanto para proteger os jornalistas das pressões.*
> *Com efeito, critérios que representam uma única parte são difíceis de ser encontrados* (Gans, 1979, pp. 280-1).

Já foi dito, nos parágrafos precedentes, que os valores/notícia agem concretamente para tornar possível a rotinização do trabalho jornalístico. Sendo assim, esses valores devem ser contextualizados nos procedimentos de produção, pois é neles que adquirem seu significado, desenvolvem a sua função e se cobrem da camada de "bom senso" que os torna aparentemente elementos previsíveis.

O argumento do próximo item – a análise das principais rotinas produtivas – representa, portanto, a descrição do contexto prático-operativo, em que os valores/notícia adquirem significado.

3.5 As rotinas de produção

O elemento fundamental das rotinas de produção, isto é, a escassez substancial de tempo e de meios, acentua a relevância dos valores/notícia, que acabam se encontrando profundamente radicados em todo o processo de informação. Esse processo compõe-se de diversas fases, variadas segundo a organização do trabalho específica de cada redação e de cada meio de comunicação. A partir desse ponto de vista, é possível ilustrar apenas as fases principais da produção cotidiana de informação, as que podem ser encontradas em todos os aparatos e incidem principalmente na qualidade da informação.

Essas fases são três: a coleta, a seleção, a apresentação. Cada uma delas dá lugar a rotinas e procedimentos de trabalho articulados, dos quais são tratados apenas alguns aspectos significativos.

3.5.1 A coleta dos materiais informativos

A fase da coleta dos materiais necessários a formar um noticiário ou um jornal é descrita, primeiramente, em algumas das suas características gerais e depois analisada de modo mais aprofundado no componente fundamental das *fontes*. Deve-se precisar que a maior parte das referências diz respeito ao jornalismo televisivo, que é mais passivo do que o impresso e mais dependente dos sistemas institucionais de coleta. A ele se adapta a observação segundo a qual, enquanto em certa época eram os jornalistas a ir em busca das notícias, agora são as próprias notícias que "buscam" os jornalistas. De todo modo, "a coleta das notícias anula o núcleo da ideologia profissional [que representa] o jornalista à caça de notícias, orientado para o exterior enquanto ativo coletor de informações, independente das fontes. Na prática, o jornalista radiotelevisivo é relativamente limitado na coleta que pode fazer, e a produção da informação televisiva é, em grande parte, a elaboração passiva de notícias que a redação não pode deixar de dar. A coleta é proporcionalmente factível aos recursos disponíveis, mas, de todo modo, continua sendo a cereja do bolo. Até mesmo nos aparatos fortes e organizados, na fase de coleta há um emprego muito relevante das notícias de agência e de poucas e importantes fontes institucionais" (Golding-Elliott, 1979, p. 102).

Os estudos de *newsmaking* colocam em evidência como uma das causas da já citada fragmentação e super-representação da esfera político-institucional na informação de massa encontra-se nos procedimentos rotineiros de coleta dos materiais, de onde se tiram as notícias. Na enorme maioria dos casos, trata-se de materiais produzidos em outro lugar, que a redação se limita a receber e a reestruturar em conformidade com os valores/notícia relativos ao produto, ao formato e ao meio.

Como se verá melhor a propósito das fontes, os canais de coleta do material já se encontram profundamente estruturados em função de avaliações sobre sua noticiabilidade, e no seu funcionamento acabam por confirmar e reforçar os critérios de relevância: determina-se uma circularidade que provavelmente contribui para explicar o caráter implícito e de indeterminação do que Bechelloni chama de "profissionalismo político"[10].

A integração entre procedimentos de coleta e valores/notícia reflete-se também na interdependência entre as fases da coleta e da estruturação do material. Os dois processos procedem quase simultaneamente, visto que a coleta ocorre sobretudo por meio de fontes estáveis, que tendem a fornecer material informativo já facilmente inserível nos procedimentos de produção normais da redação[11]. O exemplo mais freqüente é a prática de escolher as comunicações das agências e de publicá-las como notícias, com apenas alguma leve modificação superficial, estilística, ou acompanhadas por algum suporte visual. Desse modo, a estruturação do trecho e o "corte da notícia" são, em grande parte, predeterminados na fase de coleta, e o jornalista se limita a uma função de ajuste marginal.

---

10. "O profissionalismo 'político' consiste na capacidade de conhecer e dominar – de modo e formas que também não são explícitos – um conjunto de regras produzidas pelas relações que se estabelecem numa determinada sociedade entre sistema político, campo cultural e mercado. Em particular, a interação social dos indivíduos que agem nesses três campos da ação social produz uma determinada definição da 'notícia' e uma determinada organização do trabalho jornalístico. O profissionalismo deve ser colocado nessa dimensão. Ele se compõe de um conjunto de regras, muitas vezes tácitas, raramente vividas como regras até por quem as pratica, que não são objeto de discurso público. Essas regras se produzem dentro e em volta da redação, são transmitidas na interação social e são compreendidas por meio de uma socialização atenta e gradual. As modalidades de produção e de transmissão das regras – a interação social cotidiana – fazem com que seu caráter de regras não seja imediatamente visível" (Bechelloni, 1982, p. 32).

11. "Geralmente, as fontes são organizadas de modo que o 'recorte' da corrente dos acontecimentos seja efetuado nos níveis que facilitam e tornam mais rápido o trabalho de confecção e de dramatização, ou até mesmo de modo que aos setores de confecção sejam fornecidos materiais já semitrabalhados" (Cesareo, 1981, p. 112).

Outra característica da fase de coleta é a influência exercida pela "preocupação de ter notícias suficientes; enquanto estas deveriam ser idealmente novas, motivos ligados à organização do trabalho impedem muita novidade. Uma série de vencimentos não superáveis impõe uma programação cuidadosa, com o objetivo de ter notícias suficientes para colocar no ar na hora do noticiário [...]. Este é o motivo pelo qual a maior parte das notícias deve ser conhecida horas (ou dias) antes do noticiário. [Visto que se deve estar em condições] de distribuir as equipes de filmagem, é necessário possuir um conhecimento preliminar sobre os acontecimentos noticiáveis. Por isso, conta-se com certas fontes para a maioria das notícias [...]. É assim que os eventos planificados e previstos têm uma boa noticiabilidade" (Altheide, 1976, p. 67).

A fase da coleta dos materiais noticiáveis é influenciada pela necessidade de se ter um fluxo constante e seguro de notícias, a fim de conseguir confeccionar, a cada vez, o produto exigido. Naturalmente, isso acaba por privilegiar os canais de coleta e as fontes que mais satisfazem essa exigência: as fontes institucionais e as agências.

Por sua vez, "a importância de certas fontes, que tornam possível uma cobertura informativa programada, reflete-se na quantidade e na natureza das notícias. Por exemplo, as notícias variam conforme o período do dia (as noites são 'pobres' jornalisticamente), conforme os dias da semana (os fins de semana são 'pobres'), conforme os meses do ano (o verão apresenta a mesma característica) [...]. *Essas flutuações nas notícias podem ser diretamente atribuídas às fontes dominantes do aparato de informação*" (Altheide, 1976, p. 68) [grifo meu].

A rígida dependência da coleta das redes estáveis de fontes que se instituiu é bem exemplificada pela produção da crônica: "Em detrimento das afirmações entusiasmadas de alguns amantes das notícias 'tristes', o trabalho nesse setor conserva bem pouco da mítica imprevisibilidade e corre em trilhos fixos, constituídos pelas comunicações da assessoria de imprensa da delegacia, da polícia, do Palácio da Justiça, em que cada jornal tem seu próprio cronista, pelas interceptações do rádio da polícia e pelas informações obtidas mediante a 'série de telefonemas' efetuada várias vezes ao dia em determinados pontos nevrálgicos (de vigilância, hospitais, estações etc.)" (Bechelloni, 1982, p. 166).

A natureza regular, planificada e repetitiva desse tipo de canais e de modalidades de coleta das informações e, sobretudo, o caráter insubstituível das fontes institucionais caracterizam profundamente o tipo de cobertura informativa que, a partir desses pressupostos, pode ser realizada. Além disso

> *a produção é organizada de modo tal, que sua dinâmica fundamental enfatiza a efemeridade das histórias. Se uma notícia se prolongar de um dia para outro, assume-se que o público, depois de um dia de exposição, esteja adequadamente familiarizado com o problema, de maneira que permita que o* background *seja amplamente dado por conhecido. São sempre os desenvolvimentos do dia presente que ocupam o primeiro plano.* O corolário desse ponto é que existe uma tendência inerente às notícias a serem emolduradas de modo descontínuo e anistórico, e isso implica um estreitamento do contexto e, portanto, uma redução de significatividade (Schlesinger, 1978a, p. 105).

Esse modo de organizar a coleta dos materiais noticiáveis está intrinsecamente ligado à necessidade de tornar o trabalho rotineiro; este produz uma limitação e uma redução substanciais (temperadas, no entanto, pela estabilidade e pela produtividade) dos possíveis canais de coleta. Assim como para os valores/notícia, nesse caso prevalecem também os procedimentos que satisfazem contemporaneamente mais exigências (racionalização do trabalho, redução dos custos, redução dos tempos, fidedignidade de quem fornece os materiais, oficialização das fontes, impedimento de pressões externas, redução da necessidade de controles etc.)[12].

---

12. Essas características não são peculiares apenas à informação cotidiana e televisiva, mas se encontram também nos outros programas jornalís-

3.5.2 As fontes

As fontes são um fator determinante para a qualidade da informação produzida pelos meios de comunicação de massa: no entanto, elas continuam imprecisas na mitologia profissional, que tende, por sua vez, a enfatizar o papel ativo do jornalista, prejudicando a contribuição das fontes, essencial em muitos aspectos.

A exposição dos problemas relativos às fontes é distinta em duas partes, a primeira sobre as fontes verdadeiras, a segunda sobre agências de informação. Embora muitas vezes estas últimas sejam consideradas fontes para todos os efeitos, a distinção, em princípio, é legítima porque as agências "se diferenciam indubitavelmente das fontes verdadeiras. De fato, elas já se configuram como empresas especializadas, internas ao sistema da informação, e realizam um trabalho que já é de confecção (enquanto as fontes estáveis, qualquer que seja sua natureza e o nível em que se colocam, também pertencem, sobretudo, à instituição que representam e, na maioria dos casos, não se dedicam exclusivamente à produção de informação) [...]; as agências fornecem 'unidades-notícia'; situam-se, portanto, num estágio avançado do processo de produção" (Cesareo,

---

ticos. É o que evidencia a já mencionada pesquisa de Elliott sobre a sondagem televisiva dedicada ao tema do preconceito, quando observa, na fase de coleta do material para o programa, a existência de uma "corrente de contato", que reveste um papel essencial como fonte de elaboração do próprio programa. "Dentro dessa corrente de contato, podem-se distinguir três mecanismos que são os canais normais, por meio dos quais os materiais disponíveis são conhecidos pela equipe de produção. Eles constituem a imprensa, as organizações e associações que representam grupos particulares de interesse, os conhecimentos pessoais" (Elliott, 1972, p. 45). Temas, pontos de vista e sugestões que chegam por essas vias e podem ser ulteriormente elaborados e examinados; em contrapartida, dificilmente materiais encontráveis por outras vias conseguem chamar a atenção dos produtores. Como se vê, na informação que por não ser pressionada pela urgência da crônica poderia ser mais aprofundada e ampla, as "restrições" também são consistentes e influentes. Desse modo, as produções de informação vinculam-se novamente "à cultura existente dos meios de comunicação de massa, assegurando, assim, a continuidade e a homogeneidade à visão de mundo apresentada" (Elliott, 1972, p. 146).

1981, p. 82). Uma primeira definição de *fonte* identifica com esse termo todas "as pessoas que o jornalista observa ou entrevista [...] e as que fornecem apenas as informações de base ou as ocasiões para uma notícia [...]. A característica mais saliente das fontes é que elas fornecem informações enquanto membros ou representantes de grupos (organizados ou não) de interesse ou de outros setores da sociedade" (Gans, 1979, p. 80).

As possíveis classificações das fontes são muito diferentes, conforme o parâmetro a que se faz referência: por exemplo, podem-se distinguir as fontes institucionais das oficiosas, ou as estáveis, opostas às fontes provisórias; uma categorização diferente separa as fontes ativas das passivas, conforme o grau de uso e o tipo de relações que se institui entre fonte e aparato de informação. Fontes centrais, territoriais e fontes de fase são categorias definidas não apenas pela localização espacial dessas fontes, mas também pelo tipo de utilização que se faz em relação à relevância e à noticiabilidade dos acontecimentos (quanto a essas classificações, ver Cesareo, 1981).

O aspecto mais relevante é que a articulação da rede das fontes não é absolutamente casual ou arbitrária:

> *embora a idéia de que os jornalistas transmitem a informação das fontes ao público sugira um processo linear, na verdade o processo é circular, complicado ulteriormente por um amplo número de efeitos circulares de retorno [...]. Na realidade, fontes, jornalistas e público coexistem num sistema que se assemelha mais a um jogo de puxar a corda do que a um organismo funcional inter-relacionado. De todo modo, as competições para ver quem consegue puxar a corda para o seu lado são resolvidas com a força: e* as notícias são, *entre outras coisas,* "o exercício do poder sobre a interpretação da realidade" (Schlesinger, 1972, p. 4), (Gans, 1979, p. 81).

Por conseguinte, nem todas as fontes são iguais e igualmente relevantes, assim como o acesso a elas e seu acesso aos jornalistas não são distribuídos de maneira uniforme.

Os estudos sobre o *newsmaking* tornaram esse ponto suficientemente claro e incontrovertível: a rede de fontes que os aparatos de informação estabilizam como instrumento essencial para o seu funcionamento reflete, de um lado, a estrutura social e de poder existente e, de outro, organiza-se na base das exigências colocadas pelos procedimentos de produção. *As fontes que se encontram às margens dessas duas determinações muito dificilmente podem influir de maneira eficaz na cobertura informativa.*

"Aqueles que possuem o poder econômico ou político podem facilmente obter acesso aos jornalistas e são acessíveis a eles; quanto aos que não têm poder, é mais difícil que se tornem fontes e sejam procurados pelos jornalistas enquanto suas ações não produzirem acontecimentos noticiáveis, por serem moral ou socialmente negativos" (Gans, 1979, p. 81). Por sua vez, essa estruturação das fontes contribui para reforçar a ideologia da notícia como fato excepcional, ruptura da norma, desvio.

É possível tentar definir as causas da "distorção" na estrutura das fontes, ou seja, as razões que *em múltiplos níveis* premiam sistematicamente algumas fontes e constantemente prejudicam outras.

Se aceitarmos a imagem de Gans, segundo a qual "a relação entre fontes e jornalistas assemelha-se a uma dança, com as fontes que buscam acesso aos jornalistas e estes que buscam chegar às fontes" (Gans, 1979, p. 116), podemos observar que a dança, na maioria das vezes, é conduzida pelas fontes. Do ponto de vista do interesse da fonte em encontrar acesso aos jornalistas, os fatores relevantes parecem ser quatro: *a.* os incentivos; *b.* o poder da fonte; *c.* sua capacidade de fornecer informações fidedignas; *d.* sua proximidade social e geográfica dos jornalistas (Gans, 1979).

Dentre os quatro, o fator determinante é o terceiro, enquanto os outros são complementares. A capacidade de fornecer informações fidedignas é maior para as instituições, organizações ou aparatos que podem programar sua atividade a fim de satisfazer a necessidade contínua da mídia de ter eventos para cobrir com prazos estabelecidos em precedência (portanto, de maneira que possa organizar racionalmente a distribuição dos meios e recursos disponíveis).

"Uma vantagem semelhante torna-se ainda maior para os organismos que podem dispor tanto de porta-vozes, cujas declarações sejam noticiáveis, quanto de fontes que se façam disponíveis com um breve aviso prévio aos jornalistas, fornecendo-lhes em tempo as informações de que precisam, sem que isso lhes custe alguma coisa" (Gans, 1979, 122). As fontes que respondem a esses requisitos organizacionais da mídia são, obviamente, as ligadas a instituições, órgãos oficiais, grupos de poder etc.

Do ponto de vista da oportunidade e da conveniência do jornalista de servir-se de uma determinada fonte, a relação é centrada em alguns fatores correlacionados entre si e destinados sobretudo à eficiência, ou melhor, à necessidade de concluir um produto informativo dentro de um período fixo e intransponível, com meios limitados à disposição.

Esses fatores são: *a.* a oportunidade que se revelou anteriormente; *b.* a produtividade; *c.* a fidedignidade; *d.* a confiabilidade; *e.* a respeitabilidade (Gans, 1979).

A conveniência mostrada precedentemente refere-se ao fato de que as fontes que em outras ocasiões forneceram materiais fidedignos têm boa probabilidade de ainda ser usadas, até se tornarem fontes regulares.

Em contrapartida, a produtividade concerne às razões pelas quais normalmente prevalecem as fontes institucionais: estas fornecem os materiais suficientes para confeccionar as notícias, permitindo, assim, aos aparatos que não precisem mais se dirigir a muitas fontes para obter os dados ou os elementos necessários.

A produtividade relaciona-se não apenas ao tipo e à qualidade de materiais que uma fonte tem condições de fornecer, mas também à necessidade do aparato de limitar – em igualdade de condições – o número das fontes a serem consultadas (a fim de evitar custos muito elevados e tempos muito dilatados).

As fontes oficiais tendem a obtemperar, melhor do que as outras, a essas necessidades organizacionais das redações.

O fator da fidedignidade está ligado à observação precedente: do ponto de vista dos jornalistas, as fontes devem ser fidedignas, de modo que a informação fornecida exija o mínimo possível de controles. Caso contrário, a notícia deveria ser verificada com base em pelo menos duas fontes diferentes entre si, mas se a informação puder ser explicitamente atribuída a uma fonte o problema da fidedignidade passa do jornalista à fonte explicitamente citada na notícia. Do ponto de vista dos procedimentos de produção jornalísticos, as fontes estáveis, institucionais, acabam assumindo uma fidedignidade adquirida com o tempo e igualmente tornada rotineira.

A confiabilidade ou credibilidade é um fator substitutivo do precedente: se a fidedignidade da história não puder ser atestada com rapidez, o jornalista tenta basear-se na credibilidade da fonte, na sua honestidade. "Muitas vezes, os jornalistas têm dificuldade em avaliar a credibilidade das suas fontes. Aquelas com que possuem contatos freqüentes podem ser avaliadas no decorrer do tempo, e esta é outra razão pela qual eles preferem fontes estáveis. Quando não podem conhecer suas fontes e devem, portanto, basear-se apenas em sensacionalismos, usam outros indicadores. Fontes que cooperam com os jornalistas e os tratam com cordialidade provavelmente são usadas mais do que as outras [...]; fontes em posição de autoridade formal são consideradas mais confiáveis do que outras; além disso, os jornalistas aplicam profissionalmente os mesmos critérios que os indivíduos usam no dia-a-dia, atribuindo maior confiança às pessoas semelhantes a eles" (Gans, 1979, p. 130).

O fator da respeitabilidade está relacionado ao procedimento pelo qual, igualmente a outros elementos, os jornalistas preferem fazer referência a fontes oficiais ou colocadas em posições institucionais de autoridade: "Pressupõe-se que elas são mais confiáveis, simplesmente porque não se podem permitir mentir abertamente, e também são consideradas mais persuasivas, uma vez que as suas ações e opiniões são oficiais" (Gans, 1979, p. 130). Além disso – em relação aos valores/notícia da "importância" do "caráter exaustivo" e do "equilíbrio" –, essas fontes parecem necessárias, uma vez que representam o ponto de vista oficial sobre as questões controversas.

Articulada por categorias, a imagem da relação com as fontes pode indubitavelmente ser mecânica e rígida: na realidade, não é assim que ocorre, e as interações são muito complexas e indiretas. Embora a estrutura de fontes que um aparato cria para si mesmo condicione intensamente o tipo de informação que produz, "entre as fontes e os aparatos de confecção existe um espaço de descontinuidade. E é nesse ponto que ainda hoje assume grande importância a *contratação*, como fase qualificadora do processo de produção da informação. De fato, em linha teórica, os aparatos de confecção podem descartar uma fonte estável, podem tentar forçá-la, podem constituir novas fontes, ativar fontes 'de fase' e 'eventuais', podem tentar obter de uma fonte um determinado tipo de material informativo em preferência de outro" (Cesareo, 1981, p. 95). Esse aspecto repropõe – no que diz respeito a fontes – a hipótese sobre a noticiabilidade de um acontecimento como resultado de um processo de negociação, em que múltiplos fatores correlacionados entre si encontram um ponto de "acordo", de equilíbrio, que pode variar conforme alguns outros fatores.

Com respeito às fontes, o predomínio (fundado de modo organizacional e profissional) das oficiais, institucionais e estáveis é *atenuado* por procedimentos que, vez por outra, "ajustam" a tendência principal, modificando-a ou equilibrando-a. A realização prática desse processo pode variar muito, visto que os critérios que o determinam são numerosos, hierarquizados entre si e flexíveis, embora acabem gerando hábitos e rotinas consolidadas. Um exemplo são as modalidades de relação que os jornalistas instauram com as próprias fontes, a maneira como se relacionam com elas e as conseqüências delas derivadas sobre a informação produzida. Quanto a esse ponto, as pesquisas em *newsmaking* também modificaram uma certa mitologia profissional, que tende a dar uma imagem linear, neutra e transparente da passagem de conhecimentos entre a fonte, o jornalista e o leitor.

Na realidade, a relação é mais complexa, e as mediações, significativas. A esse propósito, é pertinente a distinção entre jornalistas especializados (por tema ou argumentos tratados, por território ou instituição cobertos) e jornalistas não-especializados, uma vez que eles entram em contato com as fontes, contando com uma bagagem diferente de conhecimentos estruturados sobre o acontecimento a ser noticiado, e também a qualidade do contato é diferente.

Normalmente, os jornalistas especializados desenvolvem relações estreitas e contínuas com as próprias fontes, que acabam se tornando fontes pessoais, quase informantes que mantêm os cronistas atualizados, fornecendo-lhes indiscrições, notícias reservadas. Desenvolve-se, portanto, uma relação quase simbiótica de obrigações recíprocas entre fonte e jornalista especializado: isso simplifica, mas, ao mesmo tempo, complica o trabalho, uma vez que o custo de perder um tipo semelhante de fonte torna-se mais alto, levando o jornalista, mais cedo ou mais tarde, a uma dependência mais ou menos consciente, justificada pela produtividade da própria fonte. No jogo de puxar a corda, o poder tende a ficar do lado dessas fontes: "Muitas vezes, os correspondentes têm de calcular custos e desvantagens de entrar em conflito com suas fontes por causa de uma notícia, decidindo se devem publicá-la ou não, a fim de manter a relação íntegra" (Gans, 1979, p. 134).

Os jornalistas não-especializados, aqueles que devem se ocupar todos os dias com acontecimentos muito diferentes entre si, sem poder se aprofundar numa especialização precisa, desempenham o trabalho sem conhecimentos precedentes sobre a sua atribuição. Além disso, falta-lhes tanto um conhecimento aprofundado das fontes a que recorrem, quanto o tempo para desenvolvê-lo: de um lado, essa contingência os libera das relações complexas de conveniência recíproca, a que se fez menção a propósito dos jornalistas especializados. De outro, esse contato casual e episódico com as fontes incide sobre seu modo de observar os acontecimentos, sobre a informação que exigem das fontes, sobre as notícias que delas extraem. "A menos que os cronistas tenham sido instruídos a entrevistar pessoas específicas, em geral eles aplicam os critérios relativos às fontes. Não conhecendo as pessoas e as atividades com que se devem ocupar, naturalmente recorrem às fontes respeitáveis, cuja produtividade e credibilidade é pressumida [...]. Quando os cronistas estão observando alguma atividade, acrescentam também à lista das fontes outros cronistas. Sempre que eu acompanhava os cronistas na preparação de seu texto, eles passavam a maior parte possível do tempo com colegas" (Gans, 1979, p. 138). Essa prática (chamada de "fraternização") é destinada a reduzir toda ambigüidade ou incerteza possíveis sobre as informações a serem obtidas e é acompanhada pelo procedimento de se dirigir (entre os participantes de algum tipo de atividade) aos expoentes mais importantes. A pesquisa em *newsmaking* feita por Fishman (1980) salienta "o caráter burocrático exclusivo daquilo a que os cronistas regularmente se expõem. Sem exceção, somente organismos e grupos formalmente constituídos são os terminais de rotina da coleta de informação. Quer esses grupos se componham de associações de vizinhos ou de agências federais, o cronista se confronta com uma estrutura de atividades e de informações já constituída e sistematicamente organizada" (1980, p. 49).

> *A resistência aos contatos com fontes que não sejam oficiais ou com colegas não deveria surpreender. Os cronistas não têm tempo de desenvolver contatos com fontes que não sejam conhecidas e de passar pela rotina que faz com que estranhos se tornem informantes [...]. Além disso, essas fontes estranhas talvez forneçam informação que não pode ser verificada, criando, assim, alguma incerteza. Mas talvez ainda mais importante seja o fato de que essas fontes não-familiares podem fornecer dados novos ou contraditórios, o que testa rigorosamente a capacidade do cronista de generalizar e sintetizar [...]. Mas os cronistas não-especializados têm um motivo ainda mais relevante para praticar a limitação dos dados em sua posse. Conseguindo desenvolver sua tarefa com poucos conhecimentos precedentes, têm um exíguo repertório de possibilidades interpretativas disponíveis, que pode facilmente desmoronar sob o peso de um excesso de informações, tal-*

vez até contrastantes; além disso, têm à disposição pouco tempo para refletir a respeito da informação coletada, antes de terminar sua tarefa e passar para a notícia seguinte (Gans, 1979, p. 139)[13].

Um conjunto de razões – em parte ligadas diretamente aos ritmos de trabalho, em parte vinculadas à forma do profissionalismo, em parte inerentes a valores culturais compartilhados – influencia, portanto, o mecanismo pelo qual as fontes "não-certificadas" tendem a ser sub-representadas, quando não chegam até mesmo a ser sistematicamente negligenciadas.

Em suas múltiplas motivações, este é, indubitavelmente, um dos nós que provocam a distorção estrutural e sistemática da informação. Sendo assim, esta pode ser atribuída não a determinações ideológicas simplistas ou a manipulações conscientemente perseguidas, e sim a um conjunto interligado de causas, cuja lógica principal pode ser reconstruída, mas cuja caracterização de uma ordem de prioridades é muito mais difícil de ser realizada. Mesmo porque as "deformações" relativas às fontes não agem separadamente, mas reforçando-se com base nas ativadas pelos valores/notícia e também sendo reforçadas por elas, pelo aprendizado e pela socialização profissionais, pela organização do trabalho. Não se deve esquecer o fato de que uma fonte importante para os jornalistas é também o seu próprio consumo de outros meios de comunicação: esse consumo é significativo, em primeiro lugar, porque "fornece um mecanismo de reforço, mediante o qual elementos presentes

---

13. É bastante interessante notar como sobre esse ponto as interpretações fornecidas pelo que é externo à profissão divergem das vividas em seu interior. Segundo os jornalistas, a forte ligação com a especialização faz com que se tenda a lidar somente com a própria área, a cair numa linguagem especializada, deixando de estabelecer nexos entre fatos específicos e o contexto mais genérico, que produz algum sentido para eles. Denuncia-se, ainda, o perigo de se tornar uma caixa de ressonância das fontes e de perder "aquela curiosidade e o frescor diante dos problemas e dos acontecimentos que são considerados como garantidos apenas por uma abordagem não-especializada" (Bechelloni, 1982, p. 168).

na agenda de um meio provavelmente são também assumidos pelos outros meios, assegurando, desse modo, um acordo geral, difundido e aproximativo sobre a seleção das notícias. Em segundo lugar, esse consumo é uma fonte de modelos e de abordagens para a produção de informação, que, em geral, sustenta a tendência à homogeneidade. Em termos gerais, muitas vezes o rádio parece ser a principal fonte para a agenda, enquanto no que se refere aos jornalistas televisivos os jornais são a fonte mais relevante para os valores/notícia e os modelos de profissionalismo" (Golding-Elliott, 1979, p. 188).

A pesquisa sobre modelos de produção da informação evidencia, portanto, que "os meios com os quais as fontes obtêm acesso aos jornalistas, as considerações relativas às fontes e as relações entre os cronistas e as suas fontes são elementos que se sustentam reciprocamente na *criação de um modelo cumulativo, por meio do qual os jornalistas são colocados em contato repetidas vezes com um número limitado de fontes sempre do mesmo tipo*" (Gans, 1979, p. 144) [grifo meu][14].

Se se alargar o âmbito da pesquisa, partindo-se da análise da informação cotidiana para a dos programas jornalísticos de atualidade, pode-se observar um andamento análogo: o uso de certas fontes é um componente essencial para compreender o conteúdo dos programas que geralmente confirma pontos de vista já amplamente difundidos e socialmente aceitos. Do mesmo modo que ocorre com a informação cotidiana, ao se determinar a rede das fontes contam menos as questões ideológicas prévias do que as

---

14. Para provar que esse modelo cumulativo transforma as funções institucionais e oficiais em fontes estáveis, o estudo de Sigal, baseado no *Washington Post* e no *New York Times*, a respeito da relação simbiótica entre correspondentes e equipe de governo, mostra que, na origem de 2.850 notícias internas e externas publicadas nos dois jornais, em 78% dos casos havia uma fonte de tipo governista, em 17% a fonte era representada por estrangeiros e americanos fora da administração, em 3% a fonte era constituída de outros aparatos de informação (Sigal, 1973). A pesquisa de Sigal é centrada na hipótese de que a distorção implícita na cobertura das notícias está ligada às relações institucionalizadas entre jornalistas no aparato, entre jornalistas e suas fontes e, por fim, entre os correspondentes em concorrência entre si.

necessidades de produção e os procedimentos organizacionais: no entanto, diferentemente do que se disse acima, na produção de programas jornalísticos de atualidade parecem prevalecer as fontes individuais, contactadas por meio de uma pessoa conhecida, embora muitos dos motivos que conduzem a esse resultado sejam os mesmos da informação cotidiana[15].

Sem enfatizar além da medida a importância das fontes na confecção da informação, creio, porém, que as observações expostas até o momento expliquem de modo suficiente a sua relevância e a sua influência sobre o conjunto do processo de produção.

3.5.3 As agências

Este item concerne sobretudo ao papel das agências no ciclo de produção da informação cotidiana; por outro lado, não são levados em conta outros aspectos, como o nascimento das agências, sua organização interna, sua difusão, a respeito dos quais se remete, em particular, a Boyd Barrett-Palmer, 1981; Robinson, 1981; Lepri, 1982.

Sem dúvida, as grandes agências de imprensa, supernacionais ou nacionais, constituem a "fonte" mais conspícua de materiais noticiáveis: "Ignorar ou planificar sua função, pretendendo que elas estejam realmente no mesmo nível das fontes,

---

15. Por exemplo, como em geral o produtor não possui um conhecimento muito preciso do tema do programa, sente a necessidade de obter esse conhecimento em pouco tempo, de modo sintético e *fidedigno*: isso faz com que seja necessário recorrer a alguém em que possa confiar. Além disso, contatos formais podem requerer mais tempo e um conhecimento exato de quais caminhos são mais fáceis de percorrer para obter os contatos apropriados; por outro lado, um contato pessoal com a pessoa adequada abrevia os tempos e elimina complicações. Desse modo, o produtor também pode ter um confronto imediato, se o que obtém da fonte é adequado aos seus objetivos. Por fim, a capacidade de ter e usar esses contatos pessoais é um componente importante da habilidade profissional do papel de produtor e, como tal, é muito "cultivada", mostrando-se, portanto, mais vinculadora como canal de pesquisa do que o material necessário para produzir o programa (Elliott, 1972).

equivale a cortar uma fatia consistente do processo de mediação que separa as redações dos jornais (impressos ou radiotelevisivos) do movimento do real" (Cesareo, 1981, p. 82). Além disso, o problema não concerne apenas à dimensão quantitativa, mas apresenta também aspectos qualitativos de notável interesse.

A informação cotidiana (especialmente radiotelevisiva) é cada vez mais e necessariamente uma informação de agência, na qual o núcleo fundador é constituído justamente por essas fontes "anônimas", que nos noticiários e nos jornais raramente aparecem como origem efetiva do que é comunicado[16]. Em sua pesquisa comparativa sobre as organizações televisivas suecas, irlandesas e nigerianas, Golding-Elliott definem três aspectos significativos, ligados ao uso das agências: em primeiro lugar, não obstante as diferenças de avaliação sobre a fidedignidade e a credibilidade de cada uma das grandes agências supernacionais (Associated Press, United Press International, americanas; Agence France Presse, francesa; Reuter, inglesa; Tass, soviética), as agências constituem e são consideradas fontes literalmente insubstituíveis, que não se podem dispensar por motivos econômicos (e é justamente de uma lógica econômica que derivam a origem e o desenvolvimento das agências). "O custo dos correspondentes no exterior é infinitamente mais elevado do que a filiação a uma agência [...]; para os aparatos de informação mais fracos, as despesas com os correspondentes externos estão além das suas possibilidades econômicas. Para esses aparatos, os serviços regionais das agências

16. Obviamente, a possibilidade de um uso imediato da comunicação de agência em forma de notícia é bastante presente nos critérios que regulam a redação dos textos de agência, como se pode ver a partir da seguinte observação: "Todo texto é estruturado no chamado 'chapéu', em que – conforme ditam as regras do jornalismo – são sintetizados o compêndio das informações e as suas fontes, e prossegue com uma lógica que privilegia a concisão dos conteúdos e dos períodos, aprofundando suas estruturas e fornecendo a documentação das diversas informações, porém sem aquelas 'divagações' que impediriam, por sua vez, confeccionar um produto jornalístico claro e, sobretudo, pronto para a publicação nas colunas de um jornal sem a necessidade de retoques ou de sínteses ulteriores" (Delli Colli, 1978, p. 5).

[...] são a única fonte possível de notícias do exterior" (Golding-Elliott, 1979, p. 104).

Essa primeira conveniência econômica transforma-se, porém, num outro elemento que aumenta a significatividade das agências. Seu uso, difundido em todo o mundo, acaba determinando uma forte homogeneidade e uniformidade sobre as definições daquilo que faz notícia. Dentre os eventos, acabam por ser considerados noticiáveis os que as agências noticiam. Sob as diferenças peculiares das culturas, das ideologias, dos âmbitos de difusão da informação, dos próprios meios de comunicação, permanece um substrato comum, definido justamente pelos critérios de noticiabilidade que essas "fontes" contribuem para difundir. Um exemplo pode ser encontrado na análise comparada das avaliações sobre a noticiabilidade, fornecidas por jornalistas americanos e indianos: a semelhança é quase total (Chaudhary, 1974).

"A seleção pode ser feita apenas a partir do material disponível [...]. A uniformidade é inevitável, uma vez que três ou quatro agências fornecem a base para a cobertura das notícias externas em qualquer redação de todo o mundo. Em nenhum outro lugar a tirania do fornecimento é tão clara como nessa dependência" (Golding-Elliott, 1979, p. 105). O segundo elemento de significatividade se refere, portanto, ao reforço dos critérios de noticiabilidade, provocado pela função insubstituível das agências transnacionais, para além das diferenças entre os diversos organismos de informação. A esse propósito, por exemplo, em 1978, a UPI tinha 7.079 filiados, dos quais 2.246 eram estrangeiros, espalhados por 92 países; a AP chegava a ter um total de 8.500 "clientes", declarava 4.515 filiados estrangeiros, distribuídos em 103 nações (Boyd Barrett-Palmer, 1981).

Em contrapartida, o terceiro elemento consiste no fato de que "a cobertura das agências alerta as redações a respeito dos acontecimentos que ocorrem no mundo, e é com base nesse conhecimento que as redações constroem a própria cobertura. Desse modo, os aparatos que têm condição de enviar os próprios correspondentes para cobrir as notícias do exterior também dependem da seleção das agências, na escolha das notícias a serem 'cobertas por conta própria'. As agências funcionam, então, como um primeiro sinal de alarme para as redações, cuja ação é determinada pelo controle das comunicações" (Golding-Elliott, 1979, p. 105).

Na raiz da maioria das notícias que consumimos cotidianamente, encontram-se, portanto (direta e indiretamente), as agências: do mesmo modo que para outras fontes, para estas também os jornalistas possuem critérios e avaliações de fidedignidade e respeitabilidade, que se refletem nas modalidades de uso e nos procedimentos de controle sobre as notícias de agência. "Até tempos relativamente recentes, as redações da BBC aplicavam a regra conhecida como 'das duas agências', que rigidamente prescrevia que nenhum serviço podia ser considerado confirmado se não aparecesse independentemente nas comunicações de duas agências. A regra pouco a pouco caiu em desuso nos anos 70 e, sempre que surgem dúvidas, as notícias são dadas com a aplicação de uma formulação do tipo 'fontes não confirmadas afirmam...'" (Schlesinger, 1978a, p. 90). A elasticidade dos critérios de controle sobre a fidedignidade das notícias acaba por acentuar o "crédito" de que cada agência desfruta nas redações, o que, por sua vez, incide sobre as avaliações de noticiabilidade atribuídas aos acontecimentos relatados pelas agências. Nessas margens extremamente sutis, constituídas pela experiência passada, por funcionalidades práticas, por avaliações subjetivas e por inúmeros outros fatores, discriminam-se diversos graus de noticiabilidade: "Dentre as agências, a Reuter é constantemente citada como a fonte de 'qualidade' para as notícias externas, uma vez que não se comporta de maneira sensacionalista e é cuidadosa, o que faz, por conseguinte, com que seja preferida à UPI e à AP [...]. Um fator que provavelmente reforça essa convicção é a relação especial da BBC com essa agência: nos escritórios da Reuter, há uma pessoa encarregada da conexão, que se ocupa com os pedidos específicos para aprofundamentos ou seqüências de notícias. Das duas agências americanas, a AP parece ser ligeiramente preferida. Junto à concorrente UPI, é considerada normalmente como sendo 'boa no que concerne à América', ou 'boa pelas notícias insólitas'. Tanto a AP quanto a UPI são tidas como 'tempestivas' e 'sensacionalistas' [...]." A propósito das agências americanas, um redator declarou: "Podem ser usadas como 'fontes não-confirmadas', mas não como um 'fato real'" (Schlesinger, 1978a, p. 90). Observações análogas são citadas nos dados fornecidos por Golding-Elliott, segundo os quais a Reuter é julgada a agência mais confiável por 56% dos jornalistas suecos observados e entrevistados por eles, por 46% dos jornalistas irlandeses e por 48% dos nigerianos, enquanto às agências americanas é imputada a tendência ao exagero, a pressa excessiva em chegar a conclusões. Pode-se supor, portanto, uma espécie de reflexibilidade inerente ao uso das fontes em geral, inclusive em relação às agências: a experiência profissional precedente e o modo em que ela se sociabiliza na redação contribuem para determinar a noticiabilidade dos acontecimentos a que se referem as comunicações das agências e, ao mesmo tempo, a fidedignidade da própria agência: nesse círculo em que o uso de uma fonte baseia-se parcialmente na confiança nela, confiança que, por sua vez, aumenta e se estabiliza com o uso, a relevância efetiva dos acontecimentos acaba, em parte, por confundir-se com as exigências impostas pela organização do trabalho e com as soluções processuais dadas a elas.

Igual observação pode ser feita a propósito das agências que trocam material visual, os filmes transmitidos pelos noticiários televisivos.

O sistema de troca por meio da Eurovisione (EVN) cresceu de modo muito rápido, visto que constitui uma parte essencial da cobertura informativa, referente às notícias estrangeiras. Dos 1.106 itens trocados em 1962, passa-se a 3.601 em 1970 e, em 1976, a 6.353: "A partir de 1972, o número de redações que aceitam serviços durante as trocas é constantemente sólido em torno de uma média de 11,4 por item, *o que representa outro índice da uniformidade causada pelo jornalismo de agência*" (Golding-Elliott, 1979, p. 105) [grifo meu]. A partir do momento em que as diversas agências de serviços filmados, como a Visnews, a CBS ou a UPITN, trocam seus materiais por meio da Eurovisione, esta última se configura cada vez mais como a infra-estrutura técnica pela qual essas agências distribuem seus produtos aos aparatos televisivos europeus. Deve-se lembrar ainda que, graças à sua participação acionária na UPITN e na Visnews, a UPI e a Reuter encontram-se fortemente presentes também no campo da informação filmada (60% da Visnews pertence à BBC e à Reuter), enquanto a AP e a UPI possuem um serviço de distribuição de telefoto sem precedentes entre as outras agências. Desse modo, os protagonistas são sempre os mesmos[17].

Na troca dos serviços filmados, não são apenas as considerações dos custos a influir na decisão de adquirir ou não essas imagens: obviamente, também são pertinentes os valores/notícia, em particular o "frescor" do serviço, sua qualidade visual e seu caráter programável. Com efeito, a maior parte dos eventos, cujos filmes são trocados via EVN, refere-se a fatos institucionais, oficiais, previstos (por exemplo, viagens de estado, discursos, encontros, entrevistas coletivas etc.), ou seja, "os acessórios visuais do protocolo internacional" (Golding-Elliott, 1979, p. 166).

Muitos jornalistas e estudiosos criticam esse modo muito passivo e formal de produzir informação, no entanto – ainda mais do que para as agências – a lógica econômica que impõe o uso desse serviço e desses materiais é muito coerciva e férrea. Porém ela não é o único fator: uma influência mais indireta e mediata, mas ao final muito relevante, é exercida no sentido de que o uso dos serviços filmados que são trocados por meio da EVN (centrados como são, sobretudo em eventos ofi-

---

17. Há tempos, as agências também estão ampliando o próprio mercado por meio da diversificação dos serviços oferecidos e do relativo uso. Por exemplo, a Reuter, que se autodefine a maior agência de elaboração e distribuição de notícias do mundo, atualmente lançou um serviço de banco de dados com base em câmbios, divisas, valores e mercadorias. Em geral, o conjunto de problemas relativos ao fluxo de comunicação entre os diversos blocos de países e à ordem internacional do sistema da comunicação é objeto de uma bibliografia muito vasta, que atingiu seu ápice com a relação MacBride, organizada pela Unesco. Disponíveis em tradução italiana, entre outros, ver justamente MacBride, 1980, e Gerbner, 1977.

ciais e programáveis) tende a reforçar os valores/notícia e alguns requisitos de produção (a previsibilidade dos acontecimentos e dos materiais filmados a serem trocados), acentuando, em última instância, alguns traços da distorção de informação (a fragmentação, o destaque para as elites, a personificação).

A direção do fluxo de trocas dos serviços filmados reproduz o desequilíbrio que caracteriza a distribuição das agências de imprensa. Por exemplo, chegam a quase 1.750 os serviços filmados que foram transmitidos via satélite entre 1971 e 1975, da Europa para a América Latina, enquanto, na direção contrária, a cifra se confirma em aproximadamente 30 por ano. No biênio 1976-1977, dos serviços filmados da atualidade, produzidos pela Eurovisione, 30% provinha da América Latina, do Oriente Médio, da África e da Ásia (metade desses 30% era ocupada pelo Oriente Médio e pela problemática do petróleo), cerca de 57% provinha da Europa, as categorias de notícias apresentam 61% dedicado à política, 27% ao esporte, 12% de informação geral e 6% de notícias econômico-sociais (Boyd Barrett-Palmer, 1981).

A distorção de informação pode chegar até a prática de escolher um determinado serviço filmado, tentando depois "colar" neles as comunicações de agência que tenham alguma relação com o argumento do filme: "A disponibilidade do filme torna-se, assim, a primeira determinante para a seleção de uma notícia" (Golding-Elliott, 1979, p. 110). Obviamente, a relevância desse procedimento não está na questão de ser um fato isolado e dificilmente repetível, mas, ao contrário, está em representar uma solução rotineira dos problemas de "confecção" do noticiário, acentuando, nesse caso, a proeminência dos valores/notícia referentes ao meio em relação aos substanciais.

Como conclusão, pode-se dizer que tanto as agências de notícia quanto as de serviços filmados enfatizam mais a tendência à programação do trabalho (para cobrir acontecimentos já previstos) do que o jornalismo de pesquisa, de "descoberta" dos fatos, de aprofundamento dos eventos e de seus contextos.

3.5.4 O memorando

Diário, agenda, memorando (*diary* ou *day-book*): esse instrumento e a função a que se destina no ciclo de produção não são bem vistos pelos jornalistas (ou, pelo menos, pela sua mitologia profissional). Representam quase o oposto da imagem que a profissão fornece de si mesma e atribuem ao jornalista uma função passiva de cotejador de fatos previstos, que vencem antecipadamente. "A profissão de jornalista é um papel que se diria construído sobre uma espécie de paradoxo funcional. Por um lado, trata-se de uma profissão cognitiva, que requer o máximo de especialização na relação direta e desprovida de mediações com o que consideramos 'realidade', o grande mundo dos acontecimentos, a fonte do imprevisto, o horizonte externo do contexto em que vivemos. Mas, por outro lado, a própria organização dessa especialização, orientada para a 'realidade', conduz inevitavelmente à criação de um ambiente funcional, que se encontra entre os mais 'artificiais' e 'separados' que a sociologia das profissões conhece: o pequeno mundo da *newsroom*, em cuja atmosfera *smoke-filled* o jornalista passa quase a totalidade do seu tempo de trabalho, lado a lado [...] com os próprios colegas" (Marletti, 1983, p. 218).

Ou então, como diz de outro modo Elliott, "o jornalismo assemelha-se mais à agricultura intensiva do que à caça ou à coleta" (Elliott, 1979, p. 66).

Se os estudos sobre *newsmaking* enfatizaram, em sua totalidade, esse procedimento na coleta de notícias, é porque esta é parte integrante da rotina organizada e mostra, simultaneamente, em que tipos de acontecimentos se concentra a representação do mundo, fornecida pela informação de massa.

O memorando (nas suas diversas formas e características organizacionais)[18] é formado essencialmente pela agenda que

---

18. Uma forma particular de memorando é constituída pelo Day Book, que é a agenda dos fatos do dia, fornecida pelas agências de imprensa: "O Day Book, mantido pela Associated Press e pela United Press International, passou todos os dias para os meios de comunicação filiados. Ele elenca o que está previsto para acontecer naquele dia, de modo que a redação pode decidir

enumera, dia após dia, os eventos que acontecerão e cuja noticiabilidade é, em grande parte, dada por conhecida. Trata-se, obviamente, de acontecimentos previstos por tempo, fixados antecipadamente na agenda: em sua maior parte, portanto, são fatos que entram na esfera político-institucional-administrativa ou judiciária e permitem aos aparatos de informação organizar, com certa antecedência, o próprio trabalho.

> *O diário é um documento-chave em toda redação. Ele registra os acontecimentos programados, que automaticamente merecem ser cobertos devido à sua indubitável importância pública [...]. Num certo sentido, a composição do diário corresponde a uma produção antecipada de notícias, com a diferença de que se baseia no simples conhecimento de que certos acontecimentos ocorrerão, e não na observação do seu desenvolvimento. O memorando é a encenação implícita das notícias. O conteúdo varia desde os eventos formais da política (visitas oficiais, coroações, eleições, vencimentos legislativos etc.) até as ocasiões culturais, religiosas, sociais ou esportivas (a entrega dos prêmios Nobel, o fim do Ramadã etc.) [...]. A atitude negativa em relação às notícias de memorando é difundida, mostrando que a sua persistência se deve a imperativos organizacionais mais fortes do que a postura ou as preferências dos jornalistas. Esses imperativos são constituídos pelas* definições estáveis dos eventos noticiáveis *e pela necessidade de pré-programar o máximo possível dentro dos procedimentos essencialmente complexos* (Golding-Elliott, 1979, p. 93).

A tendência a inserir no noticiário uma quota crescente de eventos de memorando é reforçada com a atualização tecnoló-

---

se cobre ela mesma o evento ou se usa as agências. As empresas de Relações Públicas tentam inserir no Day Book os acontecimentos que estão promovendo, a fim de garantir as coberturas por parte dos meios de comunicação filiados às agências" (Tuchman, 1978, p. 20).

gica na produção da informação cotidiana. Quanto mais caros forem os equipamentos, mais o seu uso deve ser rigidamente programado, a fim de evitar tempos mortos ou subutilizações que seriam economicamente contraproducentes. Sendo assim, se de um lado as novas tecnologias eletrônicas no campo da informação permitem mais conexões "ao vivo", menores custos de elaboração e maior "agilidade" no próprio local, de outro, porém, seu emprego e seu uso tendem a ser previstos e organizados com mais rigor, de modo que novas restrições acabam se impondo sobre a possível "abertura" da cobertura informativa.

"A tecnologia de microondas, por exemplo, representa um investimento financeiro que necessita de um uso programado e previsto, a fim de maximizar o uso cotidiano do equipamento. Infelizmente, uma programação rígida minimiza a disponibilidade dessa aparelhagem para 'coberturas imediatas'. Por conseguinte, fatores econômicos e a necessidade de organização do trabalho podem limitar a capacidade do aparato de atingir seus objetivos" (Bantz-McCorkle-Baade, 1981, p. 369).

Assiste-se, portanto, ao fenômeno pelo qual as redações jornalísticas, do ponto de vista tecnológico, encontram-se cada vez mais preparadas para dar informações em tempo real, mas sobre um número de argumentos, temas e assuntos cada vez mais previamente delimitado. Maior articulação do aparato, especialização tecnológica, complexidade burocrática e "fragilidade" do próprio aparato em relação ao fluxo da realidade são fenômenos e tendências que se complementam.

Por outro lado, a relação entre o aperfeiçoamento tecnológico e a necessidade de programar o trabalho reflete-se diretamente na escolha das fontes, reforçando, assim, por sua parte, a influência das fontes que permitem organizar melhor o trabalho do aparato: trata-se, evidentemente, das fontes institucionais, estáveis, presumivelmente fidedignas, funcionais para as rotinas de produção das redações. O conjunto desses elementos contribui para uma tendência geral à *estabilidade* da cobertura informativa, e também para a falta de flexibilidade por parte dos aparatos, tendência que o uso do memorando ilustra bem.

"Todos os dias, a produção de informação não começa do zero. Já de manhã, a cobertura de muitas histórias internas e externas está em curso. [Na redação da BBC], por exemplo, 'questões industriais', 'cobertura da Irlanda do Norte', 'entrevistas coletivas de ministros', 'cobertura judiciária', e assim por diante, são os tipos de notícias de memorando que são cobertas automaticamente [...]. Na redação do rádio, o diário é compilado para ser distribuído às oito horas, após o turno da noite, usando várias fontes: há documentos da BBC relativos à programação a longo prazo, dos quais são selecionadas as notícias pertinentes para aquele dia; há o diário enviado pela Press Association para a comunicação de agência durante a noite; existem os vários comunicados impressos, enviados por ministérios e outras instituições; existem os jornais que podem trazer uma notícia que mereça ser acompanhada. Na redação televisiva, em que o trabalho termina à meia-noite, o diário é preparado nas últimas horas da noite anterior e os acréscimos são feitos na manhã seguinte [...]. Um elemento específico do diário televisivo é a referência ao tratamento visual das histórias, por exemplo, se o serviço filmado deve aparecer com ou sem o som" (Schlesinger, 1978a, pp. 57, 66).

O estudo do modo como é programada a atividade informativa evidencia também outra fase, que Schlesinger chama de *advanced diary*: este é compilado das fontes-padrão, usadas para o memorando, e relata os eventos previstos e a sua data. É dividido em categorias *que indicam expectativas estáveis daquilo que provavelmente fará notícia*. "A lista dessa agenda consiste em notícias potencialmente transmissíveis para o mês seguinte. É dividida por continentes e subcontinentes, e em cada seção são elencadas as notícias a serem acompanhadas ou de provável interesse" (Schlesinger, 1978a, p. 70).

Duas últimas observações deveriam esclarecer adequadamente a importância desse instrumento de coleta dos acontecimentos noticiáveis e a sua influência no tipo de acontecimento efetivamente noticiado: Schlesinger defende que, segundo algumas estimativas, 95% dos materiais recolhidos no *advanced diary* são incorporados no memorando específico de um determinado dia, e que, em média, 70% são efetivamente usados, de um modo ou de outro, na produção dos noticiários, confirmando, assim, que grande parte da informação transmitida é planificada por tempo.

A segunda observação – sempre tirada dos exemplos de Schlesinger – concerne ao fato de que, nas discussões em fase de elaboração do *advanced diary*, avaliações sobre a relevância dos fatos previstos são estreitamente mescladas a considerações logísticas, organizacionais e técnicas, que, por sua parte, tendem a salientar de um lado as exigências processuais do aparato e, de outro, o valor visual potencial das prováveis notícias contidas na agenda semanal.

Como conclusão, pode-se dizer que os estudos e as pesquisas sobre *newsmaking* evidenciam, na fase de coleta, o seu componente crucial de programação, a forte importância da planificação.

> *Isso cria, habitualmente, uma agenda de notícias predizíveis, que fornecem a espinha dorsal das necessidades da produção de cada dia [...]. A maior parte das notícias é construída dentro de um quadro de expectativas estáveis, usadas para coordenar o deslocamento dos recursos existentes. No caso da televisão, em particular, essa planificação é muito importante, visto que existem necessidades técnicas [...] que tornam o fator "tempo" extremamente vinculador [...]. Uma das conseqüências mais relevantes da estrutura de planificação é que ela impede um jornalismo de pesquisa ou de escavação.* Os diários são agrupados por fontes que se encontram disponíveis a todos os meios de comunicação de massa [...]. Visto que os valores/notícia sobre as mesmas histórias são muito compartilhados, há uma tendência à homogeneidade (Schlesinger, 1978a, p. 79) [grifo meu].

Fragmentação na imagem da realidade social, semelhança no gênero de acontecimentos promovidos a notícia e limitação no tipo de fontes a que se recorre: como se tentou ilustrar até o presente momento, os elementos, os fatores e as causas que determinam essas características em cada fase de produção são múltiplos e ligados entre si.

3.6 A seleção das notícias

"A seleção e a forma dada ao material que chega à redação constituem o processo de conversão dos acontecimentos observados em notícias" (Golding-Elliott, 1979, p. 102). O material coletado pelos correspondentes, pelos enviados e pelos cronistas e que chega por meio das agências é reduzido a um certo número de notícias, destinadas à transmissão do noticiário ou à impressão do jornal. Na realidade, o afluxo do material da seleção já se encontra regulado e estabilizado de maneira mais consistente: os modos, os procedimentos e os hábitos que produzem essa regulação já constituem uma primeira forma relevante de seleção. De um lado, ela é funcionalizada para as necessidades de organizar racionalmente o trabalho, a fim de torná-lo rotineiro, de outro, também é congruente com o conjunto dos valores/notícia, que se destinam a tornar possível a parte restante de seleção dos acontecimentos.

Em outras palavras, não se pode explicar a seleção apenas como escolha subjetiva do jornalista (mesmo que motivada profissionalmente), mas é necessário vê-la como um processo complexo, que se desenvolve ao longo de todo o ciclo de trabalho, realizado por instâncias diferentes (das fontes a cada redator) e com motivações que não são todas imediatamente reconduzíveis à necessidade direta de escolher quais notícias difundir[19]. A observação vale também para os valores/notícia que, na realidade, não permeiam apenas o momento da seleção, mas um pouco de todo o processo de produção, inclusive as fases de confecção e de apresentação das notícias, nas quais são enfatizados justamente os elementos de relevância que determinaram a *newsworthiness* no momento da seleção. Muitas ve-

19. Sendo assim, evidentemente, o uso constante de certas fontes representa uma forma de seleção, mas é imputável diretamente a critérios diversos, como uma maior produtividade, a fidedignidade das próprias fontes, a impossibilidade de negligenciar certos setores etc. E, ainda, a escolha dos locais onde estabelecer os próprios correspondentes incide de modo relevante sobre quais notícias são selecionadas, mas essa escolha também é motivada por critérios não imediatamente reconduzíveis ao problema da seleção cotidiana.

zes, a escolha de um acontecimento *coincide* com a determinação de um "recorte" particular ou de um ponto de vista a partir do qual ele pode ser contado, noticiado.

Na seleção das notícias, sua relevância não é o único critério: "A necessidade de ser eficiente e a escolha de procedimentos que permitam a eficiência penetram nas fases da seleção e da produção [...]. Os critérios de relevância não existem apenas porque permitem a eficiência, mas mesmo assim se tornam relevantes porque também são eficientes [...]. Para os jornalistas, a eficiência existe para permitir a distribuição de três recursos escassos: a equipe, o formato e o tempo de produção. Os aparatos de informação devem ser eficientes, pois espera-se que forneçam ao público as notícias mais atualizadas em tempos preestabelecidos" (Gans, 1979, p. 282).

O processo de seleção das notícias pode ser comparado a um funil, no qual muitos dados são colocados e apenas um número restrito consegue passar pelo filtro: no entanto, pode-se compará-lo também a uma sanfona, visto que algumas notícias são acrescentadas, deslocadas, inseridas no último momento. "A lista inicial das notícias é longa, uma vez que muitas das histórias propostas acabam se revelando inadequadas. [...] Além disso, a lista contém histórias diferentes dos dias precedentes, ou que não puderam ser completadas por falta de tempo ou de informações suficientes. Ademais, a lista inclui sempre algumas 'notícias sem tempo', ou seja, não ancoradas num acontecimento específico e que, portanto, podem ser transmitidas quando se desejar [...]. A lista é intencionalmente preenchida por itens adiáveis, que podem ser eliminados para dar lugar às *breaking stories* (isto é, notícias imprevistas), as quais possuem prioridade absoluta na seleção das notícias [...]. Quando todas as propostas são apresentadas, passam a ser examinadas para chegar à primeira grade de programação [...]; esta ainda é longa, mas, a partir desse momento, os selecionadores terão efetuado as escolhas prioritárias e, portanto, sabem quais notícias provavelmente utilizarão [...]. O diretor e os chefes de redação ainda devem fazer uma escolha, que é a de determinar a notícia de abertura [...]. Por volta das 15h30min, o diretor e os chefes de redação sabem quais serviços foram filmados e a sua duração. Às 16h, aproximadamente, é preparada a primeira grade de programação das notícias do telejornal, que é distribuída à redação e à direção. São escolhidas as notícias de abertura, as imagens a serem utilizadas, a ordem em que devem aparecer, o tempo que cada notícia ocupa. Na CBS, o chefe de redação divide o programa em cinco segmentos internamente homogêneos, distintos um do outro, a fim de criar os 'espaços naturais' para os *spots* publicitários. Na NBC, a modificação do formato em quatro segmentos simplificou esse trabalho de divisão, uma vez que o terceiro segmento é composto de notícias de memorando, concernentes a toda a semana. Visto que estas são bastante longas para os padrões televisivos, na NBC sobram menos minutos à disposição para as notícias do dia do que na CBS: nesse sentido, a seleção ficou mais difícil. Por fim, é necessário que a duração total dos serviços e das notícias escolhidas perfaça 22 ou 23 minutos da duração do noticiário. Muitas vezes, a grade de programação é revista uma ou mais vezes. Pode ser modificada até as 17h30min, e notícias filmadas ou lidas podem ser inseridas, aproveitando-se os intervalos publicitários, enquanto o próprio noticiário vai ao ar" (Gans, 1979, pp. 109-12).

Para além das variações ligadas à diversidade do contexto e a diferenças organizacionais[20], essas são as etapas fundamentais em que se desenvolve a seleção das notícias.

Dessa fase, nada transparece no produto informativo acabado: as diversas restrições que pouco a pouco influenciam a escolha das notícias são canceladas por uma apresentação que intencionalmente se dá como "simples" relatório do que ocorreu no mundo nas últimas 24 horas (Altheide-Rasmussen, 1976). Por exemplo, todo o trabalho de pré-seleção, inserido na institucionalização do uso de certas fontes e não de outras, é "escondido" e passa despercebido. Somente uma abordagem que correlacione os conteúdos da cobertura informativa com os

20. Para duas pesquisas em *newsmaking*, desenvolvidas em âmbito italiano, ver Xotta, 1982, sobre o TG3, e Fenati, 1985, sobre o TG2.

métodos práticos, por meio dos quais ela é produzida, mostra-se em condições de captar a lógica que rege o funcionamento e os efeitos da informação de massa.

A pesquisa em *newsmaking* – que se propõe "esclarecer as boas razões organizacionais para notícias que não são notícia[21]" (Altheide-Rasmussen, 1976, p. 224) – permite, portanto, explicar de modo adequado e aprofundado a distorção de informação que os fatores organizacionais e estruturais produzem e reproduzem constantemente.

Por fim, pode-se observar que esses mesmos aspectos superam os limites de gênero: por exemplo, Elliott salienta que, na seleção das contribuições científicas a serem usadas para as transmissões sobre o preconceito, agem sobretudo três fatores: "O conhecimento precedente do produtor e os contatos por ele instaurados; a qualidade visual do material disponível; a sua visibilidade [ou seja, o fato de ter sido citado ou de já ter aparecido na mídia] durante o período da pesquisa" (Elliott, 1972, p. 66). É fácil reconhecer nesses três fatores alguns valores/notícia e critérios já vistos a propósito da seleção na informação cotidiana.

Do complexo dos estudos sobre as rotinas de produção, resultam, portanto, dados cuja reunião, cujo confronto e cuja comparação permitem esclarecer – além das especificidades próprias a cada meio e a todo gênero – as semelhanças e homogeneidades vinculadas ao sistema de produção e ao conjunto de valores profissionais.

3.7 A edição e a apresentação das notícias

"O processo de tratamento não pode ser explicitado nos noticiários, pois, nesse caso, violaria a crença do público na exi-

---

21. A expressão refere-se à elaboração etnometodológica de Garfinkel e da sua abordagem sociológica (para uma ilustração da etnometodologia, ver em língua italiana Wolf, 1979, e Giglioli-Dal Lago, 1983). Os estudos de *newsmaking* que mais sofrem a influência etnometodológica são os de Tuchman, 1978, Fishman, 1980, Molotch-Lester, 1974, e Lester, 1980.

gência do aparato de não criar as notícias, mas apenas relatá-las" (Altheide, 1976, p. 97). A fase de confecção e apresentação dos acontecimentos dentro do formato e da duração dos noticiários consiste justamente em anular os efeitos dos limites provocados pela organização da produção, para "restituir" à informação o seu aspecto de espelho do que ocorre na realidade externa, independentemente do aparato informativo. Em outras palavras, se todas as fases precedentes agem no sentido de *descontextualizar* os acontecimentos do âmbito social, histórico, econômico, político e cultural em que ocorrem e em que são interpretáveis (isto é, no sentido de "dobrar" os eventos às exigências da organização do trabalho informativo), nessa última fase de produção realiza-se uma operação inversa, de *recontextualizá-los*, porém dentro de um quadro diferente, no formato do noticiário.

A fragmentação dos conteúdos e da imagem da realidade social coloca-se precisamente entre estes dois movimentos: de um lado, a extração dos acontecimentos do seu contexto, de outro, a reinserção dos eventos noticiáveis no contexto constituído pela "confecção", pelo formato do produto informativo. A rigidez do formato[22] (uma duração preestabelecida e estável, uma ordem na grade de programação prefixada e respeitada) acaba por constituir o parâmetro ao qual são adaptados os conteúdos do noticiário: nesse sentido, ele representa o contexto (formal, textual) em que são percebidas e a que são comensuradas a relevância e a significatividade das notícias. Também representa o contexto num outro sentido: o mecanismo de acréscimo de sentido, ligado à aproximação de duas notícias entre si, aos critérios de calibragem do ritmo interno do noticiário,

---

22. Entende-se rigidez relativa no sentido de que, diante de eventos particularmente importantes, a ordem de paginação, a duração e a composição interna do noticiário podem ser modificadas. Mas, na maioria dos casos, nas situações normais, os padrões de duração e composição não apenas são respeitados, mas as notícias a serem transmitidas adaptam-se a eles. A rigidez do formato tende a atenuar o peso da noticiabilidade: ou seja, constitui um elemento estratégico que o aparato põe como garantia das próprias escolhas de informação.

às inferências que podem ser feitas a partir da ordem em que são dispostas as próprias notícias, encontra-se dentro das delimitações do formato em ação (ver Calabrese-Volli, 1980). Esses elementos são reconduzíveis apenas em parte ao conteúdo da informação, pois, de fato, são amplamente motivados pelas necessidades impostas pela presença de um formato rígido, por sua vez evidentemente ligado à necessidade de racionalizar a produção da atividade informativa.

Nesse quadro fundamental, existem alguns aspectos específicos a serem ilustrados. O primeiro diz respeito ao suporte visual da informação televisiva. O principal fundamento da atividade de edição nos noticiários é "transformar o acontecimento numa história com um início, uma parte central e um fim" (Altheide, 1976, p. 85). A edição destina-se, portanto, a dar uma representação sintética, necessariamente breve, visivelmente coerente e possivelmente significativa do objeto da notícia: imposta pelas exigências e pelas técnicas de produção, transforma-se em algo diferente e a mais. Torna-se um modo de condensar, de focalizar a atenção em algumas partes do acontecimento (*highlighting*) e, presumivelmente, traduz-se numa maneira semelhante de receber, decodificar e memorizar as informações recebidas. Gans (1979) define o *highlighting* como a seleção dos traços salientes de um acontecimento, de uma ação ou personagem, obtida com o cancelamento dos aspectos previstos e de tudo o que não parece suficientemente importante, novo e dramático. Filmar imagens que acompanham uma notícia, já tendo em mente a possível montagem que será feita, significa concentrar-se nos aspectos considerados profissionalmente mais idôneos para ilustrar o acontecimento, ou seja, agir com base nos valores/notícia: por exemplo, de um discurso serão retomadas as passagens mais significativas e utilizadas somente estas, de um evento institucional serão montados os momentos mais relevantes. O *highlighting* também é realizado em termos de áudio, deixando o som original nos pontos e momentos fortes do acontecimento filmado, e atenuando-o, em contrapartida, para sobrepor a ele a voz do jornalista, nos momentos "fracos". Esse procedimento "autentica" a cena mostrada e salienta, evidentemente, a significatividade dos momentos "documentais", em relação aos quais a intervenção do jornalista que redigiu a notícia é menor.

Ao longo dos processos de seleção e de produção, a ênfase procede em espiral, no sentido de que, quando a notícia for confeccionada, restarão apenas algumas das ênfases iniciais. "Os repórteres televisivos no Vietnã filmavam os aspectos salientes da guerra, ou seja, em primeiro lugar, combates e missões de busca; mas, quando se tratava de passar do material filmado para o serviço definitivo, eram escolhidas apenas as cenas mais dramáticas [...]. Sendo assim, muitas vezes, a notícia torna-se a ênfase de ênfases" (Gans, 1979, p. 92).

Os dois procedimentos – o *highlighting* como modalidade da edição e a edição como fase de elaboração que permite estruturar narrativamente, no âmbito visual, uma notícia – contribuem, por sua vez, para prejudicar (na confecção das notícias) os aspectos relativos ao processamento, às tendências inerentes à dinâmica social, para acentuar, ao contrário, os momentos de importância, os êxitos, os desvios da norma.

Desse modo, nessa distorção há um efeito cumulativo: fases e rotinas de produção diferentes concorrem, cada uma com sua "contribuição", para determinar e reforçar essa distorção involuntária, amplamente independente do conhecimento e da intencionalidade de cada jornalista, e ligada, por sua vez, à organização das estruturas informativas e do trabalho redacional.

Outro aspecto interessante na apresentação das notícias concerne ao público, ou melhor, ao papel e à função que desempenha a *imagem do público*, elaborada pelos jornalistas (ver também Gans, 1957). Se é verdade que "a apresentação das notícias consiste na habilidade de traduzir valores/notícia previstos em regras de produção" (Golding-Elliott, 1979, p. 113), então os critérios da importância e do interesse também encontram espaço na fase de apresentação e evocam quem deve estar interessado nas notícias, ou seja, o público. Os jornalistas têm à disposição dados e pesquisas sobre a composição, os hábitos e as capacidades do público a que se dirigem, mas o conjunto desses conhecimentos realmente não parece incidir muito sobre os procedimentos de produção nem ser muito apreciado. Provavelmente, os dados considerados mais significativos dizem respeito à compreensão, à capacidade do público de enfrentar as dificuldades de entender os termos usados nos noticiários: isso realmente reforça não apenas a necessidade de clareza e simplicidade, mas também a imagem pedagogizante e tutorial da profissão (trata-se, portanto, de uma reafirmação da sua utilidade social).

Mas, para além desses limites (um tanto restritos), a questão torna-se problemática: com efeito, qualquer outro conhecimento sobre o público passa a ser potencialmente uma fonte de restrição à autonomia profissional do jornalista e acaba se transformando num fator de perturbação. A solução para essas duas exigências contrastantes (estar a serviço do próprio público, mas, ao mesmo tempo, não se deixar condicionar por ele) "tende a ser a asserção de que as necessidades do público são bem compreendidas pelo jornalista, em virtude da sua ampla experiência e dos contatos cotidianos com um extenso leque de pessoas que o compõem" (Golding-Elliott, 1979, p. 112).

Esse tipo de solução – baseada na criação de um estereótipo que corrige dois elementos profissionais em conflito – foi verificado várias vezes no âmbito dos estudos sobre *newsmaking*, que descreveram, ao mesmo tempo, uma situação em que "os comunicadores têm pouco *feedback* do público [e] essa característica da situação de produção [...] cria necessariamente uma referência maciça aos conhecimentos ocupacionais e ao suporte cognitivo que vem da organização" (Schlesinger, 1978a, p. 108).

Não obstante a falta de *feedback*, a incerteza sobre o público não se mostra problemática: "Quando o jornalista deve pensar no tipo de notícias mais relevantes para o público, é mais comum ele exercer a própria opinião sobre as notícias do que buscar dados específicos a respeito da composição, do gosto, do desejo daqueles a quem está comunicando. Nesse contexto, fazer uma avaliação sobre a notícia *é* pensar no público, pois o pressuposto é que as seleções realizadas pelos profissionais sejam as que encontram os desejos dos destinatários" (Schlesinger, 1978a, p. 117)[23]. Isso significa que a imagem que o jornalista tem do público – uma espécie de profecia que se autoverifica – é explicitada e sempre intervém no âmbito dos problemas particulares a serem enfrentados: por exemplo, se há necessidade de decidir se uma notícia não é muito repetida, se já não apareceu nos jornais anteriores, se um argumento já não foi suficientemente coberto, entram em jogo assunções sobre os conhecimentos do público a respeito daquele evento ou argumento. A opinião sobre a noticiabilidade exaurida de um fato resolve-se ao se perguntar quanto o público conhece a respeito dele e quando entrou em contato com tal fato; "mas isso diz apenas que tipo de avaliação é realizada, e não em que base é feita. Já que os jornalistas não têm condição de saber, dia após dia, o que é de conhecimento do público, a resposta que dão deve ser extraída do 'faro' ou de avaliações profissionais. Desse modo, *não saber* realmente o que o público conhece não apresenta problemas: basta basear-se em asserções, possivelmente plausíveis, sobre o estado dos seus conhecimentos" (Schlesinger, 1978a, p. 122). As asserções (indemonstradas) sobre o público passam a fazer parte das próprias rotinas de produção padronizadas e incidem, às vezes de maneira relevante, não apenas sobre a seleção das notícias, mas também na fase de apresentação. Elliott (1972) propõe um exemplo quando observa que, nos episódios de inquérito sobre o preconceito, o material das entrevistas filmadas era usado para privilegiar os indivíduos em posição de liderança e para prejudicar, por sua vez, os que tinham simplesmente uma experiência pessoal para contar. Para além da distorção já analisada a propósito das fontes e que parece repropor-se também nesse caso, Elliott avança a explicação de que esse uso das entrevistas seria motivado pelo temor de que os detalhes e os casos pessoais fossem enfadonhos e irrelevantes para o público, e ainda pelo fato de que, com base em opiniões e avaliações gerais, era mais fácil realizar o equi-

---

23. "O jornalismo – como se sabe – requer o impessoal ou o plural que, nesses casos, tende a associar a conivência do leitor" (V. Sermonti, *Dov'è la vittoria?*, Bompiani, Milano, 1983, p. 69).

líbrio entre posições contrastantes. Por outro lado, porém, a referência ao público e às suas preferências orientava também outro aspecto da apresentação, ou seja, a ação e o estilo do apresentador que, colocando-se numa posição mais próxima do público do que da equipe realizadora do programa, contribuía para "simplificar seu conteúdo no nível que ele *considerava* apropriado para o público *provável*, fazendo observações ou apenas aludindo brevemente a alguns dos pontos mais complexos ou dos exemplos mais obscuros, contidos na versão do autor do programa" (Elliott, 1972, p. 88). O argumento usado pelo apresentador para sustentar as próprias posições era a sua capacidade de interpretar os interesses e o grau de atenção do público, ligada ao próprio papel profissional.

O problema da relevância das assunções (mais implícitas do que explícitas) sobre o público concerne de perto à operação de recontextualizar o conteúdo informativo no âmbito definido pelo formato: pode-se dizer que essas assunções representam a parte do formato mais diretamente vinculada à exigência de manter aberta a relação de comunicação, ou seja, representam os elementos constituintes, estilísticos e formais, voltados à necessidade de respeitar, dentro do formato, as supostas exigências do público enquanto destinatário. Por fim, deve-se determinar que a função até aqui descrita das imagens do público, que os jornalistas construíram para si mesmos, vale sobretudo nos períodos de rotina e de equilíbrio no processo de produção. Nos momentos de reestruturação forçada, isto é, quando fortes quedas de venda ou de audição, mudanças relevantes da linha editorial ou outros fatores "traumáticos" provocam uma modificação do equilíbrio global que regula todo o mecanismo de produção, essas teses sobre o público se determinam melhor, os conteúdos dessa imagem tornam-se mais empíricos e menos estereotipados, a necessidade de confronto se faz mais imediata. Até os novos equilíbrios se estabilizarem, as novas rotinas de produção se solidificam e a "relação" com o público também retoma sua antiga posição, entre os lugares-comuns do ofício e a defesa da autonomia profissional.

3.8 Algumas observações finais

Para concluir o capítulo, gostaria de retomar a hipótese já mencionada sobre a natureza negociada do processo de noticiabilidade.

Observei que: *a.* a relevância de um acontecimento é determinada e comensurada com base nas exigências organizacionais do aparato; *b.* os valores/notícia constituem critérios ativados não de modo particular, mas "em cacho" e segundo hierarquias mutáveis; *c.* no uso das fontes, agem igualmente múltiplos critérios práticos, flexíveis; *d.* a própria composição dos noticiários é uma espécie de "acordo" entre elementos predefinidos (memorando) e elementos imprevisíveis; *e.* as modificações *in extremis* na grade de programação são avaliadas na sua condição factível em relação a critérios contrastantes entre si (importância do evento vs. "custos" da operação de modificação); *f.* a rigidez da organização do trabalho é moderada pela orientação para a receptividade aos acontecimentos imprevistos e à atualização das notícias (o próprio horário tardio – em relação ao momento de ir ao ar – em que é decidida a grade definitiva de programação, e a concitação das últimas fases de trabalho em contraste com a aparente calma das horas precedentes são indícios dessa orientação).

Essas indicações e outras ainda parecem reforçar o caráter elástico, dinâmico, não rigidamente preestabelecido, vez por outra calibrado internamente de modo variado, do processo de noticiabilidade. Na minha opinião, o aspecto de negociação consiste no fato de que a avaliação de noticiabilidade é sempre o resultado de uma mistura, a cada vez articulada de modo diferente, em que os fatores em jogo também possuem sempre um "peso específico" desigual. Nesse caso, o "faro" jornalístico seria não uma capacidade "misteriosa" de captar as notícias, mas uma capacidade-padrão (adquirida com base em parâmetros delimitáveis: os valores/notícia) de combinar "instantaneamente", num ponto de equilíbrio, fatores muito diferentes.

É provável que o termo "negociação" não seja de todo apropriado, no sentido de que algumas das suas determinações conceituais não são pertinentes nesse caso[24]: em contrapartida, outras parecem descrever com muita adequação os traços essenciais do processo de noticiabilidade. Em primeiro lugar, a existência contemporânea de elementos divergentes e convergentes, que devem ser amalgamados (por exemplo, a função do público ao confrontar valores/notícia e a autonomia da profissão jornalística; ou alguns critérios de relevância contrapostos entre si, que encontram uma harmonização em relação a outros elementos das rotinas de produção; ou ainda as relações de reciprocidade entre alguns tipos de fontes e os jornalistas especializados).

Em segundo lugar, o fator que na análise da negociação é chamado de "instabilidade das avaliações": "O modo como as partes avaliam o próprio resultado e o das partes contrárias é fortemente indefinido e se modifica enquanto resultado da própria negociação [...]. Conceitos como 'divisão imparcial' e 'solução eqüitativa' são variáveis dependentes do processo de negociação. Em outras palavras, a convicção de que as vantagens das partes são iguais ou distribuídas 'eqüitativamente' é, por si só, um resultado do processo de negociação. Não se trata de um critério objetivo, com base no qual se podem avaliar as negociações" (Iklé, 1968, p. 120). Na minha opinião, essa instabilidade caracteriza o processo de averiguação da *newsworthiness*: de fato, esta última aparece formulada contextualmente para cada evento por meio de uma dinâmica de ajustes recíprocos entre os numerosos e heterogêneos fatores envolvidos. A "solução eqüitativa", nesse caso, pode ser a reivindicação, fundamentada profissionalmente, de ter obtemperado aos imperativos deontológicos (pluralismo, caráter exaustivo, objetividade) ou, de modo mais prosaico, porém verossímil, aquilo que

24. Em particular, o caráter explícito dos processos de negociação, a seqüência de propostas e contrapropostas, ações e reações, a alternativa entre concluir o acordo ou permanecer em desacordo e o uso de ameaças e compromissos. Em relação ao primeiro ponto (em que a oposição se dá entre a negociação e o *tacit bargaining*), no caso da noticiabilidade alguns aspectos da sua averiguação podem, na verdade, desenvolver-se em processos de negociação explícitos, como nas reuniões de redação.

quase todos os estudos sobre *newsmaking* observam, ou seja, "o ar de satisfação que, no final do dia, paira em cada redação [...]. Somos sempre atingidos pelas gratificações instantâneas que a produção de notícias nos dá, pela satisfação cotidiana ligada a um produto acabado específico, que responde a critérios precisos de qualidade" (Golding-Elliott, 1979, p. 90). Se no processo de negociação é a sua própria dinâmica a estabelecer o ponto em que as perdas de uma parte se diferenciam dos ganhos da outra, no processo de noticiabilidade dos acontecimentos a determinação do limiar que separa um fato da sua notícia deixa pouco espaço às dúvidas ou às escolhas "maceradas", pois, na realidade, "a rotina de produção é o fiscal de si mesma" (*ibid.*).

A partir da exposição das principais características e dos principais resultados nos estudos sobre a produção da informação, pode-se concluir que, de um lado, esse tipo de pesquisa evidenciou claramente a complexidade dos elementos em jogo e, de outro, as determinações estruturais da cobertura informativa e da representação da realidade social que a mídia costuma fornecer.

No entanto, a significatividade dessa orientação de pesquisa também consiste na integração das exigências mais sentidas pela atual *communication research.* Em primeiro lugar, a pertinência sociológica dessa abordagem é clara e se insere na corrente hoje dominante dos estudos sobre comunicação de massa; além disso, a influência da sociologia do conhecimento pode ser claramente percebida na tentativa que esses estudos fazem de explicitar as raízes da distorção, que caracteriza a informação de massa, e os processos de mediação simbólica a que ela dá lugar. A complementaridade entre essa pesquisa e aquela sobre os efeitos a longo prazo (em particular, a hipótese da *agenda-setting*) parece teoricamente fundamentada e congruente, embora, em grande parte, ainda deva ser realizada no que concerne a projetos de pesquisa específicos. Porém, de outro ponto de vista, pode-se dizer que as análises sobre o *newsmaking* descrevem o trabalho de comunicação dos emissores como um processo que "contém de tudo" (rotinas resistentes a modificações, distorções intrínsecas, estereótipos funcionais, precedentes sedimentados etc.). Com base na etnografia dos meios de comunicação de massa, esses estudos articulam e determinam empiricamente os numerosos níveis de construção dos textos informativos de massa. Ou seja, eles representam uma primeira tentativa, em nível empírico, de descrever as práticas de comunicação que dão lugar às formas textuais recebidas pelos destinatários.

Por conseguinte, trata-se, de modo geral, de uma direção de pesquisa que acolhe profundamente a exigência de utilizar um modelo de comunicação mais articulado: o esquema resultante desses estudos encontra-se, por certo, longe do modelo de informação. A heterogeneidade dos fatores na ação da mídia e a complexidade dos objetivos implicados nesse processo são evidenciadas com clareza; a relevância atribuída aos elementos de rotinização ilustra bem como é falacioso interpretar o processo de comunicação de massa nos termos de um modelo simples e linear, que não leva em consideração fatores derivados da complexidade de comunicação dos aparatos de produção.

Conclui-se, portanto, que, se a informação de massa é uma atividade que não reflete em nada os acontecimentos, sua produção surge como um processo de comunicação que envolve muitas variáveis heterogêneas.

Certamente, essa direção de pesquisa também pode ser integrada a outras abordagens, como a uma análise comparativa sobre a eficácia das várias agências de socialização, ou a uma perspectiva que explicite, de maneira mais marcada, as conexões entre sistema dos meios de comunicação de massa e sistema industrial-financeiro em seu conjunto (ver Hirsch, 1977); por esse caminho, as comunicações de massa se encontram cada vez mais situadas e estudadas num quadro geral, que explica algumas de suas determinações e de seus funcionamentos. No entanto, isso deve ser tratado com extrema atenção para com as mediações que se realizam entre a lógica de um sistema e a de outro. A partir desse ponto de vista, a abordagem do *newsmaking* em sua totalidade constitui um bom exemplo, uma vez que evita determinismos rígidos e mecanismos fáceis, para explicitar sobretudo as influências mediatas e indiretas (mas nem por isso ineficazes). Conseqüentemente, o estudo dos emissores foi pouco a pouco dando lugar a uma orientação de pesquisa sociologicamente destinada a analisar o modo de produzir a informação cotidiana nos meios de comunicação de massa; além disso, forneceu uma descrição bastante rica e articulada das práticas textuais, que pode ser novamente percorrida numa perspectiva orientada de maneira ainda mais comunicativa.

Se no primeiro capítulo indiquei, na orientação sociológica predominante e nos estudos mais específicos de comunicação, as duas "almas" da atual pesquisa em meios de comunicação de massa, o que busquei descrever no presente capítulo representa um dos seus possíveis "encontros aproximados".

Conclusões

Não há dúvidas de que, ao se fazer uma exposição dos momentos e dos problemas mais importantes na *communication research*, vinculando-a a uma hipótese interpretativa sobre o desenvolvimento por ela seguido, tenha-se incorrido numa deformação: a de fornecer um quadro em que as conexões e as relações entre as direções de pesquisa pareçam mais sólidas e praticadas do que o são na realidade, subestimando, por sua vez, a fragmentariedade e a heterogeneidade persistentes do campo. Mas toda "averiguação" comporta riscos. No entanto, são muitos os indícios de que atualmente a área da pesquisa em meios de comunicação de massa esteja voltando a se tornar compacta sob o impulso de uma abordagem sociológica, que coloca como ponto central a questão das relações entre estrutura social, sistemas de poder e modelos de valor. A função da comunicação de massa nesse nexo de relações é construir, para seus usufruidores, uma *operational map of the world* (Cohen, 1963, p. 13), uma enciclopédia de conhecimentos, capacidades e competências. O estudo do modo como é constituída e do que é formada essa "enciclopédia" da mídia, de um lado, e a análise da "cultura mediada ou situada" (Halloran, 1982, p. 11) – ou seja, da relação tripolar entre os meios de comunicação de massa, as condições sociais e a perspectiva que o indivíduo tem da sociedade –, de outro, constituem as diretrizes mais explícitas da reorganização sociológica do campo. Esta se faz acompanhar pela consciência de que, "para ser analisado adequadamente em seus diversos aspectos, um sistema de mídia cada vez mais complexo necessita [...] de uma teoria (ou seja, de um esquema de análises e interpretações) bem mais articulada do que a disponível atualmente" (Porro-Livolsi, 1981, p. 190).

Na direção marcada por essa consciência, colocam-se e se tornam pertinentes os estudos que fazem parte da "alma de comunicação" da pesquisa em mídia, ou melhor, os estudos que "superam o passo entre uma teoria física dos fenômenos de propagação e uma teoria real da comunicação" (Jacques, 1982, p. 165). Trata-se, certamente, de um âmbito disciplinarmente heterogêneo, rico em dificuldades na aplicação metodológica dos modelos teóricos, mas indispensável à pesquisa sobre os meios de comunicação de massa, uma vez que vincula a análise desses fenômenos de comunicação às suas "condições de funcionamento, e não de função" (Fabbri, 1973, p. 75).

Se a hostilidade ou a indiferença entre os desenvolvimentos contrários (pesquisa administrativa vs. teoria crítica; abordagem sociológica vs. abordagem de comunicação) condicionou o campo durante muito tempo e de maneira intensa, no estado atual a situação parece ser passível de desbloqueio: as linhas de convergência não surgem mais como futuríveis, nem os confrontos disciplinares como insensatos. As diversas pertinências teóricas permitem determinar integrações parciais, a serem verificadas nos projetos e nas hipóteses graduais de pesquisa; mas ainda mais significativo é o fato de que esses desenvolvimentos se deram fora das contraposições, independentemente delas, superando a dicotomia entre as diversas abordagens no trabalho de pesquisa, para mostrar as possibilidades de ainda conferir um sentido à tão auspiciada, mas pouco desejada, "interdisciplinaridade" sobre as comunicações de massa.

Referências bibliográficas

ADORNO, T.

1941 "On Popular Music", *Studies in Philosophy and Social Sciences*, vol. IX, n. 1, pp. 17-48.

1950 "On a Social Critique of Radio Music", in Berelson, B.-Janowitz, M. (eds.), *A Reader in Public Opinion and Propaganda*, Free Press, New York, pp. 309-16.

1951 *Minima Moralia*, Berlin.

1954 "Television and the Patterns of Mass Culture", *Quarterly of Film, Radio and Television*, vol. 8, pp. 213-235 (republicado em Rosenberg, B.-White, D. (eds.), *Mass Culture. The Popular Arts in America*, 1964, Free Press, New York, pp. 474-88).

1962 *Einleitung in die Musiksoziologie. Zwölf theoretische Vorlesungen*, Suhrkamp Verlag, Frankfurt.

1967 "Résumé über Kulturindustrie, in Ohne Leitbild. Parva Aesthetica", Suhrkamp, Frankfurt, pp. 60-70.

1971 "Esperienze scientifiche di uno studioso europeo", *Comunità*, n. 165, pp. 256-87.

AGOSTINI, A.

1984 "La tematizzazione. Selezione e memoria dell'informazione giornalistica", *Problemi dell'informazione*, n. 4.

ALTHEIDE, D.; RASMUSSEN, P.

1976 "Becoming News. A Study of Two Newsrooms", *Sociology of Work and Occupations*, vol. 3, n. 2, pp. 223-6.

ALTHEIDE, D.

1976 *Creating Reality. How Tv News Distorts Events*, Sage, Beverly Hills.

ALVARADO, M.; BUNSCOMBE, E.
1978 *Hazell. The Making of a TV Series*, British Film Institute-Latimor, London.

BANTZ, C.; MCCORKLE, S.; BAADE, R.
1981 "The News Factory", in Wilhoit, G. (ed.), *Mass Communication Review Yearbook*, vol. 2, Sage, Beverly Hills, pp. 366-89.

BARTLETT, F. C.
1932 *Remembering. A Study in Experimental and Social Psychology*, Cambridge University Press, London.

BAUER, R.
1958 "The Communicator and the Audience", *Journal of Conflict Resolution*, vol. 2, n. 1, pp. 67-77 (republicado em Dexter-White [eds.] 1964, pp. 125-39).
1959 "Comments on Berelson 'The State of Communication Research' ", *Public Opinion Quarterly*, vol. 23, n. 1, pp. 1-15 (republicado em Dexter-White [eds.] 1964, pp. 516-20).
1964a "The Obstinate Audience: The Influence Process from the Point of View of Social Communication", *American Psychologist*, n. 19, pp. 319-28.
1964b "Comments on the State of Communication Research", in Dexter-White (eds.), pp. 521-46.

BECHELLONI, G.
1979 "Quale giornalista per quale giornalismo", Atti del Convegno "Produzione di notizie e professionalità", Firenze, Centro Interdisciplinare di Scienze della Comunicazione, pp. 14-34 (republicado em *Il mestiere di giornalista*, Liguori, 1982, Napoli).
1982 (org.) "Il mestiere di giornalista. Sguardo sociologico sulle pratiche e sulla ideologia della professione giornalistica", Liguori, Napoli.

BECKER, L.; MCCOMBS, M.; MCLEOD, J.
1975 "The Development of Political Cognitions", in Chaffee (ed.), *Political Communication*, Sage, Beverly Hills, pp. 21-64.

BENTON, M.; FRAZIER, P.
1976 The Agenda-Setting Function of the Mass Media at Three Levels of "Information Holding", *Communication Research*, vol. 3, n. 3, pp. 261-74.

BERELSON, B.
1949 "What missing the newspaper means", in Lazarsfeld P.-Stanton, F. (eds.), *Radio Research 1948-49*, Harper, New York.
1952 *Content Analysis in Communication Research*, Free Press, Glencoe.

BERGSMA, F.
1980 "News Values in Foreign Affairs on Dutch Television", in Wilhoit, G.-De Bock, H. (eds.), *Mass Communication Review Yearbook*, Sage, Beverly Hills, pp. 207-22.

BETTETINI, G.; CASETTI, F.; FABBRI, P.; FUÀ, S.; LOMBEZZI, M.; WOLF, M.
1977 *Contributi bibliografici a un progetto di ricerca sui generi televisivi*, Appunti del Servizio Opinioni, Rai, n. 299.

BETTETINI, G.
1984 *La conversazione audiovisiva. Problemi dell'enunciazione filmica televisiva*, Bompiani, Milano.

BLUMER, H.
1936 "The Moulding of Mass Behavior through the Motion Picture", *Publications of the American Sociological Society*, n. 29, pp. 115-27.
1946 "Collective Behavior", in Lee, A. M. (ed.), *New Outline of the Principles of Sociology*, Barnes and Noble, New York, pp. 167-222.
1948 "Public Opinion Polling", *American Sociological Review*, n. 12.

BLUMLER, J.; KATZ, E.
1974 (eds.) *The Uses of Mass Communications. Current Perspectives on Gratifications Research*, Sage, Beverly Hills.

BÖCKELMANN, F.
1975 *Theorie der Massenkommunikation. Das System hergestellter Öffentlichkeit, Wirkungsforschung und gesellschaftliche Kommunikationserhältnisse*, Suhrkamp, Frankfurt.

BOORSTIN, D. J.
1972 "From News Gathering to News Making: a Flood of Pseudo Events", in Schramm, W.-Roberts, D. (eds.), pp. 116-50.

BOURDIEU, P.; PASSERON, J.
1963 "Sociologues des mythologies et mythologies des sociologues", *Les Temps Modernes*, 211.

BOYD-BARRETT, O.; PALMER, M.
1981 *Le Trafic des Nouvelles. Les Agences Mondiales d'Information*, Moreau, Paris.

BREED, W.
1955 "Social Control in the News Room: a Functional Analysis", *Social Forces*, n. 33, pp. 326-35.

BROUWER, M.
1962 "Mass Communication and the Social Sciences: Some Neglected Areas", *International Social Science Journal*, vol. 14, n. 2, pp. 303-19 (republicado em Dexter-White [eds.], 1964, pp. 547-67).

BROWN, R. L.
1970 "Approaches to the Historical Development of Mass Media Studies", in Tunstall, J. (ed.), *Media Sociology*, Constable, London, pp. 41-57.

BRUCKER, H.
1973 *Communication is Power: Unchanging Values in a Changing Journalism*, Oxford University Press, New York.

CALABRESE, O.; VOLLI, U.
1980 *Come si vede il telegiornale*, Laterza, Bari.

CANTOR, M.
1971 *The Hollywood TV Producer*, Basic Books, New York.

CAREY, J.
1978 "The Ambiguity of Policy Research", *Journal of Communication*, 28, pp. 114-9.

CASETTI, F.; LUMBELLI, L.; WOLF, M.
1980 "Indagine su alcune regole di genere televisivo", *Ricerche sulla comunicazione*, n. 2, pp. 147-89; n. 3, pp. 11-122.

CESAREO, G.
1981 *Fa notizia. Fonti, processi, tecnologie e soggetti nella macchina dell'informazione*, Editori Riuniti, Roma.

CHAUDHARY, A.
1974 "Comparative News Judgement of Indian and American Journalists", *Gazette*, vol. XX, n. 4.

COHEN, B. C.
1963 *The Press and Foreign Policy*, Princeton University Press, Princeton.

COMSTOCK, G.; CHAFFEE, S.; KATZMAN, N.; MCCOMBS, M.; ROBERTS, R.
1978 *Television and Human Behavior*, Columbia University Press, New York.

COOK, F.; TYLER, T.; GOETZ, E.; GORDON, M.; PROTESS, D.; LEFF, D.; MOLOTCH, H.
1983 "Media and Agenda-Setting: Effects on the Public, Interest Group Leaders, Policy Makers and Policy", *Public Opinion Quarterly*, vol. 47, pp. 16-35.

COOPER, E.; JAHODA, M.
1947 "The Evasion of Propaganda: How Prejudiced People Respond to Anti-Prejudice Propaganda", *Journal of Psychology*, vol. 23, n. 1, pp. 15-25.

CRANE, D.
1967 "The Gatekeepers of Science: Some Factors Affecting the Selection of Articles for Scientific Journals", *American Sociologist*, vol. II, novembro, pp. 195-201.

DE FLEUR, M.
1970 *Theories of Mass Communication*, McKay, New York, 2ª ed.

De George, W.
1981 "Conceptualization and Measurement of Audience Agenda", in Wilhoit, G. (ed.), *Mass Communication Review Yearbook*, vol. 2, Sage, Beverly Hills, pp. 219-24.

Delavaud, G.; Géré, F.
1981 "A propos du Grand Débat: un art du direct – La campagne présidentielle de 1981 à la télévision: parties d'une campagne", *Cahiers du Cinéma*, n. 328, pp. 37-53.

De Leonardis, C.
1976 *Economia e Stato Sociale. Per la critica della teoria strutturale-funzionalista*, La Nuova Italia, Firenze.

De Lillo, A.
1971 (org.) *L'analisi del contenuto*. Il Mulino, Bologna.

Delli Colli, L.
1978 *ADN Kronos: strutture e modi di produzione*, artigo apresentado no Congresso do Centro Interdisciplinar de Ciências da Comunicação, Iseo.

Dexter, L. A.; White, D. M.
1964 (eds.) *People, Society and Mass Communications*, Free Press, New York.

Donohue, G.; Tichenor, P.; Olien, C.
1972 "Gatekeeping. Mass Media Systems and Information Control", in Kline, G.-Tichenor, P. (eds.), *Current Perspectives in Mass Communication Research*, Sage, Beverly Hills, pp. 41-69.

Eco, U.; Fabbri, P.; Giglioli, P. P.; Lumachi, F.; Seppilli, T.; Tinacci Mannelli, G.
1965 *Prima proposta per un modello di ricerca interdisciplinare sul rapporto televisione/pubblico*, Perugia, Istituto di Etnologia e Antropologia Culturale, mimeogr.

Eco, U.
1972 (org.) *Estetica e teoria dell'informazione*, Bompiani, Milano.
1975 *Trattato di semiotica generale*, Bompiani, Milano.

1979a *Lector in fabula. La cooperazione interpretativa nei testi narrativi*, Bompiani, Milano.
1979b "Obbiettività dell'informazione: il dibattito teorico e le trasformazioni della società italiana", in Eco, U.-Livolsi, M.-Panozzo, G. (orgs.), *Informazione*, Il Saggiatore, Milano, pp. 15-33.
1984 *Semiotica e filosofia del linguaggio*, Einaudi, Torino.

ECO, U.; FABBRI, P.
1978 "Progetto di ricerca sull'utilizzazione dell'informazione ambientale", *Problemi dell'informazione*, n. 4, pp. 555-97.

ELLIOTT, P.
1972 *The Making of a Television Series. A Case Study in the Production of Culture*, Constable, London.
1974 "Uses and Gratification Research: A Critique and a Sociological Alternative", in Blumler, J.-Katz, E. (eds.), pp. 249-65.
1979 "Truth, Facts and Values: Observations on British Journalism", in Atti del Convegno "Produzione di notizie e professionalità", Centro Interdisciplinare di Scienze della Comunicazione, Firenze, 26-27 de maio, pp. 61-76.

EPSTEIN, E.
1973 *News from Nowhere*, Random House, New York.
1981 "The Selection of Reality", in Abel, E. (ed.), *What's News: the Media in American Society*, Institute for Contemporary Studies, San Francisco, pp. 119-32.

ESCARPIT, R.
1976 *Théorie générale de l'information et de la communication*, Hachette, Paris.

EYAL, C.; WINTER, J.; DE GEORGE, W.
1981 "The Concept of Time Frame in Agenda-Setting", in Wilhoit, G. (ed.), *Mass Communication Review Yearbook*, vol. 2, Sage, Beverly Hills, pp. 212-17.

EYAL, C.
1981 "The Roles of Newspapers and Television in Agenda-Setting", in Wilhoit, G. (ed.), *Mass Communication Review Yearbook*, vol. 2, Sage, Beverly Hills, pp. 225-34.

FABBRI, P.
1973 "Le comunicazioni di massa in Italia: sguardo semiotico e malocchio della sociologia", *Versus*, n. 5, pp. 57-109.

FENATI, B.
1985 *Cinque TG2 al giorno. Routines produttive e modelli professionali nell'informazione televisiva*, Istituto di Discipline della Comunicazione, Facoltà di Lettere e Filosofia, Università di Bologna, tese de graduação.

FESTINGER, L.
1957 *A Theory of Cognitive Dissonance*, Row Peterson, Evanston (Illinois).

FINDAHL, O.; HÖIJER, B.
1975 "Effect of Additional Verbal Information on Retention of a Radio News Program", *Journalism Quarterly*, n. 52, pp. 493-8.
1981 "Media Content and Human Comprehension", in Rosengren, K. (ed.), *Advances in Content Analysis*, Sage, Beverly Hills, pp. 111-32.

FISHMAN, M.
1980 *Manufacturing the News*, University of Texas Press, Austin.

FOLEY, J. M.
1979 "Mass Communication Theory and Research: an Overview", in Nimmo, D. (ed.), *Communication Yearbook 3*, Transaction Books, New Brunswick, pp. 263-70.

FREIDSON, E.
1953 "Communications Research and the Concept of the Mass", *American Sociological Review*, vol. 18, n. 3, pp. 313-17 (republicado em Schramm-Roberts [eds.], 1972, pp. 197-208).

GALTUNG, J.; RUGE, M.
1965 "The Structure of Foreign News", *Journal of Peace Research*, vol. 1, pp. 64-90.

GAMALERI, G.
1976 *La galassia McLuhan*, Armando, Roma.

GANS, H.
1957 "The Creator-Audience Relationship in the Mass Media: an Analysis of Movie Making" in Rosenberg, B.-White, D. (eds.), *Mass Culture. The Popular Arts in America*, Free Press, Glencoe, pp. 315-24.
1970 *Broadcasters and Audience Values in the Mass Media: the Image of Man in American Television News*, Transactions of the Sixth World Congress of Sociology, Evian, 4-11 de setembro de 1966, International Sociological Association.
1979 *Deciding What's News. A Study of CBS Evening News, NBC Nightly News, Newsweek and Time*, Pantheon Books, Nova York.

GARBARINO, A.
1982 "La 'normalizzazione' dei giornalisti. Ipotesi sugli esiti della socializzazione professionale negli apparati dell'informazione", *Sociologia dell'organizzazione*, 1, pp. 7-53.

GERBNER, G.
1977 (ed.) *Mass Media Policies in Changing Cultures*, Wiley, London.

GIDDENS, A.
1983 "La società europea negli anni ottanta: divisioni di classe, conflitto di classe e diritti di cittadinanza", in Pasquino, G. (org.), *Le società complesse*, Il Mulino, Bologna, pp. 153-99.

GIEBER, A.
1956 "Across the Desk: A Study of 16 Telegraph Editors", *Journalism Quarterly*, n. 33, pp. 423-32.

GIGLIOLI, P. P.; DAL LAGO, A. (orgs.)
1983 *Etnometodologia*, Il Mulino, Bologna.

GITLIN, T.
1978 "Media Sociology. The Dominant Paradigma", *Theory and Society*, n. 6, pp. 205-53 (republicado em Wilhoit, G. [ed.], *Mass Communication Review Yearbook*, vol. 2, 1981, Sage, Beverly Hills, pp. 73-121).

GOLDING, P.; MURDOCK, G.
1978 "Theories of Communication and Theories of Society", *Communication Research*, vol. 5, n. 3, pp. 339-56 (republicado em Wilhoit, G. [ed.], *Mass Communication Review Yearbook*, vol. 1, 1980, Sage, Beverly Hills, pp. 59-75).

GOLDING, P.; ELLIOTT, P.
1979 *Making the News*, Longman, London.

GROSSI, G.
1983 "Livelli di mediazione simbolica nell'informazione di massa", in Livolsi, M. (org.), *Sociologia dei processi culturali*, Angeli, Milano, pp. 223-36.

HALL, S.
1980 "Cultural Studies: two paradigms", *Media, Culture and Society*, n. 2, pp. 57-72.

HALLORAN, J.
1969 "The Communicator in Mass Communication Research", *The Sociological Review Monograph*, n. 13, pp. 5-21.
1982 "Introduction and Background, in Communication in the Community: An International Study on the Role of the Massa Media in Seven Communities", *Reports and Papers on Mass Communications*, Unesco, Paris.

HALLORAN, J.; ELLIOTT, P.; MURDOCK, G.
1970 *Demonstrations and Communication: A Case Study*, Penguin, London.

HIRSCH, P. M.
1977 "Occupational, Organizational and Institutional Models in Mass Media Research: Toward an Integrated Framework", in Hirsch, P. M.-Miller, P.-Kline, F. (eds.), *Strategies for Communicational Research*, Sage, Beverly Hills, *Annual Reviews of Communication Research*, vol. 6, pp. 13-42.

HORKHEIMER, M.
1937 "Traditionelle und Kritische Theorie", *Zeitschrift für Sozialforschung*, vol. VI, pp. 245-95.

HORKHEIMER, M.; ADORNO, T.
1947 *Dialektik der Aufklärung, Philosophische Fragmente*, Querido Verlag, Amsterdam.
1956 (org.) *Soziologische Excurse*, vol. IV dos Frankfurter Beiträge zur Soziologie, Institut für Sozialforschung, Frankfurt.

HOVLAND, C.; LUMSDAINE, A.; SHEFFIELD, F.
1949a "The Effect of Presenting 'One Side' versus 'Both Sides' in Changing Opinions on a Controversial Subject", in *Experiments on Mass Communication*, Princeton University Press, Princeton (reimpresso em Schramm-Roberts [eds.], 1972, pp. 467-84).
1949b *Experiments on Mass Communications*, Princeton University Press, Princeton.

HOVLAND, C.; WEISS, W.
1951 "The Influence of Source Credibility on Communication Effectiveness", *Public Opinion Quarterly*, vol. 5, n. 4, pp. 635-50.

HOVLAND, C.; HARVEY, O.; SHERIF, M.
1957 "Assimilation and Contrast Effects in Reaction to Communication and Attitude Change", *Journal of Abnormal and Social Psychology*, vol. LV, n. 2, pp. 244-52.

HOVLAND, C.
1959 "Reconciling Conflicting Results Derived from Experimental and Survey Studies of Attitude Change", *The American Psychologist*, 14, pp. 8-17 (republicado em Schramm-Roberts [eds.], 1972, pp. 495-515).

HYMAN, H.; SHEATSLEY, P.
1947 "Some Reasons Why Information Campaigns Fail", *Public Opinion Quarterly*, vol. 11, pp. 412-23 (republicado em Schramm-Roberts [eds.], 1972, pp. 448-466).

IKLÉ, F.
1968 "Negotiation", in Sills, D. [ed.], *International Encyclopedia of the Social Sciences*, vol. 11, McMillan, New York, pp. 117-20.

JACQUES, F.
1982 "Le schéma jakobsonien de la communication est-il devenu un obstacle épistémologique?", in Mouloud, N.-Vienne, J. (eds.), *Langages, Connaissance et Pratique, Travaux et Recherches*, Université de Lille 3, pp. 157-84.

JAKOBSON, R.
1961 "Linguistics and Theory of Communication, in Proceedings of Symposia in Applied Mathematics", vol. XII, *Structure of Language and its Mathematical Aspects*, American Mathematics Society, Rhode Island.
1963 *Essais de linguistique générale*, Minuit, Paris.

KATZ, E.; LAZARSFELD, P.
1955 *Personal Influence: the Part Played by People in the Flow of Mass Communications*, Free Press, New York.

KATZ, E.
1957 "The Two-Step Flow of Communication: An Up-to-Date Report on an Hypothesis", *Public Opinion Quarterly*, vol. 21, n. 1, pp. 61-78.
1959 "Mass Communication Research and the Study of Popular Culture", *Studies in Public Communication*, vol. 2, pp. 1-6.
1969 "Communication Research and the Image of Society: Convergence of Two Traditions", *American Journal of Sociology*, vol. 65, n. 5 (republicado em Dexter-White [eds.], 1964, pp. 110-21).

KATZ, E.; GUREVITCH, M.; HAAS, H.
1973 "On the Use of Mass Media for Important Things", *American Sociological Review*, 38, pp. 164-81.

KATZ, E.; BLUMLER, J.; GUREVITCH, M.
1974 "Uses of Mass Communication by the Individual", in Blumler, J.-Katz, E. (eds.), 1974, pp. 19-32.

KATZ, E.; PELED, T.
1974 "Media Functions in Wartime: the Israeli Home Front in October 1973", in Blumler, J.-Katz, E. (eds.), 1974, pp. 49-69.

KENDALL, P. L.; WOLF, K. M.
1949 "Deviant Case Analysis in the Mr. Biggott Study: the Exception Refines the Rule", in Lazarsfeld, P.-Stanton, F. [eds.], *Communication Research 1948-49*, Harper, New York, 2.ª ed., 1979, Arno Press, New York, pp. 158-79.

KLAPPER, J. T.
1960 *The Effects of Mass Communications*, Free Press, New York.
1963 *The Science of Human Communication*, Basic Books, New York.

KRIPPENDORF, K.
1980 *Content Analysis. An Introduction to its Methodology*, Sage, Beverly Hills.

LANG, K.
1979 "The Critical Functions of Empirical Communication Research. Observations on German-American Influences", *Media, Culture and Society*, 1, pp. 83-96.

LANG, K.; LANG, G. E.
1953 "The Unique Perspective of Television and its Effect: a Pilot Study", *American Sociological Review*, 18, 1, pp. 3-12.
1955 "The Inferential Structure of Political Communications: a Study in Unwitting Bias", *Public Opinion Quarterly*, Summer, pp. 168-83.
1962 "The Mass Media and Voting", in Burdick-Brodbeck (eds.), *American Voting Behavior*, Free Press, New York (republicado em Schramm-Roberts [eds.], 1972, pp. 678-700).

LANG, G. E.; LANG., K.
1981 "Watergate and Explorations of Agenda-Setting Building Process", in Wilhoit, G. (ed.), *Mass Communication Review Yearbook*, vol. 2, Sage, Beverly Hills, pp. 447-65.

LARSEN, S.
1980 "Memory for Radio News; Discourse Structure and Knowledge Updating", *Psychological Reports Aarhus*, n. 51.
1983 "Text Processing and Knowledge Updating in Memory for Radio News", *Discourse Processes*, 6, pp. 21-38.

LASSWELL, H. D.
1936 *Politics: Who Gets What, When, How*, McGraw-Hill, New York.
1948 "The Structure and Function of Communication in Society", in Bryson, L. (ed.), *The Communication of Ideas*, Harper, New York (republicado em Schramm-Roberts [eds.], 1972, pp. 84-99).

LAZARSFELD, P.
1940 *Radio and the Printed Page. An Introduction to the Study of Radio and Its Role in the Communication of Ideas*, Duell, Sloane and Pearce, New York.
1941 "Remarks on Administrative and Critical Communications Research", *Studies in Philosophy and Social Science*, vol. IX, n. 1, pp. 2-16.

LAZARSFELD, P.; BERELSON, B.; GAUDET, H.
1944 *The People's Choice. How the Voter Makes Up his Mind in a Presidential Campaign*, Columbia University Press, New York (2.ª ed., 1948).

LAZARSFELD, P.; MERTON, R.
1948 "Mass Communication, Popular Taste and Organized Social Action", in Bryson, L. (ed.), *The Communication of Ideas*, Harper, New York, pp. 95-118.

LENDVAI, P.
1981 *The Bureaucracy of Truth. How Communist Governments Manage the News*, Burnett Books, London.

LEPRI, S.
1982 *Le macchine dell'informazione. Ieri, oggi, domani delle agenzie di stampa*, Etas, Milano.

LESTER, M.
1980 "Generating Newsworthiness: the Interpretive Construction of Public Events", *American Sociological Review*, vol. 45, dezembro, pp. 984-94.

LEWIN, K.
1947 "Frontiers in Group Dynamics. II. Channels of Group Life:

Social Planning and Action Research", *Human Relations*, vol. 1, n. 2, pp. 143-53.

LIPPMANN, W.
1922 *Public Opinion*, Free Press, New York.

LORGE, I.
1936 "Prestige, Suggestion, Attitudes", *Journal of Social Psychology*, vol. 8, n. 2, pp. 386-402.

LOSITO, G.
1975 "Metodi e tecniche di analisi del contenuto", in Calzavara, E.-Celli, E. (org.), *Audiovisivo: attualità e mitologia*, SEI, Torino.

LOTMAN, J.; USPENSKIJ, B.
1973 *Tipologia della cultura* (trad. it.), Bompiani, Milano (1975).

LOWRY, D.
1979 "An Evaluation of Empirical Studies Reported in 7 Journals in the 70's", *Journalism Quarterly*, vol. 56, n. 2, pp. 262-8.

LUND, F. H.
1925 "The Psychology of Belief. IV. The Law of Primacy in Persuasion", *Journal of Abnormal and Social Psychology*, vol. 20, pp. 183-91.
1933 *Psychology. An Empirical Study of Behavior*, Ronald Press, New York.

MAC BRIDE, S.
1980 *Communication et société aujourd'hui et demain. Rapport de la Commission internationale des problèmes de la communication*, Unesco, Paris.

MAC KUEN, M.; COOMBS, S.
1981 *More than News. Media Power in Public Affairs*, Sage, Beverly Hills.

MAGISTRETTI, S.
1981 *Relazioni tra routines produttive, spazio da riempire nel giornale e tempi di lavorazione*, mimeogr., pp. 1-7.

MANNUCCI, C.
1967 *La società di massa. Analisi di moderne teorie socio-politiche*, Edizioni di Comunità, Milano.

MARCUSE, H.
1936 "Zum Begriff des Wesens", *Zeitschrift für Sozialforschung*, vol. V, pp. 1-39.

MARLETTI, C.
1982 "L'informazione tematizzata. Nuove tecnologie della comunicazione e trasformazione dei modelli giornalistici", in Barbano, F. (org.), *Nuove tecnologie: sociologia e informazione quotidiana*, Angeli, Milano, pp. 163-225.
1983 "Falsi giornalistici e costruzione della realtà", *Problemi dell'informazione*, 2, pp. 203-40.

MCCLURE, R.; PATTERSON, T.
1976 "Print vs. Network News", *Journal of Communications*, vol. 26, n. 2, pp. 23-8.

MCCOMBS, M.; SHAW, D.
1972 "The Agenda-Setting Function of Mass Media", *Public Opinion Quarterly*, vol. 36, pp. 176-87.

MCCOMBS, M.
1976 "Elaborating the Agenda-Setting Influence of Mass Communication", *Bulletin of the Institute for Communication Research*, Keio University.
1977 "Newspapers vs. Television: Mass Communication Effects Across Time", in Shaw, D.-McCombs, M. (eds.), *The Emergence of American Political Issues: the Agenda-Setting Function of the Press*, Mest Publishing Company, St. Paul, pp. 89-105.
1981 "Setting the Agenda for Agenda-Setting Research. An Assesment of the Priority Ideas and Problems", in Wilhoit, G. (ed.), *Mass Communication Review Yearbook*, vol. 2, Sage, Beverly Hills, pp. 209-11.

MCLEOD, J.; BECKER, L.; BYRNES, M.
1974 "Another Look at the Agenda-Setting Function of the Press", *Communication Research*, vol. 1, n. 2, pp. 131-66.

McQuail, D.; Gurevitch, M.
1974 "Explaining Audience Behavior: Three Approaches Considered", in Blumler, J-Katz, E. (eds.), 1974, pp. 287-301.

McQuail, D.
1975 *Communication*, Longman, London.
1977 "The Influence and Effects of Mass Media", in Curran, J.-Gurevitch, M.-Woollacott, J. (eds.), *Mass Communication and Society*, Arnold, London, pp. 70-94.
1980 "The Historicity of Mass Media Science", in Wilhoit, G. (ed.), *Mass Communication Review Yearbook*, vol. 1, Sage, Beverly Hills, pp. 109-23.
1981 "Prospettive nella ricerca sui mass media", in Livolsi, M. (org.), *Le comunicazioni di massa. Problemi e prospettive*, Angeli, Milano, pp. 47-68.
1983 *Mass Communication Theory. An Introduction*, Sage, Beverly Hills.

Merten, K.
1982 "Wirkungen der Massenkommunikation. Ein theoretisch-methodischer Problemaufriß", *Publizistik*, 1-2, pp. 26-47.

Merton, R.
1949a "Patterns of Influence. A Study of Interpersonal Influence and of Communications Behavior in a Local Community", in Lazarsfeld, P.-Stanto, F. (eds.), *Communications Research 1948-49*, Arno Press, New York, pp. 180-219.
1949b *Social Theory and Social Structure*, Free Press, New York, 1.ª ed.

Moles, A.
1967 *Sociodynamique de la culture*, Mouton, Paris.

Molotch, H.; Lester, M.
1974 "News as Purposive Behavior: On the Strategic Use of Routine Events, Accidents and Scandals", *American Sociological Review*, vol. 39, pp. 101-12.

Morin, E.
1960 *Journées d'études sur la "culture de masse"*, 6-7 de fevereiro, policópia.
1962 *L'esprit du temps*, Grasset, Paris.

NOELLE NEUMANN, E.
1973 "Return to the Concept of Powerful Mass Media", *Studies of Broadcasting*, vol. 9, pp. 67-112.

1983 "The Effect of Media on Media Effects Research", *Journal of Communication*, vol. 33, n. 3, pp. 157-65.

ORTEGA Y GASSET, J.
1930 *La rebelión de las masas*, Madrid.

PALETZ, D.; ELSON, M.
1976 "Television Coverage of Presidential Conventions: Now You See It, Now You Don't", *Political Science Quarterly*, vol. 91, n. 1, pp. 109-31.

PAPAGEORGIS, D.
1963 "Bartlett Effect and Persistence of Induced Opinion Change", *Journal of Abnormal and Social Psychology*, vol. LXVII, n. 1, pp. 61-7.

PARSONS, T.
1967 *Sociological Theory and Modern Societies*, Free Press, New York.

PATTERSON, T.; MCCLURE, R.
1976 *The Unseeing Eye. The Myth of Television Power in National Politics*, Putnam, New York.

PATTERSON, T.
1980 "The Role of Mass Media in Presidential Campaigns: the Lesson of 1976", *Items*, n. 2, pp. 25-30.

PORRO, R.; LIVOLSI, M.
1981 "Le agenzie di socializzazione: i mass media", in Livolsi, M. (org.), *La sociologia. Problemi e metodi*, Teti, Milano, pp. 179-201.

RAI
1970 *Ricerca sperimentale sull'efficacia di quattro trasmissioni culturali televisive*, Appunti del Servizio Opinioni, 91, Eri, Torino.

RAI
1977 *Terza rassegna di indagini sulla comprensione*, Quaderni del Servizio Opinioni, 26, Eri, Torino.

ROBERTS, D.
1972 "The Nature of Communication Effects", in Schramm, W.-Roberts, D. (eds.), pp. 349-87.

ROBINSON, G.
1981 *News Agencies and World News*, University Press, Fribourg.

ROSENGREN, K.
1974 "Uses and Gratifications: A Paradigm Outlined", in Blumler, J.-Katz, E. (eds.), 1974, pp. 269-86.

ROSITI, F.
1970 *L'analisi di contenuto come interpretazione*, Quaderni del Servizio Opinioni, n. 19, Rai, Roma.
1975 *L'informazione televisiva: frammentazione e ricomposizione dell'immagine della società: una ricerca sui tg di 4 televisioni europee*, Atti del Convegno del Premio Italia "L'attualità in tv", Eri, Torino.
1982 *I modi dell'argomentazione e l'opinione pubblica*, Eri, Torino.

RUSCONI, G. E.
1968 *La teoria critica della società*, Il Mulino, Bologna.

SANKOFF, G.
1980 *The Social Life of Language*, University of Pennsylvania Press, Philadelphia.

SARI, T.
1980 "Some Problems of the Paradigm in Communication Theory", *Philosophy of the Social Sciences*, vol. 10, pp. 427-444.

SCHLESINGER, P.
1972 *The Sociology of Knowledge*, artigo apresentado no 1972 Meeting of the British Sociological Association.
1978a *Putting "reality" together. BBC news*, Constable, London.

1978b *Between Sociology and Journalism. Some Reflections on a Newsroom Ethnography*, artigo para a Sociological Review Monograph on Journalism and the Press.

SCHÖNEMANN, F.
1924 *Die Kunst der Massenbeeinflussung in den Vereinigten Staaten von Amerika*, Deutsche Verlagsanstalt, Stuttgart.

SCHRAMM, W.
1971 "The Nature of Communication between Humans", in Schramm, W.-Roberts, D. (eds.), 1972, pp. 3-53.

SCHRAMM, W.; ROBERTS, D.
1972 *The Process and Effects of Mass Communication*, revised ed., University of Illinois Press, Chicago.

SCHUDSON, M.
1978 *Discovering the News*, Basic Books, New York.

SCHULZ, W.
1982 "Ausblick am Ende des Holzweges. Eine Übersicht über die Ansätze der neuen Wirkungsforschung", *Publizistik*, n. 1-2, pp. 49-73.

SEARS, D.; FREEDMAN, J.
1967 "Selective Exposure to Information: a Critical Review", *Public Opinion Quarterly*, vol. 31, pp. 194-213.

SHANNON, C.
1948 "A Mathematical Theory of Communication", *Bell System Technical Journal*, XXVII, n. 3, pp. 379-423; n. 4, pp. 623-56.

SHANNON, C.; WEAVER, W.
1949 *The Mathematical Theory of Communication*, University of Illinois Press, Urbana.

SHAW, E.
1979 "Agenda-Setting and Mass Communication Theory", *Gazette (International Journal for Mass Communication Studies)*, vol. XXV, n. 2, pp. 96-105.

SHILS, E.; JANOWITZ, M.
1948 "Cohesion and Disintegration in the Wehrmacht", *Public Opinion Quarterly*, pp. 300-15.

SIGAL, L.
1973 *Reporters and Officials: the Organization and Politics of Newsmaking*, Heath, Lexington.

SIMMEL, G.
1917 *Grundfragen der Soziologie (Individuum und Gesellschaft)*, de Gruyter, Berlin.

SIUNE, K.; BORRE, O.
1975 *Setting the Agenda for a Danish Election. Journal of Communication*, vol. 25, Winter, pp. 65-73.

SMITH, B.; LASSWELL, H. D.; CASEY, R.
1946 *Propaganda, Communication and Public Opinion. A Comprehensive Reference Guide*, Princeton University Press, Princeton.

SMITH, B.
1946 "The Political Communication Specialist of Our Times", in Smith-Lasswell-Casey, 1946, pp. 31-73.

STATERA, G.
1980 *Società e comunicazioni di massa*, Palumbo, Palermo.

STEMPEL, G.
1964 "How Newspapers Use the Associated Press Afternoon A Wire", *Journalism Quarterly*, n. 41, pp. 380-4.

STERLING, C.; HAIGHT, T.
1978 *The Mass Media: Aspen Institute Guide to Communication Industry Trends*, Praeger, New York.

STONE, G.; MCCOMBS, M.
1981 "Tracing the Time-lag in Agenda-Setting", *Journalism Quarterly*, 1.

TUCHMAN, G.
1973 "Making News by Doing Work: Routinizing the Unexpected", *American Journal of Sociology*, 79, pp. 110-31.

1977 "The Exception Proves the Rule: the Study of Routine News Practice", in Hirsch, P.-Miller, P.-Kline, F. (eds.), *Strategies for Communication Research, Sage Annual Reviews of Communication Research*, vol. 6, Sage, Beverly Hills, pp. 43-62.

1978 *Making News. A Study in the Construction of Reality*, Free Press, New York.

VAN DIJK, T.

1983 "Discourse Analysis: Its Development and Application to the Structure of News", *Communication*, Spring.

VAN DIJK, T.; KINTSCH, W.

1983 *Strategies of Discourse Comprehension*, Academic Press, New York.

VERON, E.

1978 "Sémiosis de l'idéologie et du pouvoir", *Communications*, 28, pp. 7-20.

VIOLI, P.

1982 "Nuove tendenze della ricerca linguistica americana", *Versus*, n. 33, pp. 61-110.

WAPLES, D.; BERELSON, B.; BRADSHAW, F.

1940 *What Reading Does to People. A Summary of Evidence on the Social Effects of Reading and a Statement of Problems for Research*, University of Chicago Press, Chicago.

WARNER, M.

1971 "Organizational Context and Control of Policy in the Television Newsroom: a Participant Observation Study", *British Journal of Sociology*, 3, pp. 283-94.

WHITE, D. M.

1950 "The 'Gatekeeper': A Case Study in the Selection of News", *Journalism Quarterly*, vol. 27, n. 4, pp. 383-90.

WINKIN, Y.

1981 *La nouvelle communication*, Seuil, Paris.

WOLF, M.

1976 *Gli apparati delle comunicazioni di massa*, Guaraldi, Firenze.

1979 *Sociologie della vita quotidiana*, Espresso Strumenti, Milano.

WRIGHT, C. R.

1960 "Functional Analysis and Mass Communication", *Public Opinion Quarterly*, 24, pp. 605-620 (republicado em Dexter-White [eds.], 1964, pp. 91-109).

1974 "Functional Analysis and Mass Communication Revisited", in Blumler, J.-Katz, E. (eds.), 1974, pp. 197-212.

1975 *Mass Communications: A Sociological Approach*, 2.ª ed., Random House, New York.

WRIGHT MILLS, C.

1963 *Power, Politics and People*, Oxford University Press, New York.

XOTTA, C.

1982 *Modelli professionali e routines produttive nell'informazione televisiva locale: il TG3 dell'Emilia Romagna*, Istituto di Discipline della Comunicazione, Facoltà di Lettere e Filosofia, Università di Bologna, tese de graduação.

ZUCKER, H.

1978 "The Variable Nature of Mass Media Influence", in Ruben, B. (ed.), *Communication Yearbook, 2*, New Brunswick, pp. 225-40.